生徒一人ひとりの SDGs 社会論

監修・著 **田中茂範**

著 一井亮人
佐藤裕幸
杉本喜孝
藤井数馬
宮下いづみ
米田兼三

～教育という文脈における理論と実践～

コスモピア

はじめに

　「SDGs」という言葉が急速に広まっている。政府、企業、学校はもちろんのことながら、メディアでもSDGsに絡んだ番組放送の数が増えている。昨今では、SDGsが「流行りコトバ（buzzword）」になり、コトバだけが独り歩きしている感がある。表面的であれ、取り扱わないより、取り扱ったほうがよいという考え方もたしかにある。しかし、教育の中にSDGsを持ち込むには、それなりの説明責任が伴う、と筆者は考える。生徒にとって、SDGsを取り扱うことにどういう教育的意味があるのか。「生半可な知識はけがの元」というアレギザンダー・ポープ（Alexander Pope）の言葉もあるように、政治家や経済学者や環境活動家とはちがった立場から、教育者としてのSDGs論を持つ必要がある。そうでなければ、「なぜ学校でSDGsか」についての説明を、説得力をもった形で行うことはできない。そこで、本書は、SDGsを学校教育というコンテクストにきちんと位置づける試みを行う。

　筆者は、コロンビア大学大学院で勉強し、教育学博士号を取得した。図書館には、ジョン・デューイ（John Dewey）の40冊を超える書籍と200本に近い論文がアーカイブに残されていた。探究学習やアクティブラーニングの祖とされるDeweyの考え方をそれなりに学び、約35年間大学でいろいろな授業を担当したが、主たる関心は「探究学習」あるいは「プロジェクト学習」であった。一方、SDGsへの関心は、JICA（国際協力機構）と長らく関係したことに起因する。専門家や協力隊員の派遣前研修のアドバイザーとしてかかわっていたことから、MDGsの頃からグローバルイシューズに関心を抱き、そのままSDGsの関心へとつながった。

　今では、SDGsは課題探究学習と結びつき、小中高だけでなく、大学でも主要なトピックになっている。それは、文科省がすすめる「持続可能な開発のための教育（ESD）」が後押ししたということも関係があるだろう。

現在、学校機関で、SDGsに関するさまざまな活動が行われている。企業や官公庁からの出前講義であったり、SDGsの目標のどれかを生徒に選ばせて、調べ学習を行い、それを発表したりするといったものが多い。しかし、それ以外にも、教科横断的なカリキュラムを組み、SDGsを取り扱う学校や、ヘチマや朝顔を育てて作る緑のカーテンプロジェクト、空き家プロジェクト、里山プロジェクト、そして海外とのSDGs学校交流などの具体的なアクションに取り組む学校が出てきている。それぞれの学校が、多くの場合、手探りではあるが、地域の特徴を生かしたSDGsへの取り組みを行っているようである。文科省では、「SDGs取り組み好事例集」というサイトを作成し、事例の紹介を行っている。*

　ある程度、さまざまなSDGsへの取り組みが行われた現時点において、教育のコンテクストでSDGsを位置づける本格的な試みが行われてもよいのではないか。これが本書を執筆する動機である。中には、なんでもSDGsと紐づけ、それをSDGsプロジェクトと呼ぶこともある。こういう流行りとしてのSDGsではなく、もう少し踏み込んだ形で教育とSDGsの関係を考え、その意義を改めて明確にしようというのが本書のねらいである。

　筆者が結論としてたどり着いたのは、「生徒一人ひとりのSDGs社会論」という発想である。簡単にいえば、生徒一人ひとりが自分事としてSDGsを自分の意味世界に位置づけ、SDGsを抱える社会のありようを考え続けるという発想である。人生を切り拓くためには未来を展望できる力が必要である。そして、そのためには、「SDGsを抱える社会とはどういう社会か」を近景・遠景としてとらえ続けることが必要だからである。

　本書はふたつのパートにより構成されている。第1部は、SDGs社会論の理論編にあたり3章から成る。

第1章では、「SDGsについて知る」と題し、SDGsの背景、SDGsの骨子、SDGsを読み解くためのキーワードなどについて詳しくみていく。第2章は、本書の本丸となる「SDGsを教育のコンテクストに位置づける」である。ここでは、Think local, Think globalを教育の中心に掲げ、問題発見・問題解決という課題をプロジェクト活動の中でこなしてくことの大切さを述べる。そして、第3章は、「SDGsについて探究する」と題して、生徒が具体的な課題にどう向き合えばよいかを示す。

　第2部は各論として、6篇の論考から成る。共通している問題意識は、いかにして「生徒に自分ごととしてSDGsの問題を捉えさせるか」ということである。このいかにして当事者意識をもたせるかという問題を共有しながら、執筆者が携わっているそれぞれの立場から、実践例を交えながら論を展開している。

　一井は、公立高校での英語教育の実践例として、「SDGsカード」という着想を使ってゲーム感覚的にSDGs課題に取り組む工夫を紹介している。また、3年間にわたる総合的な探究の時間におけるSDGsプロジェクトのカリキュラムの試案を示している。探究を行うためには時間と場が必要だが、実態としてはカリキュラム上のオーバーロードが起こる可能性も示している。

　米田は、私立中高一貫校の事例として、個人探究の話題としてSDGsを取り上げるだけでなく、現在、STEAMの観点から教育のあり方を論じている。課題探究において、デジタルプラットフォームの構築の大切さにも言及しつつ、異なる分野の専門性を持つ教員がいかにして探究の場において、楽しくコラボレーションを引き起こすかが探究学習の成否の鍵であると述べる。

　藤井は、大学の実践をもとに、学生が自分事として社会問題を捉える際の鍵となるのはMeaningful、Authentic、PersonalのMAPの原理

であると論じ、それぞれについて具体的な実践例を示している。生徒が与えられたものを「鵜呑みにしない」ことこそが、SDGsを自分事として捉える切り口であると藤井は主張する。

　英語教室という文脈におけるSDGs活動の実践例を報告しているのは、宮下である。子ども主体の学びを大切にしつつ、それをどう実現するかについて、「SDGs日記」「4コマ漫画で説明」「絵本を読んでふせん貼り」など独創的なアクティビティーを紹介する。生徒一人ひとりが考える力を身につけること、これがさまざまなアクティビティーに通底する目標である

　杉本は、小中高という発達的な流れの中で生徒ひとりひとりがSDGsという問題に取り組むことを促すため、生徒中心の視点で学習環境の設計を行うことの重要性を強調し、生徒一人ひとりにSDGsを息づかせるための方法として、本物と出会える場づくりを強調し、身近なSDGs取り組み（企業や学校）の探訪が有効であると述べている。

　佐藤は、個別具体的な事例を取り上げ、生活の中でSDGsに気づき、人生を切り拓いた生徒を取り上げ、「私の探究（唯一無二の探究）」という視点の重要性を強調すると同時に、「自分事」から「自分たち事」に関心を拡げていくこと、そして、自分の学びを自分で調整することの大切さを論じている。

　本書は、SDGsを学校で取り上げる教員に向けて執筆したものであるが、生徒たちにもぜひ読んでいただきたい。学校でどうしてSDGsを取り上げるのか、その意味を理解したとき、SDGsに関連した活動に意義を見出すことができるようになるからである。

2023年3月吉日
田中茂範

目次

第1部
SDGs社会論【理論編】────────11
田中茂範

Chapter 1
SDGsについて知る ──────────── 13

第2部
教室内外でのSDGs【実践編】 —— 157

電子版を使うには？

音声ダウンロード不要
ワンクリックで音声再生！

本書購読者は
無料でご使用いただけます！
音声付きで
本書がそのままスマホでも
読めます。

電子版ダウンロードには
クーポンコードが必要です

詳しい手順は下記をご覧ください。
右下の QR コードからもアクセスが
可能です。

電子版：無料引き換えコード
R9Q38G

ブラウザベース（HTML5 形式）でご利用
いただけます。

★クラウドサーカス社 ActiBook電子書籍
（音声付き）です。

●対応機種
・PC（Windows/Mac） ・iOS（iPhone/iPad）
・Android（タブレット、スマートフォン）

電子版ご利用の手順

❶コスモピア・オンラインショップにアクセス
　してください。（無料ですが、会員登録が必要です）

https://www.cosmopier.net/

❷ログイン後、カテゴリ「電子版」のサブカテゴリ「書籍」をクリックして
　ください。

❸本書のタイトルをクリックし、「カートに入れる」をクリックしてください。

❹「カートへ進む」→「レジに進む」と進み、「クーポンを変更する」をクリック。

❺「クーポン」欄に本ページにある無料引き換えコードを入力し、「登録する」を
　クリックしてください。

❻０円になったのを確認して、「注文する」をクリックしてください。

❼ご注文を完了すると、「マイページ」に電子書籍が登録されます。

第1部

SDGs社会論
【理論編】

持続可能な開発目標（SDGs）の詳細

目標 1
NO POVERTY

あらゆる場所のあらゆる形態の貧困を終わらせる。

目標 2
ZERO HUNGER

飢餓を終わらせ、食糧安全保障及び栄養改善を実現し、持続可能な農業を促進する。

目標 3
GOOD HEALTH AND WELL-BEING

あらゆる年齢のすべての人々の健康的な生活を確保し、福祉を促進する。

目標 4
QUALITY EDUCATION

すべての人々への包括的かつ公平な質の高い教育を提供し、生涯学習の機会を促進する。

目標 5
GENDER EQUALITY

ジェンダー平等を達成し、すべての女性および女子のエンパワーメントを行う。

目標 6
CLEAN WATER AND SANITATION

すべての人々の水と衛生の利用可能性と持続可能な管理を確保する。

目標 7
AFFORDABLE AND CLEAN ENERGY

すべての人々の、安価かつ信頼できる持続可能な現代的エネルギーへのアクセスを確保する。

目標 8
DECENT WORK AND ECONOMIC

包括的かつ持続可能な経済成長、およびすべての人々の完全かつ生産的な雇用とディーセント・ワーク (適切な雇用)を促進する。

目標 9
INDUSTRY, INNOVATION AND INFRASTRUCTURE

レジリエントなインフラ構築、包括的かつ持続可能な産業化の促進、およびイノベーションの拡大を図る。

目標 10
REDUCED INEQUALITIES

各国内および各国間の不平等を是正する。

目標 11
SUSTAINABLE CITIES AND COMMUNITIES

包括的で安全かつレジリエントで持続可能な都市および人間居住を実現する。

目標 12
RESPONSIBLE CONSUMPTION AND PRODUCTION

持続可能な生産消費形態を確保する。

目標 13
CLIMATE ACTION

気候変動及びその影響を軽減するための緊急対策を講じる。

目標 14
LIFE BELOW WATER

持続可能な開発のために海洋資源を保全し、持続的に利用する。

目標 15
LIFE ON LAND

陸域生態系の保護・回復・持続可能な利用の促進、森林の持 続可能な管理、砂漠化への対処、ならびに土地の劣化の阻止・防止及び生物多様性の損失の阻止を促進する。

目標 16
PEACE, JUSTICE AND STRONG INSTITUTIONS

持続可能な開発のための平和で包括的な社会の促進、すべて の人々への司法へのアクセス提供、およびあらゆるレベルにお いて効果的で説明責任のある包括的な制度の構築を図る。

目標 17
PARTNERSHIPS

持続可能な開発のための実施手段を強化し、グローバル・パー トナーシップを活性化する。

※内閣府地方創生推進事務局「地方創生に向けた自治体SDGsの推進について」を抜粋
https://www.pref.kagawa.lg.jp/documents/6210/slco5i181026211358_f05.pdf

Chapter 1

SDGsについて知る

一枚の写真

　「SDGs」は、地球規模の深刻な問題を、国境を越えて、みんなで考え、行動することを促す力をもったコトバである。多くの人々がそうした問題に気づいたのはいつ頃であろうか。その時期を正確に定めることは容易ではないが、私見として、1968年12月24日にアポロ8号の宇宙飛行士ウイリアム・アンダース（William Alison Anders）から届けられた以下の映像が決定的なきっかけになったのではないかと思う。

©NASA

　この映像より以前、ソ連の宇宙飛行士ユーリ・ガガーリン（Yurii Alekseyevich Gagarin）が1961年に発したとされる「地球は青かった」というコトバは有名だった。しかし、宇宙に浮かぶ地球の姿を目の当たりにしたのは、1968年のクリスマス・イブに、茶の間のテレビで流されたこの映像であった。

　上の写真は「地球の出（Earthrise）」と呼ばれ、歴史上で「最も影響力のある写真」と評されている。地球が有限であること（外枠[planetary boundaries]があること）を人類に実感させた写真である。

1971年、初の月面着陸を果たしたアポロ15号の操縦士ジェームス・アーウイン（James Benson Irwin）は、宇宙から見た地球について次のように述べている。

"As we got further and further away, it [the Earth] dimished in size. Finally, it shrank to the size of a marble, the most beautiful you can imagine. That beautiful, warm, living object looked so fragile, so delicate, that if you touched it with a finger it would crumble and fall apart. Seeing this has to change a man."

遠ざかると地球は小さくなっていった。ついには、ビー玉 ──想像できる最も美しいビー玉── の大きさにまで縮んでいった。その美しくて暖かい生きた物体は、かくもこわれやすく繊細で、指で触れば、それは崩れてばらばらになってしまうかのようだった。これを目の当たりにすれば、人間は変わらざるをえない。（下線部は著者）

　人間はどう変わらなければならないのか。漆黒の中に浮かび上がろうとする地球の姿を目撃した人の多くは、「この宇宙に浮かぶ地球を難破させてはいけない」と考えたはずである。地球を守る（save the earth）という国境を越えた意識が生まれ、「宇宙船地球号(spaceship earth)」が多くの人々にとってメタファーを越えた実体として心に刻まれたはずである。

宇宙船地球号（Spaceship Earth）

　経済学の分野において、The economics of the coming spaceship earth(1966)という論文を書き、「宇宙船地球号」という概念を導入したのがケネス・ボールディング（Kenneth Boulding）であった。開けた荒野（市場）を開拓し、消費を良しとするThe Cowboy Economyに対して、有限の資源の維持を大切に考えるThe Spaceman Economyを対比した短い論考である。ボールディングは、現在直面する問題に取り組むことで、将来のより大きな問題の解決につながる可能性を指摘し、次のように論文を締めくくっている。

This may sound a rather modest optimism, but perhaps a modest optimism is better than no optimism.

これはどちらかといえば控えめな楽観主義のように聞こえるかもしれないが、おそらく、控えめな楽観主義は楽観主義をもたないよりよいだろう。

　1969年には米国の思想家バックミンスター・フューラー（Buckminster Fuller）による*Operating Manual for Spaceship Earth**という書籍が出版され、「宇宙船地球号」というコトバがさらに広まった。タイトルを訳せば『宇宙船地球号の操作マニュアル』となる。フューラーは、土地を奪い、資源を奪うことで富を築いた人たちのことを指して the Great Pirates（大いなる海賊たち）と呼んでいる。人類が現在直面する問題の多く（貧富の差、環境問題など）は、そうしたthe Great Piratesのような生き方、経済活動の在り方によって引き起こされているのであり、そうした問題が人類の滅亡を引き起こしてしまうことを防ぐ道をなんとか探らなければならない。これがフューラーの論点である。有限の資源をどう効果的にそして公平に使えば、未来につながるかといった問題である。

　ボールディングもフューラーも、資源は有限で、使い続ければいずれは枯渇すること、そして、人間は循環する生態系の中の存在であることを強調した。すなわち、「宇宙船地球号」は外からの資源の供給は期待できず、宇宙船内の有限の資源を利用するしかないというメタファーでもある。したがって、フューラーのマニュアルには、包括的に全体として地球を捉える視点の大切さが強調されている。まさに、地球規模で諸問題を捉えるSDGsの先駆けである。

当時からあった国境を越えた問題

　宇宙船地球号のメタファーは、国境を越えた問題に人々の関心を引き寄せた。英語でも、文字通りtransboundary problemsという言い方をする。米国の生物学者レイチェル・カールソン（Rachel Carson）の*Silent Spring*****は1963年に刊行され、ベストセラーになった。同書

＊ Lars Mueller; Nachdruck
＊＊ Penguin Classics

は環境汚染問題を特に生物農薬の使用との関連で告発したものである。農薬の残留で生態系が汚染され、春になっても鳥たちが鳴かなくなったというのが「沈黙の春」の意味である。

バリー・コモナー（Barry Commoner）の *Closing Circle: Nature, Man, and Technology* *(1971)は、生態系の循環（ecological cycle）の破壊という問題を主題として扱ったものである。コモナーは、利潤追求に突き動かされる技術が生態破壊の原因になっており、健全な生態を保全する法則（laws of ecology）には、以下の4つがあると主張した。

1. すべてはすべての他のものとつながっている
   (Everything is connected to everything else.)
2. すべてのものはどこかに行かなければならない
   (Everything must go somewhere.)
3. 自然が一番よく知っている
   (Nature knows best.)
4. 無料のランチというものはない
   (There is no such thing as a free lunch)

極めて簡潔に本質を突いた法則である。Everything is connected to everything else.は、生態系は複雑であり、あらゆるものが相互に作用し合い、相互に関連し合っていることを示す法則である。人間の器官もそうだが、自然の生態は、器官より複雑である。Everything must go somewhere. は、モノを作れば、それはどこかに残る。自然界に完全な「廃棄」というものはないのである。なお、この法則には、自然なものであれば、何かのほかの役に立つという意味も含まれる。Nature knows best. とは、人間が加工して作り出したものは、概して自然にとって害になるということ、何が大切かを自然から学ぶことが最重要である、という意味合いの法則である。そして、There is no such thing as a free lunch.とは、「無料のランチはない」、すなわち人間が生態系に何かをす

＊ Dover Publications; Reprint 版

ればなんらかの反動が必ずあるという意味である。コモナーはこれらの法則のきわめて詳細な考察を行っている。

　ドネラ・メドウズ（Donella Meadows）等は*The Limits to Growth* *(1972)の中で、「成長神話には終止符を打たなければならない」と断言している。ボールディングのThe Cowboy Economy(the open economy)のように、人間は地球にあくなき要求をするが、地球の資源は有限である。メドウズらは、コンピュータモデルによって、人口増加、資源需要、産業化、食品生産、汚染などの相互関係の行方をシミュレーションし、人類はいずれ「壁にぶつかる（hit the wall）」と述べている。具体的には、人口増加や環境汚染がそのまま続けば、100年以内に地球における成長は限界に達すると主張した。*The Limits to Growth*は世界中で読まれ、1200万部のベストセラーになったといわれる。日本では、『成長の限界』**として訳された。

　これらの研究は、「地球のsustainability」を問題意識として共有するものであるが、直截的にsustainabilityを主題にしたのは、バーバラ・ワード（Barbara Ward）とルネ・デュボス（René Dubos）の*Only One Earth* ***(1972)である。この書では同じ地球に住みながら、先進国と後進国ではとてつもない格差（gap）が存在し、それを埋めることこそが地球が存続するための鍵であると述べられている。本書の副題はThe care and maintenance of a small planet（小さな惑星のケアと維持）となっている。Only One Earth（かけがいのない地球）は、ストックホルムで開催された「人間環境に関する国連会議」（1972）のモットーになった。そして、ストックホルム会議では、「人間環境宣言と行動計画」が採択された。

　以上述べたことは、1970年代の話であるが、南北格差、性差別、教育格差、産業化がもたらす気候変動問題などが1980年代、1990年代を通して進行していった。1980年にはIUCN（国際自然保護連合）が「世界保全戦略」を作成し、"sustainable development"（持続可能な

＊　Chelsea Green Pub Co
＊＊　ダイヤモンド社
＊＊＊　W. W. Norton and Company, Inc.

開発）という概念がはじめて使われた。そして、1987年には、「環境と
開発に関する世界委員会」が国連に設置され、そこが出した声明書Our
Common Futureでは、開発は、現在の世代だけでなく将来の世代の欲
求をも満たすようなものでなければならないと明記された。これがまさ
にsustainable developmentの意味である。

　Our Common Futureは、「持続可能な開発」という概念が公式に登
場した報告書とされる。この「持続可能な開発」の背景には、自然環境
の保護が叫ばれる中、経済発展を続けたいという先進国の思いが一方に
あり、貧困が象徴する南北格差を埋めつつ、発展を続けたいという思い
が他方にあった。

MDGsの採択

　国連が国境を越えた問題に公式に、そして本格的に取り組む決意を示
したのが「ミレニアム開発目標（Millennium Development Goals）」
である。これはMDGsと呼ばれ、SDGsの先駆けである。MDGsは
2000年に国連総会で「安全で豊かな世界を作る」というスローガンを
掲げて採択されたものである。MDGsでは、2015年までの達成目標と
して8つの目標（goals）と21のターゲット（targets）が記された。8
つの目標は、以下の通りである。

① 貧困・飢餓の撲滅
② 普遍的な初等教育の達成
③ ジェンダーの平等と女性のエンパワーメントの推進
④ 乳幼児死亡率の削減
⑤ 妊産婦の健康の改善
⑥ HIV/AIDS、マラリアなど疾病の蔓延防止
⑦ 環境の持続可能性
⑧ 開発のためのグローバルパートナーシップの推進

達成目標年度の2015年にはMillennium Development Goals Reportという報告書が書かれた。果たして、目標はどれぐらい達成されたか。極度の貧困に暮らす人々は、1990年の47％から14％に減少し、初等教育の就学率についても、改善傾向がみられるされている。しかし、目標4の乳幼児の死亡率については目標水準に及ばず、目標③のジェンダー平等についても男性との間に大きな格差が残ったままである。深刻な問題としては、CO_2の排出量が1990年比較で50％以上増加してしまい、気候変動が差し迫った問題になった。達成状況に地域的な格差が見られ、最貧困国の多くの人々が<u>置き去り</u>になっている状況が深刻な問題として指摘されている。このようにみると、総じて、期待される成果は得られなかったというのがMDGsに対する評価である。

　そこで、同じ2015年に、MDGsの課題解決プログラムを引き継ぐ形で、「誰一人置き去りにしない」と誓ったSDGsが採択され、2030年までの目標として17の目標と169のターゲットが示された。本書が取り上げるのは、まさにこのSDGsである。

　SDGsは、先進国と発展途上国とのせめぎあいを経た妥協の産物である。文書作成のせめぎあいには宗教が絡んでくることも容易に想像できる。ジェンダー平等に関するターゲットにLGBTが言及されていないのは、それを受け入れない宗教に配慮してのことだろう。気候変動という最大級の問題についても、その原因について論争があり、ターゲットの内容は「玉虫色」になっている。価値観や思惑や利害関心がぶつかり合い、互いが受け入れることができる内容になっていることは確かであるが、それでも、全世界が取り組まなければならない地球規模の問題が何であるかを明示したのがこの文書である。

SDGs：国連決議の前文を読む

国連総会において2015年9月25日に採択された決議の表紙は以下の通りである。*

General Assembly

Distr.: General
21 October 2015

Seventieth session
Agenda items 15 and 116

Resolution adopted by the General Assembly on 25 September 2015

[*without reference to a Main Committee (A/70/L.1)*]

70/1.　**Transforming our world: the 2030 Agenda for Sustainable Development**

　表題としてTransforming our world: the 2030 Agenda for Sustainable Developmentとある。日本語にすれば、「わたしたちの世界を変容すること：持続可能な発展のための2030年アジェンダ」ということである。この文書は約14600語で構成されるものであり、冒頭の「前文（preamble）」の部分で、ねらいが明確に述べられている。

Transforming our world: the 2030 Agenda for Sustainable Development

Preamble

　This Agenda is a plan of action for people, planet and prosperity. It also seeks to strengthen universal peace in larger freedom. We recognize that eradicating poverty in all its forms and dimensions, including extreme poverty, is the greatest global challenge and an indispensable requirement for sustainable development.

　All countries and all stakeholders, acting in collaborative partnership, will implement this plan. We are resolved to free the human race from the tyranny of poverty and want and to heal and secure our planet. We are determined to take the bold and transformative steps which are urgently needed to shift the world on to a sustainable and resilient path. As we embark on this collective journey, we pledge that no one will be left behind.

　第一段落で、このアジェンダ（行動計画）は、人類と地球と繁栄のためのアクションプランであると明記し、貧困こそが、持続可能な開発のために世界が取り組むべき最大の挑戦であり、必要不可欠な要件である

＊https://www.un.org/en/development/desa/population/migration/generalassembly/docs/globalcompact/A_RES_70_1_E.pdf

という認識を示す。第二段落では、すべての国と関係者が協働的な協力体制でこの計画を実現させることの重要性を述べている。そして、持続可能で耐久力のある方向に世界を移すために変容をもたらすような大胆な行動をとるという決意を示している。これはみんなで歩む道であり、誰一人として置き去りにしない、という誓いを立てている。

　冒頭で人類と地球と繁栄のためのアクションプランであると述べているが、People、Planet、Prosperity、Peace、Partnership（5つのP）を主題に立て、それぞれに対して、何がなされなければならないか要約している。

People

　　We are determined to end poverty and hunger, in all their forms and dimensions, and to ensure that all human beings can fulfil their potential in dignity and equality and in a healthy environment.

Planet

　　We are determined to protect the planet from degradation, including through sustainable consumption and production, sustainably managing its natural resources and taking urgent action on climate change, so that it can support the needs of the present and future generations.

Prosperity

　　We are determined to ensure that all human beings can enjoy prosperous and fulfilling lives and that economic, social and technological progress occurs in harmony with nature.

　ここでいうPeopleは地球に住む人々、すなわち人類のことを指す。人類の最大級の課題は貧困と飢餓の根絶である。続いて、Planetはわれわれが住む地球のことだが、ここでは、消費と生産を持続可能なものにすること、自然の資源を持続的に管理すること、そして、気候変動に早急な手を打つことが、必要であると主張している。そして、Prosperity（繁栄）については、あらゆる人々が繁栄を享受できるようになることを確かなものにすることに対する決意を表している。さらに、続けて、Peace（世界平和）とPartnership（グローバルパートナーシップ）については、右ページ上のように述べている。

> *Peace*
>
> We are determined to foster peaceful, just and inclusive societies which are free from fear and violence. There can be no sustainable development without peace and no peace without sustainable development.
>
> *Partnership*
>
> We are determined to mobilize the means required to implement this Agenda through a revitalized Global Partnership for Sustainable Development, based on a spirit of strengthened global solidarity, focused in particular on the needs of the poorest and most vulnerable and with the participation of all countries, all stakeholders and all people.

　まず、恐怖とか暴力のない平和で、公正で、あらゆる多様性を受け入れる社会を作る必要性を述べ、平和がなければ持続可能な発展はないし、持続可能な発展がなければ平和はないという立場を示す。そして、このアジェンダを実行するには、再び活力が与えられたグローバルパートナーシップが必須であることを確認する。ここで revitalized（再活性化された）という用語が使われているのは、MDGsにおいてもグローバルパートナーシップの必要性が明記されていたことが背景にある。

　かくして、国連決議としてのSDGsが採択されたわけであるが、その意義は何であるか。SDGsでは、MDGsと同様に、地球のため、人類のため必要な達成目標としてのゴール（問題）を言語化したところに意義がある。問題の言語化によって、問題が可視化され、問題の共有化、問題の検討が可能になるからである。まず、SDGsの「顔」に当たる17の目標を示したアイコンをみてみよう。

SDGsの17の開発目標

　SDGsといえば、必ず決まってSDGsのロゴと17個のアイコンが連想されるだろう。まず、右がSDGsのロゴである。

　そして、次ページに示すのは、日本語になった17個のアイコンであり、今では、そこかしこで目にするようになってきた。*

＊https://www.unic.or.jp/activities/economic_social_development/sustainable_development/2030agenda/sdgs_logo/sdgs_icon/

　一見してわかるように、きわめて野心的な目標である。これらの目標を本気で達成しようとすれば、世界各国の覚悟が必要であるが、基本的には、ボランタリーの精神に依拠しており、仮に達成できなかったとしても罰則（ペナルティー）はない。それでもここで示された目標は、地球が抱えている最大級に大きなそして深刻な問題であり、世界がそれに立ち向かわなければならないことに変わりはない。

　しかし、実際に取り組もうとすると、疑問がでてくる。1から17まで番号が付いているが、この並びに何か意味があるだろうか。17番目の目標は、「パートナーシップで目標を達成しよう」とあるように方法を示すものであり、他の16個の達成内容を示した目標とは異質なものに見える。また、環境に関係した目標群、経済に関係した目標群、権利に関係した目標群があるように思える。結論をいえば、どうみても、この並び方に意味があるとは思えない。

　実際、前記の前文（preamble）の終わりで、それぞれの目標間の相互関連性の大切さ（the interlinkages and integrated nature of the Sustainable Development Goals）を指摘しており、個別的な取り組みには限界があることを仄めかしている。だからこそ、現状の単なる改善や個別具体的な問題の解決ではなく、Transforming Our World（われわれの世界全体を変容する）なのである。

17の目標の再分類

　そこで、以下で相互の関連に注目しながら、グルーピングを行ってみよう。まず、前述の通り、17番目の「パートナーシップで目標を達成しよう」というのは目標達成の方法を述べたものであって、他の16個の目標のすべてに関係するものである。このことを踏まえ、17個の目標のグルーピングをすると、以下のようになる。

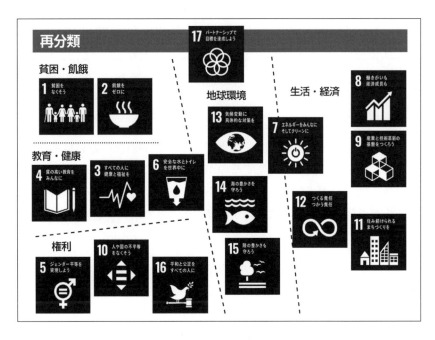

　1と2は明らかに「貧困と飢餓」という括りである。3と4と6は「教育と健康」に関するもので、「貧困と飢餓」との境界が細い点線になっているように、両者には密接な関連性がある。教育こそが、貧困や飢餓から救う道である、とは異口同音に語られている通りである。6の水問題は、13と14と15の仲間として「地球環境」にもかかわる目標である。7のエネルギー問題は、気候変動と不可分の関係にあり「地球環境」にかかわると同時に、8と9と11と12と一緒に「生活と経済」にも関係している。そして、残りの5と10と16は、明らかに「権利」に関する

問題だといえる。「環境」「経済」「社会」という3つの観点から分類する方法もあるが、「貧困」や「飢餓」は、経済問題でもあり、社会問題でもあり、そして環境問題でもありうる。

このように再分類してみると、SDGsは「貧困と飢餓」「教育と健康」「地球環境」「生活と経済」そして「権利」の5つの領域にわけることができる。そして、上記の通り、17のグローバルパートナーシップは、解決の方法としてこれらの領域すべてに関係するものである。

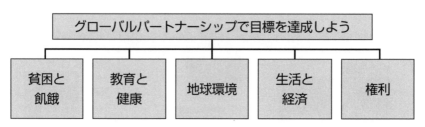

これで、SDGsの特徴が少し見えてくる。強弱濃淡の違いはあるが、地球上のあらゆる人々に関連するのがこの5つの領域である。強弱濃淡というのは、日本人にとって、「貧困と飢餓」は相対的にみれば、国民の多くが直面する問題ではないが、ほかの4つの領域の問題は、看過できない問題であるということである。

しかしながら、これはひとつの分類方法に過ぎず、実態はもっと複雑で、いろいろな問題が複雑に絡んでいる。地球環境問題に注目しても、少なくとも以下のような関係性を読み取ることができる。

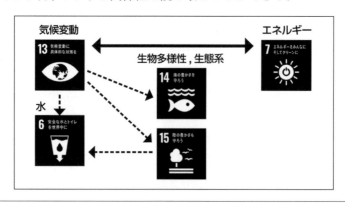

　まず、この関係図では、気候変動とエネルギーの間には直接的な関係があることが示されている。世界のエネルギー消費は拡大の一途である。実際、SDGsには持続的なエネルギーへのアクセス確保が挙げられている。しかし、このエネルギー消費は、気候変動の問題とぶつかり合う関係にある。そして、気候変動は、生物多様性、生態の多様性に悪影響を及ぼし、生態系がうまく機能しなくなれば安全な水にも悪影響が及ぶ。地球温暖化とリンクしている気候変動は、大雨や干ばつなどの異常気象を引き起こしているとされ、水の利用可能量に大きな影響を及ぼすことが予想される。また、気温が上昇すれば、積雪量が減少し、河川の流出量が減少し、水資源に様々な影響が及ぶだろう。気候変動により海面上昇が起こり、藻やバクテリアの発生、塩害など海の生態に影響するだろう。SDGsの目標は同時に達成すべき内容であるが、同時に達成しようとすれば、「生活と経済」と「環境」の折り合いがうまくいかないということが起こる。

　いずれにせよ、<u>SDGsは、それぞれの目標に単独に焦点を当てて問題解決を図ると同時に、目標間の関係性を配慮しながら取り組まなければならない問題</u>であるということにはかわりない。

翻訳の問題：言語が変われば印象が変わる

　先にみてきたように、SDGsには、まさに世界が一丸となって取り組まなければならない問題群が示されている。そこでグローバルパートナーシップが不可欠になるが、その実現のために、共通の理解が求められる。そして、共通の理解は言語表現を通して行われる。がしかし、原文がそれぞれの言語に翻訳される過程で、なんらかの理解のズレのようなものが起こる可能性は常にある。<u>言語が変われば、メッセージの色合いも異なる</u>のである。このことに注意しないと、真の意味での共通理解は図れないかもしれない。

　そこで、ここでは、まず、SDGsのアイコンの英語版と日本語版を比較してみたい。なお、周知の通り、国連の公用語は、アラビア語、中国語、

英語、フランス語、ロシア語、そしてスペイン語の6つである。SDGs
のアイコンは、この6つの公用語で表現されているが、SDGs文書とし
て一般に流通しているのは、以下の英語版である。

　日本で出回っているアイコンの言語表現は、英日翻訳という作業を通
して作成されたものである。そこで、日本語版と英語版の比較を行って
みた。17個の目標について、気になったものを5つ紹介したい。

3　すべての人に健康と福祉を
　Good Health and Well-being

6　安全な水とトイレを世界中に
　Clean Water and Sanitation

8　働きがいも経済成長も
　Decent Work and Economic Growth

11　住み続けられるまちづくりを
　Sustainable Cities and Communities

16　平和と公正をすべての人に
　Peace, Justice and Strong Institutions

　まず、good health and well-beingが「すべての人に健康と福祉を」と訳されている。well-beingから連想される内容と「福祉」から連想される内容にはかなりの隔たりがある。少なくともアイコンの表現としては、異なった印象を与える。well-beingは、専門的にも「ウエルビーイング」とカタカナ表記され日本語には訳しにくい概念であるが、心身ともに健全なだけでなく社会的にも良好な状態を指す。だとすれば、「福祉」というより「幸福感」とか「十全感」とか「満足感」のほうがイメージ的には近いといえよう。辞書などをみると、日本語の「福祉」に「しあわせ」という語義があるのは確かであるが、「公的扶助による生活の安定」という意味合いに解釈されるのが一般的ではないだろうか。なお、good health and well-beingという文言は、以下のようにもう少し詳細な表現と紐づいている。

Good Health and Well-being

Ensure healthy lives and promote well-being for all at all ages

---

　このアイコンの説明のロングバージョンを見れば、well-beingが一般的な意味合いの「福祉」ではピンとこないように思われる。「だれもが健康でしあわせな生活が送れるようにする」ということである。

　clean water and sanitationについても「安全な水とトイレを世界中に」と訳されているが、言うまでもなくsanitationは「トイレ」だけに限定されるコトバではない。文字通り「公衆衛生」とか「下水設備など衛生設備」を指す。日本語のアイコンの表現に「～を世界中に」という言い方を足したため、「水」同様のモノでないと収まりが悪く、「公衆衛生」ではなく、「トイレ」になったのかもしれない。これは、「世界中に（行き渡らせよう）」といった述語が誘発した結果であるといえよう。

　decent work and economic growthについては、decent workが「働きがい」と同義であるかという問題がある。ここでいうdecentは「ま

あまあの、悪くない」「ちゃんとした、妥当な」という意味合いである。もともと、1999年にILO（国際労働機関）が提唱したもので、secure work（安心して働ける機会）、fair payment of wages（賃金の公平な支払い）、full workplace rights（職場での権利）、social protection（社会的保護）を満たすものとされた。これは、まさにdecent work(ちゃんとした仕事)の外的条件を示したものである。働きがいといえば、個々人の心的状態を指すコトバであり、同じ労働条件でも個人差が生まれることは自然である。そこで、decent workは「働きがい（job satisfaction）」というより「ちゃんとした仕事」と解する必要がある。実際、この目標のターゲットのひとつとして以下が示されている。

By 2030, achieve full and productive employment and decent work for all women and men, including for young people and persons with disabilities, and equal pay for work of equal value.

2030年までに、若年者や障がいをもつ人々を含むあらゆる女性と男性が、同等の価値の仕事に対して等しい賃金が得られるような、実りある形で完全雇用され、ちゃんとした仕事を持てるようになることを達成する。（著者訳）

achieveが動詞であることからわかるように「働きがい」ではなく、「常勤で雇用され、ちゃんとした仕事（をもつこと）」が意図されている。「働きがい」をあえて生かすのであれば、「働きがいのある仕事」とすべきだろうが、「働きがい」を「働くことで満足や充足感が得られること」という意味合いで解するとすれば、decentにそこまで求めることができるかどうか疑問である。

sustainable cities and communities については「住み続けられるまちづくりを」とあり、大きな誤解は起こらない。がしかし、英語は「住み続けられるまち（sustainable cities）」に加え、そこで生活する人々の「コミュニティー」が含まれている。以前、竜巻の大災害が米国で発生した時、住民が "Our cities are all gone. But our communities remain." と述べていたが、まち同様に大切なのは生活圏としてのコミュニティーである。この「コミュニティー」というコトバを訳語か

ら外すことで、「箱もの」としてのまちが強調されるかもしれない。英語では、Sustainable Cities and Communitiesのロングバージョンに"Make cities and human settlements inclusive, safe, resilient, and sustainable."（まちとそこでの人々の居住をだれにもやさしく、安全で、持久力があり、持続可能なものにしよう）とある。「コミュニティー」が入るか抜けるかは、まちづくりにも影響を与える。そのコトバがあることで、まちづくりは行政の専管事項ではなく、コミュニティーはみんなのものという視点が加わるからである。

　同様のことが、peace, justice, and strong institutionsについてもいえる。邦訳は「平和と公正をすべての人に」となっており、「強力な制度」が省略されてしまっている。平和や公正に実質的な意味を持たせるのは制度である。この「制度」が抜けることで、空疎な掛け声に聞こえてしまうかもしれない。ここでも、英語版では、以下のような解説が付いている。

We cannot hope for sustainable development without peace, stability, human rights and effective governance, based on the rule of law.

われわれは、法の支配に基づく、平和、安定性、人権、そして効果的な統治なくして持続可能な開発を望むべくもない。

　下線部（法の支配に基づく）というところにstrong institutionsの意味が表現されている。

　また、life below waterについても「海の豊かさを守ろう」と邦訳されているが、waterは「海」に限定されるのだろうか。海が主要な関心事であるが、「湖」「川」「池」などの生態にも関心が及ぶということは、ネット上の文献にも表れている*。だとすれば、「海の豊かさを守ろう」は、表現としては限定的であるといわざるをえない。

　ここでの翻訳の問題は、アイコンの説明だけにとどまらない。SDGs文章の中身についても同様である。例えば、以下を見てみよう。

Strengthen resilience / and adaptive capacity/ to climate-related hazards and natural disasters/ in all countries.

＊ https://www.queensu.ca/social-impact/life-below-water

この原文は次のように訳されている。

　気候に関する災害や自然災害が起きたときに、<u>対応したり立ち直ったり</u>できるような力を、<u>すべての国でそなえる</u>。＊

　日本語文だけを読むと、「すべての国でそなえる」から「それぞれの国が独自に備える」という意味にもとれる。さらに、「対応したり立ち直ったりできるような力」と日本語ではあるが、英語では、strengthen resilience and adaptive capacity とある。ここでいう resilience は「立ち直る力」だろうか。環境問題の専門家テリー・チャピン（Terry Chapin）は resilience を次のように規定している。＊＊

<u>Resilience : a property which denotes the degree of shock or change that can be tolerated while the system maintains its structure, basic functioning, and organization.</u>

システムがその構造、機能、組成（組織）を維持しつつ、なんとか耐久できる衝撃あるいは変化を指す特性が resilience（耐久力）である。

　このように上記の resilience は「立ち直る力」というより「耐久力」に近い用語である。また、adaptive capacity を「対応できるような力」と訳しているが、上記のテリー・チャピンは以下のように説明している。

Adaptive capacity: the social and technical skills and strategies of individuals and groups that are directed towards responding to environmental and socioeconomic changes

環境的、社会経済的な変化に対応するように向けられた個人あるいは集団のもつ社会的かつ技術的な技能と戦略を指すのが adaptive capacity（対応力）である。

　「対応できるような力」で間違いではないが、「対応力」という名詞を「対応したり」のように動詞的に訳してしまうと、専門用語としての adaptive capacity の意味合いが消えてしまう。つまり、わかりやすさを優先して名詞概念を動詞的に訳してしまうと専門用語としての際立ちが失われてしまうことがある。

　このように、翻訳だけに頼って SDGs を理解しようとすると原文の意

＊ https://www.unicef.or.jp/kodomo/sdgs/17goals/13-climate_action/

＊＊ https://serc.carleton.edu/integra teaching_materials/food_supply/student_materials/1059

図からはズレてしまうことがある。そこで、SDGsを扱うにあたっては、日本語版を扱うにしても英語版を傍らに置いて、内容を理解する姿勢が肝要である。

SDGsを読み解くためのキーワード

　SDGsの目標とターゲットに関する英文についてテクスト分析をしてみると、SDGsを読み解くためのキーワードが浮かび上がってくる。重要と思われる形容詞に注目すると、「規模」「領域」「特性」の3つの観点からキーワードを分類することができる。括弧内の数字は、目標とターゲットの記述において使用された使用頻度である。

■ **規模** national (21) 　global (19) 　international (19) 　domestic (9) universal (8) 　local (7)

■ **領域** financial (17) 　economic (15) 　public (12) 　marine (9) agricultural (6) 　natural (6) 　scientific (6) 　technical (6) environmental (5)

■ **特性** developing (50) 　sustainable (43) 　least developed (33) affordable (11) 　effective (11) 　equal (10) 　appropriate (9) safe (9) 　vulnerable (8) 　resilient (8) 　equitable (7) inclusive (5)

　規模としては、文字通りローカルからグローバルの広がりをみせるのがSDGsである。ローカルに関連した形容詞はlocal、national、domesticの3つで、グローバルに関係した形容詞は、global、international、universalの3つである。SDGs問題の関連領域としては、金融、公共、農業、科学、経済、海洋、自然、技術、環境に関連する形容詞が目立つ。

　特性を描写する形容詞はSDGsを読み解く際にとりわけ重要である。中でもsustainable、equitable、vulnerable、resilient、inclusive に注目したい。次はそれぞれの意味合いに解説を加えたものである。括弧の

中にはふたつの数字があるが、最初の数字は、SDGsの目標とターゲットだけを取り上げた文書内での頻度であり、2番目の数字は、国連が採択したSDGs文書全体での頻度である。

sustainable (43; 155)——持続可能な
　sustain（生命・活力など）を維持する、持続させる；（人）を養う；（何かが）重さなどを支える、重さなどに耐える

equitable (7; 13)——公平性・公正性を確保できるような

vulnerable (8; 21)——脆弱な、被害を受けやすい

resilient (resilience) (8; 18)——維持のための耐久力を持った、復活力のある

inclusive (5; 40)——包摂的な、排他的(exclusive)でない；すべてを排除しない；全員を巻き込む；誰に対してもやさしい

　sustainableは最重要な形容詞である。通常、「持続可能な」と訳されており、本書でもそれに倣っている。実際、国連でsustainabilityが正式に取り上げられた際に、以下の文言に見られるように、今を生きるひとたちだけでなく将来のひとたちのことも考慮することの大切さが強調された。

　"...development that meets the needs of the present <u>without compromising the ability of future generations to meet their own needs</u>"*　未来の世代の人たちのニーズを満たすことができることに妥協することなく、現在のニーズに合う発達

　しかし、「持続可能な」がただ「将来も継続できる（lasting）」という時間軸上での連続性のみが意図されていると解釈するならば、それはsustainableの本質を捉えていることにならないかもしれない。前述したように、sustainという動詞には、「生命・活力を維持する」という他動詞的な用法と、「（何かが）重さなどを支える、重さなどに耐える」という自動詞的な用法がある。このことからわかるように、sustainableは「（圧力に耐えながらも）生命や活力をなんとか維持する」という意味合いが含まれているのである。この意味合いを込めて、「持続可能な」という一般的に流布している訳語を本書でも用いる。

---

* https://www.unicef.or.jp/kodomo/sdgs/17goals/13-climate_action/

さて、先にSDGs文書の特性を表す5個の形容詞を列挙したが、それぞれは単なるリストではない。私案として相互の関係を示すと以下のようになる。

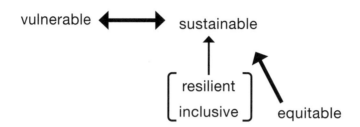

つまり、われわれの世界には環境・経済・社会的な負荷がかかっており脆弱（vulnerable）である。

vulnerable という形容詞は、SDGs文書では、the needs of the poorest and most vulnerable, those in most vulnerable situations, the most vulnerable countriesのように「人々」か「国」に対して使われているが、地球全体も「脆弱な」ものであり、何も施さずに開発を続ければ、地球は持たないという背景を読み取ることができよう。

その脆弱な地球（the vulnerable earth）を圧力に耐えながらも持続可能（sustainable）なものにしていかなければならない。そのためには、耐久力（resilience）があり、多様性を受け入れる包摂的（inclusive）な制度設計が必要である。そうした制度設計の鍵となるのは「公正（equitable）であること」である。言い換えれば、equity（公平；公正）こそが、持続可能性の鍵である。

equityとは、株でいえば「持ち分」であるが、すべての人が等しく持てば「公平性」が生まれる。損得利害を公平に受け持つということである。justice（正義）、fairness（公正）、impartiality（偏りがないこと）といった意味合いを包含する概念である。「equitableであること」は、グローバルパートナーシップに込められた思いであるといえるであろう。「誰一人置き去りにしない」という誓いの言葉も、equityというコトバと響き合う。

ここでいうequityは、環境、経済、社会の領野に及ぶものであり、environmental equity（環境的公平）＊、economic equity（経済的公平）、social equity（社会的公平）＊＊という概念が専門分野では盛んに議論されている。SDGsの目標は、これらの3つの公平性を実現することで、達成が可能となるということである。

　言い換えれば、われわれの世界を変容するためには、公平性という観点から、環境、経済、社会における制度や構造を見直す必要があるということである。先進国が自然を資源として最大利用し、経済成長を遂げた「つけ」として引き起こされたのが気候変動であり、それに伴う「生物多様性喪失の問題」である。これまで通りのビジネスをやりながら、SDGsに取り組むことはできない、というところにTransforming our Worldのtransformationの意味がある。富裕国がさらに富むという構造、自由貿易の下に格差が生じるような構造、SDGsという名の元に先進国が意思決定の主導権を持つような構造、大量生産・大量消費によってGDPを高めることが経済成長であると考えるような構造、こうした構造を大きく変容することがtransformという動詞に託された意味であろう。

目標とターゲットの関係

　SDGsといえば、目標（goals）に注目が集まりがちであるが、具体的に何をどうすべきかというWHATとHOWの問題については、ターゲットを見ていかなければならない。そして後述するように、ターゲットがどれぐらい達成されたかを検証するための評価指標としてのインディケーターがある。

　目標とターゲットの事例として、ユニセフのサイト目標1の「貧困をなくそう」をみてみよう（前述したように邦訳が原文をそのまま反映しているわけではないが、ここでは一般に流通している邦訳を用いる。下線は筆者による）。

＊ https://innovation.luskin.ucla.edu/environmental-equity/

＊＊ https://unitedwaynca.org/blog/what-is-social-equity/

\ たとえば、こんな問題が… /

世界では、6人に1人 (3億5600万人) の子どもたちが、「極度にまずしい」暮らしをしています。

https://www.unicef.or.jp/kodomo/sdgs/17goals/1-poverty/

　これに対して7つのターゲットが掲げられている。そのうち5つは達成内容（WHAT）であり、残りのふたつは達成方法（HOW）である。

1-1　2030年までに、現在のところ1日1.25ドル未満で生活する人々と定められている、極度の貧困をあらゆる場所で終わらせる。（現在は、1.90ドル未満に改正）

1-2　2030年までに、各国で定められたあらゆる面で貧困状態にある全年齢の男女・子どもの割合を少なくとも半減させる。

1-3　すべての人々に対し、最低限の生活水準の達成を含む適切な社会保護制度や対策を各国で実施し、2030年までに貧困層や弱い立場にある人々に対し十分な保護を達成する。

1-4　2030年までに、すべての男女、特に貧困層や弱い立場にある人々が、経済的資源に対する平等の権利がもてるようにするとともに、基礎的サービス、土地やその他の財産に対する所有権と管理権限、相続財産、天然資源、適正な新技術、マイクロファイナンスを含む金融サービスが利用できるようにする。

1-5　2030年までに、貧困層や状況の変化の影響を受けやすい人々のレジリエンスを高め、極端な気候現象やその他の経済、社会、環境的な打撃や災難に見舞われたり被害を受けたりする危険度を小さくする。

1-6 a　あらゆる面での貧困を終わらせるための計画や政策の実施を目指して、開発途上国、特に後発開発途上国に対して適切で予測可

能な手段を提供するため、開発協力の強化などを通じ、さまざまな供給源から相当量の資源を確実に動員する。

1-6 b 貧困をなくす取り組みへの投資拡大を支援するため、貧困層やジェンダーを十分勘案した開発戦略にもとづく適正な政策枠組みを、国、地域、国際レベルでつくりだす。（下線部は筆者）

達成方法を見ると「開発協力の強化」「相当量の資源の動員」「投資拡大」「開発戦略」といった用語が目立つ。持てる国が持たざる国を「救済」するという図式を垣間見ることができる。

同様に、目標13として「気候変動に具体的な対策を」（Take urgent action to combat climate change and its impacts）がある。

https://www.unicef.or.jp/kodomo/sdgs/17goals/13-climate_action/

これに対しては5つのターゲットが示されている。そのうち3つが達成内容で、残りの2つが達成方法である（ここでも翻訳の問題には目をつぶり、一般に流通している日本語訳を用いる。下線は筆者による）。

13-1 気候に関する災害や自然災害が起きたときに、対応したり立ち直ったりできるような力を、すべての国でそなえる。

13-2 気候変動への対応を、それぞれの国が、国の政策や、戦略、計画に入れる。

13-3 気候変動が起きるスピードをゆるめたり、気候変動の影響に備え

たり、影響を減らしたり、早くから警戒するための、教育や啓発をより良いものにし、人や組織の能力を高める。

13-a　開発途上国が、だれにでもわかるような形で、気候変動のスピードをゆるめるための行動をとれるように、UNFCCC*で先進国が約束したとおり、2020年までに、協力してあらゆるところから年間1,000億ドルを集めて使えるようにする。また、できるだけ早く「緑の気候基金」を本格的に立ち上げる。

13-b　もっとも開発が遅れている国や小さな島国で、女性や若者、地方、社会から取り残されているコミュニティに重点をおきながら、気候変動に関する効果的な計画を立てたり管理したりする能力を向上させる仕組みづくりをすすめる。

　このようにすべての目標にはターゲットが示され、ターゲットはWHATとHOWの構成になっている。

SDGs評価指標（indicator）

　目標やターゲットが示されたとしても、SDGsのアジェンダでは2030年を達成年度と定めている。そこで、途中経過としてどの程度それぞれのターゲットが達成されたかを確認する手段がなければ、机上の空論になる。評価の問題である。

　上記のターゲットがどの程度達成されたかを評価するために指標（indicator）が定められている。SDGsの達成評価となるこの指標は、232種類がunique indicator（固有の指標）として合意されている。例えば、目標1のターゲット1.1.と1.2.については、以下のような指標が示されている。**

■ ターゲット1.1.

1.1　By 2030, eradicate extreme poverty for all people everywhere, currently measured as people living on less

---

＊国連気候変動枠組条約。1992年に採択され、1994年発効。https://unfccc.int/

＊＊https://unstats.un.org/sdgs/indicators/Global%20Indicator%20Framework%20after%20refinement_Eng.pdf

than $1.90 a day.

2030年までに、1.9ドル以下で生活するという極貧の状態をあらゆる場所で、そしてあらゆる人にとって根絶する。

■ 指標 (indicator)

1.1.1 Proportion of population below the international poverty line, by sex, age, employment status and geographical location (urban/rural).

性別、年齢、雇用形態、地理的場所（都市か田舎か）によって、国際貧困水準以下の人口の割合

■ ターゲット 1.2.

1.2 By 2030, reduce at least by half the proportion of men, women and children of all ages living in poverty in all its dimensions according to national definitions.

2,030年までに、国内の定義に則り、あらゆる局面での貧困状況に暮らすあらゆる年齢の男性、女性、子供の割合を少なくとも半分に減らす。

■ 指標 (indicator)

1.2.1 Proportion of population living below the national poverty line, by sex and age.

性別と年齢による国内貧困水準より低い状態で生活する人口の割合

1.2.2 Proportion of men, women and children of all ages living in poverty in all its dimensions according to national definitions.

国内の定義によるあらゆる局面での貧困状況に暮らす、あらゆる年齢の男性、女性、子供の割合＊

　ターゲット1.1.に対応する指標1.1.1.の統計は、チャート、マップ、あるいは表で可視化できるようになっている。右上はチャートの例である。

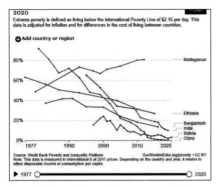

https://sdg-tracker.org/no-poverty、右下の
Chart より転載

Country or region	1967	2021	Absolute Change	Relati
		$2.15 a day - share of population below poverty percent		
Albania	1996 ⓘ 0.53%	2019 ⓘ 0.00%	-0.53 pp	
Algeria	1988 ⓘ 6.42%	2011 ⓘ 0.46%	-5.96 pp	
Angola	2000 ⓘ 21.41%	2018 ⓘ 31.12%	+9.71 pp	
Argentina - urban	1980 ⓘ 0.31%	2020 ⓘ 1.07%	+0.77 pp	
Armenia	1996 ⓘ 13.90%	2020 ⓘ 0.39%	-13.51 pp	
Australia	1981 ⓘ 0.99%	2018 ⓘ 0.50%	-0.50 pp	
Austria	1987 ⓘ 0.00%	2019 ⓘ 0.64%	+0.64 pp	
Azerbaijan	1995 ⓘ 12.42%	2005 ⓘ 0.00%	-12.42 pp	
Bangladesh	1983 ⓘ 37.29%	2016 ⓘ 13.47%	-23.82 pp	

CHART MAP TABLE SOURCES ⬇ DOWNLOAD

https://sdg-tracker.org/no-poverty、右下の
Table より転載

　左下の表では、アルファベット順に国の達成状況が経年変化として示されている。以下は、ターゲット1.1.の達成状況を伝える資料の一部である。

　変化の＋は悪化で、－は改善である。このように、目標を設定し、それぞれに達成内容と達成方法をターゲットとして示し、それぞれのターゲットの達成の度合いがどの程度進んでいるか（それとも進んでいないか）を知るための統計が指標である。

　目標の16はPeace, Justice and Strong Institutionsであるが、そのターゲットの16.2には人身売買を終わらせるとともに子どもを虐待から守るとある。そして、その指標（indicator）として、過去1カ月において、1歳から17歳の子どもが親たちからどれぐらい身体的・精神的な虐待を受けたかを指標（indicator）にする、といった具合である。

　この指標について個人的見解を少し述べておきたい。これらの指標はターゲットにリンクする形で考案されたものであるが、先進国がこれまでの価値観や行動原理がどれだけ変容したかという、おそらく最も肝心なTransforming our Worldのための指標が見当たらないというところは、残念である。また、目標の中のターゲットに連動する形で指標が示されているが、目標がそれぞれ関連し合っていることからすれば、相互に排他的な指標では不十分である。例えば、上記の目標16は、ジェンダー平

等とか質の高い教育という目標と関係していることはあきらかであろう。

　いずれにせよ、SDGsの実態を知るには、goals、targets、indicatorsの3つをセットとして見るようにしなければならない、というのがここでのポイントである。

SDGsの取り組みの現状を知るためのサイト

　以上のような形で17の目標と169のターゲット、それに232の評価指標が世界各国で合意され、SDGsアジェンダとして文書化されている。そして、世界各国で目標の達成に向けた行動が現在進行形である。その行動（アクション）を世界的な規模でみるには、以下の国連のサイト＊が有用である。

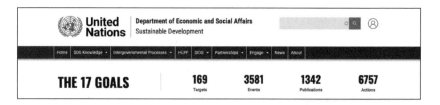

　これを見ればわかるように、例えばGoal 1の「貧困をなくそう」では、7つのターゲットがあり、それに関連した65回のイベント、46本の出版物、そして1212回の行動が記録されている。

　国内に目を転じると、官邸ホームページ、外務省ホームページ、経団連SDGs 特設サイトなどが参考になる。例えば、経団連SDGs特設サイトは、右ページ上のようなSociety 5.0 for SDGsのアイコンを載せている。

＊https://sdgs.un.org/goals

経団連ホームページ
https://www.
keidanrensdgs.com/
society5-0forsdgs-jp

　ここにあるSociety 5.0 for SDGｓが経団連のスローガンである。サイトを開いてみると、日本企業の取り組みとして以下のような文章が出てくる。

　現時点では、SDGsの達成に資するイノベーション事例集「Innovation for SDGs」のほかに、Society 5.0に関連する各社の動画を集めた「THEATER 5.0」、チャレンジゼロや経団連カーボンニュートラル行動計画、循環経済パートナーシップ、経団連生物多様性イニシアティブといった環境問題への取組みのほか、働き方改革、女性の活躍推進、地域協創、産学連携に関する事例など、経団連イニシアティブに基づいて推進している多様な事例を紹介しています。

　そしてSociety 5.0 for SDGsの実現に向けてのイノベーションとして企業の取り組みが紹介されている。この特設サイトは2018年7月に開設されたものだが、SDGs取り組み事例が増えたことから、2022年には取り組み事例のリニュアルが行われている。更新前は159社、293件だったが、更新後には226社、576件に増えている。リニュアル版では、五十音順に企業の試みが載っており、検索がしやすくなっている。以下は、「さ行」からそのほんの一部を抜粋したものである。

セイコーエプソン（株）
マイクロデバイス：革新するモビリティ社会を支え、環境課題解決にも貢献
積水化学工業（株）
雨水貯水システムによる水害被害の抑制及び水不足の解消

（株）セブン＆アイ・ホールディングス

国内初　オフサイトPPAを含むグリーン電力を一部店舗に導入

（株）セブン＆アイ・ホールディングス

循環経済社会の形成を目指したペットボトル自動回収機を設置

（株）セブン・イレブン・ジャパン

災害情報の提供・共有ができるシステム「セブンVIEW」構築

（株）センシンロボティクス

「全自動ドローン」で建設現場内の測量と安全巡視の無人化

（株）センシンロボティクス

熱帯雨林生物多様性調査ツールの開発

（株）センシンロボティクス

ドローンステーション構築

仙台ターミナルビル（株）

観光農園開発事業（JRフルーツパーク仙台あらはま）

セントラル警備保障（株）

子ども、シニア、障害をお持ちの方向け通知サービス「まもレール」の提供により安全・安心なまちづくりへ貢献します

ソニーグループ（株）

国内における子どもの教育格差の解決に向けた「感動体験プログラム」

（株）ソニーコンピュータサイエンス研究所

食料生産と生物多様性の回復・増進を両立させる「協生農法」

損害保険ジャパン（株）

持続可能な食糧供給に向けた取り組み

2015年からはアフリカ、ブルキナファソにおいて、砂漠化し自然回復が不可能だった土地に150種の現地作物を用いた協生農法を導入。1年間で砂漠化を逆転させ、森林生態系の回復に成功、現在も実証実験を継続しています。

ソニーコンピューターサイエンス研究所のホームページ（https://www.sonycsl.co.jp/tokyo/407/）より転載

　この中から、ソニーコンピュータサイエンス研究所の「協生農法」についてみてみよう。この経団連のサイトから、ソニーサイエンス研究所のサイトに直接飛ぶようになっており、そこを開くと、以上のような画面や動画が出てくる。

　ここでは、実証実験の定性評価と定量評価の結果が示されている。

　これは一例だが、ほかにも国内の企業がSDGs問題に積極的に取り組んでいる。

　企業以外でもJICA（国際協力機構）や「地球市民の会」や「SDGs・プロミス・ジャパン」といったNPOやNGOがSDGsに取り組んでいる。JICAでは、SDGs推進とJICA活動に親和性があることと述べ、以下のような図を示している。

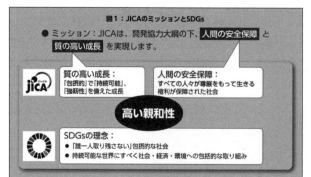

https://www.jica.
go.jp/publication/
pamph/issues/
ku57pq00002mx996-
att/jica_sdgs.pdf

JICAのSDGsに貢献する事業として以下のような事例がある。

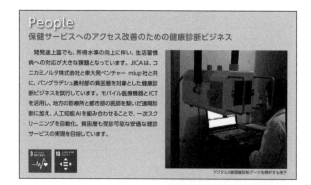

これらは、コニカミノルタとかJAXAとの協働を通したプロジェクトの好事例である。

企業間での取り組みの差

　日本の企業では、どれぐらいの率でSDGsへの取り組みが行われているのであろうか。2021年に帝国データバンクがSDGsに関する意識調査を行っている＊。

　それによると、約40％の企業が積極的にSDGsに取り組む姿勢を示している。一方、50％の企業は、具体的な取り組みは行っていないと回答している。以下は、調査結果の引用である。（下線は筆者による）

1. 自社におけるSDGsへの理解や取り組みについて、「意味および重要性を理解し、取り組んでいる」企業は14.3％となり前回調査（2020年6月）より6.3ポイント増加するなど、「SDGsに積極的」な企業は同15.3ポイント増の39.7％と前年より大きく増加した。一方で、SDGsに取り組んでいない企業は50.5％と半数を超えている。

2. 規模別にみると、「大企業」ではSDGsに積極的な企業が55.1％となり半数を上回った。一方で、「中小企業」では積極的な企業は36.6％で大企業より18.5ポイント下回った。SDGsに対する意識は企業規模で差が表れている。

3. 業界別にみると、積極的な企業では「金融」が56.0％で最も高くなった。次いで、「農・林・水産」も55.6％で半数を超えた。一方で、SDGsに取り組んでいない企業では「卸売」が52.9％で最も高く、「運輸・倉庫」（51.0％）、「サービス」（50.8％）、「建設」（50.4％）の4業界が5割超となった。

4. SDGsの17目標のなかで、現在力を入れている項目では、「働きがいも経済成長も」が32.0％で最も高かった（複数回答）。今後最も取り組みたい項目でも同様に「働きがいも経済成長も」が15.4％でトップだった（単一回答）。いずれの項目でも「エネルギーをみんなにそしてクリーンに」や「つくる責任つかう責任」が上位となっている。

＊調査期間は2021年6月17日〜30日、調査対象は全国2万3,737社で、有効回答企業数は1万1,109社（回答率46.8％
https://www.tdb.co.jp/report/watching/press/p210706.html

5. SDGsに積極的な企業の景況感を表す『SDGs景気DI（総合）』をみると、2021年6月のSDGs景気DI（総合）は41.1と、全体の景気DIを上回る水準で推移した。17目標別では、「産業と技術革新の基盤をつくろう」や「人や国の不平等をなくそう」が高かった。

問題解決に向けてどこまで進んでいるか

　SDGsの実現に向けたさまざまな試みが世界各国で行われている。国内でも、官公庁や企業やNPOだけでなく、個人のレベルでもSDGsを意識した購買行動（green consumption）などを行っている人たちが多いのも確かである。そして、この動きはさらに加速されることが予想される。

　しかし、SDGsは地球規模の極めて大きな問題であり、例えば企業1社で問題解決を図るというのは無理な話である。そこで、評価指標が示されているように、SDGsはどれぐらい達成されているかを絶えず問い続けることも必要である。

☑ 問題解決に向けて実際何％の進捗がみられるのか？
☑ グローバルパートナーシップが不可欠というが、国際社会の歩調は合っているのか？
☑ 2030年までの目標達成は可能か？

　「SDGsグローバルレポート2019」（4年に1回刊行予定）によれば、世界は、ターゲットのほとんどが達成できる軌道には乗っていないとの指摘があり、厳しい進捗状況にあるというのが現状である。その大きな原因となるのが、気候変動、生物多様性の損失、廃棄物の増加、不平等の増大などである。最新の国連のサイトを見ても、思ったようにはSDGsの実現には向かっていないようだ。

　また、以下にあるように、生物多様性に関しても主要な生物多様性を保護する動きが過去5年間で立ち止まっており、森林の消失も留まることを知らない状態が続いている。

"Progress to safeguard key biodiversity areas, essentially for environmental sustainability, has stalled."

鍵となる生物多様性領域の中でも特に環境の持続可能性に向けた保護に向けての進展は立ち止まっている。

"Although the rate of decline has slowed, the loss of forests globally remains alarming. The proportion of forest area fell from 31.9 per cent of the world's total land area in 2000 to 31.2 per cent in 2020. This translates to a net loss of almost 100 million hectares."*

減少率は緩まっているものの、森林の消失は地球規模でみると危険域にある。森林領域の割合が2000年に世界の陸地の31.9%あったものが、2020年には、31.2%になっている。これは、ほぼ1億ヘクタールの純損失に相当する。

　国連は、the Sustainable Development Goals Report 2022で示された現状を以下のように要約している。

According to the Report, cascading and interlinked crises are putting the 2030 Agenda for Sustainable Development in grave danger, along with humanity's very own survival. The Report highlights the severity and magnitude of the challenges before us. The confluence of crises, dominated by COVID-19, climate change, and conflicts, are creating spin-off impacts on food and nutrition, health, education, the environment, and peace and security, and affecting all the Sustainable Development Goals (SDGs).**

本報告書によると、連鎖的かつ相互にリンクした危機が、持続可能な開発のための2030アジェンダを、人類自身の生存とともに重大な危機にさらしています。報告書は、私たちが直面している課題の深刻さと大きさを強調しています。COVID-19、気候変動、紛争に代表される危機の合流は、食糧と栄養、健康、教育、環境、平和と安全へのスピンオフ的影響を生み出し、すべての持続可能な開発目標（SDGs）に影響を与えている。

＊ https://unstats.un.org/sdgs/report/2021/goal-15/

＊＊ https://unstats.un.org/sdgs/report/2022/

これらは国連で指摘されていることであるが、現実は厳しく、2030年までの目標達成はかなり絶望的な見通しだろう。がしかし、SDGsが提起した問題は、地球が持続可能であるためには、政治的、ビジネス的な既得権益を越えて、なんとしても解決しなければならない問題であることは間違いない。

「消費の対象」としてのSDGs：商業化

　SDGs実現に向けた真剣な取り組みが行われている一方で、SDGsというコトバが独り歩きして、SDGsが「消費の対象」になっているという現実がある。その場合、SDGsをアイコンとしてみればモノとしての消費、行為（アクション）としてもればコトの消費である。CMやテレビ番組に出てくるようになれば、まさしく消費財としてのSDGsが提供され、消費者はそれをプラスあるいはマイナスの印象を持って受け入れることになる。消費財としてのSDGsとは、比喩的にいえば、「ショーケースに入ったSDGs」である。

　本来、SDGsを推進する際に、冒頭の宇宙船地球号の比喩にみられたように、地球益（global interest）を国益（national interest）に優先しなければならない。だからグローバルパートナーシップなのであり、「われわれの世界を変容すること（Transforming our World）」がSDGsの主題になっているのである。

　がしかし、「SDGs」というコトバが会社、学校、メディアなどで、「安易に」使われている状況がある。SDGsというコトバが世の中に広く行き渡れば、なんでもかんでもSDGsと結びつけて考えてしまう傾向もでてくる。「SDGsをやっています」といえば本人たちも「何かよいことをやっている」気分になる。地球貢献につながっているという思いがあるからであろう。企業にとってはCSR（corporate social responsibility）とも結びつき、場合によっては株価にも影響を与えることもある。もちろん、企業によっては、真剣にCSRとSDGsに取り

組んでいるところが多数あることも事実である。しかし、全体的傾向としてみれば、地球益よりも、company interest（会社益；企業益）やschool interest（学校益）が先行している場合が少なくない、というのが実情ではないだろうか。つまり、SDGsがその「益（interest）」の隠れ蓑(front)になる可能性があるということである。「SDGsウオッシュ」というコトバを耳にする機会が増えたが、ここでの指摘を反映している。「SDGsウオッシュ（SDGs washing）」は、SDGsを装っているが、実態が伴っていない現象のことを指す（washという言い方は「ごまかし、粉飾」の意味のwhitewashのwashをSDGsと合わせたもの）。

　SDGsが教育における企業益優先の動きの隠れ蓑になるということに関して、ある指摘が行われた。それは、第8回Education International(EI) World Congress (Bangkok, 2019)でのことである。この会議では、SDGsにおける教育ビジネスの在り方についての懸念が、明確な形で表明された。

Congress expresses its deep concern over private actors using the SDGs to justify their entry into the educational sphere.

EI世界議会では、私企業がSDGsを使って、教育分野に参入することを正当化することに深い懸念を表すものである。

　具体的には、あらゆる子どもたちが無料で質の高い公教育を受ける権利を最優先すべきであり、教育の提供に利益誘導型の動機づけがあったり、教育をコマーシャル化したりすることを断じて禁じるというものである。そして、ここでは挙げないが、世界の有数の出版社のいくつかを名指して、彼らの利益重視の姿勢を批判している。結論として、企業がSDGsの教育に参入することで、次のような問題が起こりうることを指摘している。

The engagement of the private actors in education
（教育に私企業が参画することで）

(1) undermines public education.　（公教育を害することになる）

(2) does not deliver equity and quality.

（公平と質の高い教育の提供が行われなくなる）

(3) is not sustainable.　（公教育の持続可能性が保てなくなる）

(4) is not sufficiently transparent and accountable to children, teachers, parents and the community.
（十分に透明性が確保されておらず、子供たち、教師たち、親たちそしてそのコミュニティーに対して説明責任を果たすことができない）＊

　これについては大いに反論の余地もあるだろう。出版社等が検定教科書や学習参考書という形で学校教育に大きな貢献をしていることは事実である。がしかし、SDGsを安易に教育で取り上げることに対しては、その正当性を当事者が説明できるものでなければならない。SDGsウォッシュの誹りを受けないためにも、その位置づけを教育学的観点からしっかり考えていかなければならない。

＊https://www.ei-ie.org/en/item/23051:resolution-on-commercialisation-of-the-sustainable-development-goals

Chapter 2

教育のコンテクストに SDGsを位置づける

生徒の立場

　さて、本論である学校教育におけるSDGsに視点を移していこう。SDGsを取り扱うに際して、生徒の本音はどういうものであろうか。おそらく、以下のつぶやきが多くの生徒の思いを代表していると思われる。

「17の目標のどれをとっても政府や国連や大企業のような大きな組織が取り組むべき問題のように思えるが……」
「高校生の私に何ができるのか？」
「私がやる意味があるのか？」
「とてもムリ！　問題が大きすぎる！」
「自分には直接関係ない！」

　SDGsといっても、ピンとこないという生徒が大半だろう。飢餓とか地球温暖化とか生物多様性の消失といわれても、高校生が実感をもって取り組まなければならないという気持ちにはなかなかならない。問題のリアリティーが感じられないということである。

　しかし、生徒は、無関心のままでいいのか。知らないふりをして日々を過ごすことも選択肢だが、それでいいのか。答えは否である。生徒自身には、自分たちが生きる世界はどういう世界かを考えていく「権利」（ここでは「義務」というより「権利」といいたい）がある。公益社団法人自由人権協会によれば、「知る権利」は以下のように規定されている。

> 「知る権利」は、憲法21条が明記する表現の自由の一内容であり、自己実現・自己統治の重要な手段です。国民・市民が国政・市政などについて情報を十分に公開されることにより、1人1人がその情報を吟味した上で適正な意見を形成することができるようになります。情報公開は、国民・市民による国政などの監視・参加を充実させるものです。＊

　「自分の未来を切り拓く」という表現がよく使われるが、そのためには、視野を広げることが大切である。教育は、生徒が世界について知る権利、考える自由を与えなければならない。なぜなら、気候変動の問題

　＊http://jclu.org/issues/openinformation/#:~:text

イラスト：ニワトコ Adobe Stock

にしても生物多様性の問題にしても、いずれは、生徒が生きる世界に影響を及ぼすし、SDGsは他人事ではなくなるからである。生徒を含む、われわれ全員が国境を越えた地球規模の問題を抱えた世界の住人だからである。

しかし、知る権利とか考える自由という理想論をかざすことは容易である。問題は、その理想を<u>当たり前に、さりげなく教育活動の中に組み込む</u>ことである。結論を先に言ってしまえば、学校というコンテクスの中で教育的意義を持たせるためには、<u>本格的なSDGs社会論</u>を生徒一人一人が自分事として展開する必要がある、というのが筆者の考えである。

生徒一人ひとりの「SDGs社会論」の展開

ここでいう「SDGs社会論」とは何か。簡単にいえば次のようになる。

SDGsが挙げているような問題を抱えた社会とはどういう社会かを自分に引き寄せて問い続け、何ができるか、そして何をすべきかを自分事として考え続けること、これが自らのSDGs社会論を展開するということである。大きな問題を自分事として考えることにより、<u>生徒の中に息づくSDGs社会論</u>が生まれてくる。

SDGs社会論を教育の中で展開するための鍵は何か。すなわち、SDGsを教育の中に取り入れる目的は何か。もっといえば、生徒一人ひとりがSDGs社会論を創るにはどうすればよいか。これらの問いのヒントは、<u>Think Globally, Act Locally</u>というコトバにある。

Think globally, Act locallyは、100年以上前（1915）、スコットランドのまち計画者パトリック・ゲッデス（Patrick Geddes）のコトバとされる。最近では、"Think Global, Act Local"という言い方をよく耳にするが、ウィキペディアの情報によれば、上記のパトリック・ゲッデスもThink Global, Act Local という言い方をしたとされる。

The original phrase "Think global, act local" has been attributed to Scots town planner and social activist Patrick Geddes. (Wikipedia)

いずれにせよ、「世界的視野でモノを考え、足元を見据えた行動をする」という意味である。ここでふたつの表現（いずれも機能的には副詞だが、言語形式が異なる）を挙げたが、両者に何か違いはあるか。Think globally, Act locallyと表現すればthinkの様態としてgloballyとlocallyがある。そこで、Think / globally, Act / locallyといった具合に動詞と副詞の間には切れ目がある。一方、Think global, Act localといえば、[Think global]と[Act local]が融合した概念になり、思考（グローバル思考）と行動（ローカルアクション）の在り方が直接的に表現される。このことを踏まえ、本書でもThink global, Act localという言い方を採用する。

この表現の意味合いはなんとなく理解できると思うが、Think globalについては、少し厳密に捉えておかなければならいない。Think globalとは決して「一般的に、世界的視野で、大きく考える」ということだけではない。Think globalは、地球の生態系の中でさまざまな事象の複雑な絡み合いを考えることにほかならない。事象のAとBとCを別個にみるのではなく、それぞれが関連し合っていることを見抜くこと、これがThink globalである。事象の相互の関係性を見るには、虫の眼の視点ではなく、鳥の眼の視点が必要だからである。SDGsのような地球規模の問題を取り扱うには、Think globalが必須であることは容易に理解できるだろう。

しかし、ここで注目すべきは、Think global, Act localがセットとして表現されているということである。なんらかの問題を解決するためには、アクションが不可欠であるということの反映である。

「問題発見」と「問題解決」

Think global, Act localとコンマでつなげば、両者は連動しているか

のような印象を与える。しかし、Think globalとAct localの間には大きな隔たりがある。問題の照準が定まらないと両者に連続性は生まれない。そこで、その隔たりを架橋するのが「問題発見・問題解決」という概念である。すなわち、生徒が問題を自分なりに発見し、その解決策を探ろうとする中でThink global, Act localは連続性を持つようになるのである。

「問題発見」ということについて、もう少し詳しくみてみよう。まず「問題発見」の「問題」とは、何を指すのだろうか。問題とは、困ったこと、不都合なこと、もっとこうであればよいといったことを指す。それには、「一般にいわれている問題」「実感できる問題」「自分が直面している問題」などがあり、問題解決のほうに目を転じると、「自分とは関係ない」「解決されたら良いと思う」「できれば自分も解決に協力したい」「自分で解決しなければならない」など問題対応に向けての個々人のスタンスもさまざまである。

生徒にとって、SDGsは、「格差社会」や「貧困」や「海洋汚染」などにみられるように、「一般にいわれている問題」である。それを自分事として捉えること、このことが問題解決に向けての駆動力（drive）になる。つまり、生徒自身が自分事として問題を意味づけすることができたとき、それは問題の発見だといえる。

くどいようだが、この「問題発見」という言い方にも注意が必要である。なぜなら、問題発見において、初めから問題があって、それを発見するのではないからである。そうではなく、個人ひとりひとりがある現象を意味づけする過程の中で「問題として構成する」ことが、ここでいう問題発見というものである。「過疎化」とか「高齢化」というコトバが時事問題として一般に使われるが、コトバそのものが問題を提起しているのではない。過疎化とはどういうことかについての一人ひとりの意味づけする中で、それは「問題」として形づくられるということである。

問題を「発見」するのではなく、「何が問題か」を構成する過程が大

切で、その過程に、どういう観点や立場を導入するかで問題の見え方が変わってくる。つまり、「過疎化」であれ「刑務所」であれ「正義」であれ、どんなコトバにも辞書的な意味というものがあり、それは一般に共有されている。しかし、観点や立場が変われば、その意味合いも異なる。

例えば「刑務所」を例に考えてみよう。辞書的には、「犯罪者を隔離・拘禁して処罰する所」あるいは「犯罪者を教育し更生させる所」となるだろう。しかし。看守にとっては「私の大切な職場」、デパートの仕入れ部員にとっては「労賃の安い家具製作所」、府中の土地所有者にとっては「地価を抑制しているシャクの種」、そして網走市住民にとっては「重要な観光資源」となり、一人ひとりの意味づけがある。

SDGsで扱うような問題についても同じである。「ゴミ」といえば「廃棄物」と考えがちであるが、「再生可能資源」という観点から意味づけすれば、バイオマス・エネルギーのように新たな捉え方が可能となる。ひとりひとりが自分の立場から「自分の問題」として意味づけすること、これが問題発見である。自分が捉えた問題であれば、問題解決に向けた思考がしやすくなる。これが、前述した「問題発見が問題解決の駆動力になる」の意味である。別の言い方をすれば、「自分とは関係ない一般的な問題」が「実感できる自分にとっての問題」になり、「解決されたら良い問題」「できれば自分も解決に協力したい問題」あるいは「自分で解決しなければならない問題」になれば、Think globalとAct localが地続きの関係になってくるだろう。

Act localの実行可能性

Think global, Act localを学校教育でどうやって実現するか。これは大きな教育課題である。そして、この教育課題に対して、「問題発見・問題解決」が鍵になること、生徒自身が自らの問題を発見したとき、それは問題解決の道を開く可能性が大きくなることを指摘した。同時に、それによって、Think global, Act localが連続につながるとも示唆した。

　しかし、生徒たちに問題解決のアクションを期待するのが妥当かとなると、留保しなければならない。というのは、教育では、「行動する力」よりも「考える力」に力点が置くべきだと考えるからである。だとすれば、問題発見も問題解決もThink globalの守備範囲にあるということになる。Act localは生活レベルで実行可能なものもあるが、多くの行動には時間がかかり、金銭がかかり、労力がかかる。

　教育のコンテクストで何が現実的に可能かと問うた場合、Act localではなくThink localではないかと筆者は考える。そして、global vs. localの観点からいえば、Think localがThink globalの条件になる。自分の足元の問題と地球規模の問題とが線で繋がったとき、問題発見・問題解決にリアリティーが感じられるようになるからである。

　教育の中にSDGsを取り入れる際の鍵は、Think global, Act localだと上で指摘したが、Think local, Think globalに修正しなければならないというのが筆者の結論である。まず、身近なところからThink localを実践し、思考の範囲を広げThink globalに展開するということである。言うまでもなく、なんのためのThink local, Think globalかといえば、それは、生徒ひとりひとりの問題発見・問題解決のためである。

Think local, Think globalのための問い

　Think local, Think globalを実践するには、次の3つの問いを問い続けることが有用である。

① 何であるか
② 何ができるか
③ 何をすべきか

　「何であるか」は現状を把握するための問いである。何であるかは、事実に基づいて明らかにされる問いであるが、生徒一人ひとりが何を事実とみなすか、そしてそれをどう解釈するかが重要である。何である

かを知る手段として統計があるが、統計に隠れた事実や真実というものがあることも稀なことではない。事例においてもしかりである。事例が物事の一面のみしか捉えていないということがあるからだ。だからこそ自分で考えることが必要なのである。「何であるか」についてのThink localは、例えば身近なところで何が起こっているか考え、現状を把握することである。

イノシシの生活圏への出没を事例にして

　山に住むはずのイノシシが人間の生活圏内で目撃されるようになってきた。具体的には、田んぼの稲を荒らしたり、畑に植えた芋を掘り起こしたり、道路を移動したり、集落を餌場とみなし、あたりをうろつくといったことが目撃されている。農作物被害だけでなく、イノシシに人間が襲われるということも起こる。現状を把握すると同時に、その理由（原因）を考えることも「何であるか」に関するThink local, Think globalの実践である。山に食べ物が見つからないこと、森林伐採によって居場所を失ったことなどがその理由（原因）だろうと考えることは、Think localの守備範囲である。しかし、同時に、Think globalを通して、気候変動の問題と身近な事象がつながれば、Think local, Think globalの実践だといえる。

　「何ができるか」についても、思考のレベルであれば、Think local, Thing globalを通してさまざまなアイデアが出てくるだろう。「何ができるか」は「何であるか」の在りようとリンクしている。つまり、事象に対して対策を考えるというのが「何ができるか」の問いを考えることである。Think localによって、個別具体的な対策が出てくるだろう。

1. 田んぼや畑の雑草を刈る（イノシシの隠れ場をなくす）。
2. 侵入を防止するための防護柵や電気柵を張る。
3. 植林をして山を回復する。
4. 栗の木やドングリの木を植林する。

　「迷惑な害獣としてのイノシシ」という捉え方ではなく、「共存の対象としてのイノシシ」という捉え方からの「何ができるか」を考えることも可能であろう。視点が変われば、問題解決のしかたも変わってくる。生物の多様性という観点からみれば、生物圏という概念が大切である。人間を含むそれぞれの生物が共棲するための生物圏である。イノシシの場合は、山と「里山（里と山の間の地域）」が生物圏になる。過疎化や高齢化により里山が徐々に崩壊し、維持できなくなってきたところに、イノシシやシカなどが里山から里に出てくるという考え方である。中山間部（山間地及びその周辺の地域）での過疎化対策の一環として、里山の再生、地域づくり、持続可能な森づくりをすることで、イノシシが人間の生物圏に出没しにくくし、イノシシとの共棲を実現するという対策も考えられる。

　中山間部を再生可能な地域にするためには、農地と森林は循環構造をもっているという視点が大切で、里山や棚田などの役割を再考する。そして、生物多様性が生態系の多様性を可能にし、そこから得られる「恵み」が豊かな生活を支えるという発想がうまれる。これは、「何ができるか」についてのThink localからThink globalに思考の範囲を広げることでもある。

　「何をすべきか」についてのThink local, Think globalを通して、まず、農作物被害という問題にどういう対策をすべきか、そして、より大きな生態系の多様性の観点から何をすべきかについて考えていくことができよう。生態系の多様性とは、里山、森林、湿地、川、草原など多種多様な環境があることである。生態系が豊かな恵みをもたらすためには、生物の多様性が大切であり、生態系の多様性と生物の多様性は両輪の関係になっている。生物多様性に影響を与えるのは、開発（建設・埋め立て・造成・整備など）や生活様式の変化（過疎化、ため池の放置など）だけではない。地球環境が大きく変化することにより、生物の生息地域や時期の変化、豪雨などによる山の崩壊や河川氾濫による生息状況の悪化などもその要因である。

Think local, Think globalは、言い換えれば、探究であり、解釈であり、思考の過程である。そして、何ができるかという問題解決に向けての可能性を探る過程もThink local, Think globalに含まれる。これも探究である。さらにいえば、できることが複数個あった場合、そのすべてを実行に移すというよりむしろ、何をすべきかを考え抜くことも必要である。「何ができるか」から「何をすべきか」に展開することで行為（アクション）の正当性が出てくる。制度的、資源的、能力的にできることがいろいろ思いつくかもしれない。その中には、できてもすべきではないという選択肢も含まれるだろう。結局、「何をすべきか」は、例えば、企業理念に照らして、個人の信念に基づいて、あるいは人々の総意に基づいて選択されるものである。

　*p.*59の３つの問いは、Think local, Think globalの実践をナビゲートする問いである。探究過程で「何をすべきか」にたどり着けば、それを実行に移す局面に移ることもあるだろう。これが本来のAct localである。このように考えてみると、「Think local, Think globalがAct localに先行する」ということになる。これは、「よく考えて行動する」という知恵を反映している。繰り返せば、SDGsを主題にする場合は、Thinkのほうに力点が置くのが現実的である。枠を拡げて事象の関係性を考えるThink globalに加え、軸足の置かれた日常の中で考えるThink localも必要となる。むしろ、自分の立ち位置から考え、思考の射程を拡げていくという意味において、Think local, Think globalという概念装置を本書では提案する次第である。

　ここでの議論の結論として、筆者は、以下の流れが教育的に現実的であると考える。

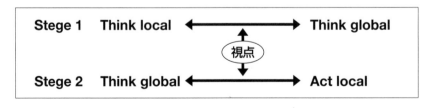

　言うまでもなく、Act localは日々の活動の中でだれもが行っていることである。しかし、Think global, Act localは、大きな文脈で問題を捉え、その解決になる方向に向けての行動を行うということである。行動の変容を伴うということである。してみると、Think globalがAct localの前提になる。言い換えれば、<u>Think globalによって、日常の行為のありようが変わる</u>ということである。

　繰り返しになるが、Think globalの中で問題に実感（リアリティー）を感じなければ、問題解決に向けてのAct localにはつながらない。そこで、Stage 1のThink local, Think globalが決定的に重要になってくる。Think local, とThink globalを架橋するのは視点であると述べたが、この視点はStage 2のAct localの指針にもなるというのが筆者の考えである。「視点」の詳細については後述する。

　なお、Think 先行の考え方に対して、Learning by Doing（やりながら学ぶ）の応用として<u>Thinking by Acting（実践しながら考える）</u>という考え方を提起する人も出てくるだろう。「正解」のない課題に対しては、順序を示唆するThinkしてActするよりも、相互作用を示唆するThinking by Actingのほうが有効なことが多い。しかし、上でも述べたように、SDGsのような問題を扱う際には、行動しながら思考するというのは教育のコンテクストにおいては現実的ではない場合が多い。実際の行動には、行政や企業や住民など他のエージェントとの協働が必要になるため、多くの場合、生徒ができる範囲を超えるからである。

リアリティーの感じ方

　再三述べているように、Think local, Think globalは「何であるか、何ができるか、何をすべきか」を探究するための行為である。それは、PBL（Project Based Learning）という活動（後述する）の中で、意味ある行為となる。生徒が問題を自分事として捉えるということは、問題にリアリティーを感じるということである。そこで、ある問題にリア

リティーを感じるとはどういうことかについて改めて考察しておかなければならない。

　リアリティーの感じ方をあえて分けてみると、以下の3通りがあるように思う。

- 客観：事実
- 主観：実感
- 間主観性：共感

　これを問いに直せば、「事実はどうか？」「自分の感覚としてはどうか？」「相手も自分と同じような感覚を持っているか？」になる。事実を示されれば人は<u>客観としてのリアリティー</u>を感じることが多い。客観としてのリアリティーを認めても、自分事としてそれを捉えることが保証されるわけではない。そこで大切なのが<u>主観としてのリアリティー</u>である。そして、問題解決に向かうために必要なのが、<u>共感という間主観的なリアリティー</u>である。ひとりで感じていても社会的な力は生まれないが、共感の輪が広がれば、状況は異なる。

　例えば、「国内における貧困」「性差別」「気候変動」「感染症パンデミック」などが問題である。<u>事実としての問題を知るには、統計（数字で見る）と事例（実情を見る）</u>が必要となる。「地球温暖化」を問題として取り上げた場合、事実としてのリアリティーは以下のように統計と事例から感じ取ることができるだろう。

■ 統計資料

　世界の年平均気温（気象庁）
　海面水温の長期変化（国立環境研究所）

■ 具体的な事例（reports of events）

　北極の海氷が溶けている。
　温暖化で沈む国が出てくる。ホッキョクグマや珊瑚が絶滅の危機に瀕

している。

　統計が作為的に示されている場合もあるので、これとて鵜呑みにすることができないことは言うまでもない。そして、事実として問題が示されたとして、「なるほどこれは深刻な問題だ」と心が動くようにならなければ、実感は得られない。自分の身近で温暖化の影響を目の当たりにすれば、実感として問題が捉えられる可能性がある。そして、自分の実感と他者の実感が共振したところに共感は生まれる。

Think local を Think global
につなぐ視点

　人は、だれしも「今・ここ」の視座（local）を離れることはできない。社会的な問題というより個人的な問題にまず関心がいく。これは人間の一般的な傾向であろう。SDGsのような地球規模の問題を考えるにあたり、世界的視野をもつことが必要となることは言を俟たない。しかし、いきなりThink globalといっても現実的ではない。では、Think localからThink

globalに視野を広げるにはどうすればよいか。

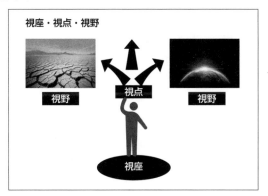

視座・視点・視野

視野　視点　視野

視座

　Think localの場としての視座と、Think globalが差し向けられる視野をつなぐものがなければならない。筆者は、それは「視点（perspective）」であると考える。ローカルな視座からグローバルな視野で問題を捉える際の視点である。日本語の視座・視点・視野というコトバを統合すれば上のような図式が浮かび上がる。

　すなわち、同じ問題でも、視点によって視野が異なってくるということである。

先に、イノシシを「迷惑な害獣」としてみるか、「共棲すべき動物」としてみるかで、捉え方が異なると指摘した。他にも、「視点」で思考や行動が変化する例を挙げてみよう。

　公共場でのゴミのポイ捨てが問題化しているとしよう。通常の視点は、公共空間と私的空間を分け、公共は自分のものではないという「排除の視点（exclusive perspective）」で行動する。中には、平気で路上にゴミを捨てる人もいるだろう。しかし、「地球は自分の庭である」という「包摂の視点（inclusive perspective）」をとるとどうだろうか。「自分の庭」にはゴミを捨てないし、あれば拾うだろう。自分の庭の範囲を広げていけば、道路や公園も「自分の庭」に含まれるようになる。その結果、ゴミのポイ捨て問題は起こりにくくなるだろう。

　ゴミ捨ての事例は、<u>視点が変わることで思考や行動が変わること</u>を示すものである。通常、視座は「今、ここ」に軸足があるため、Think localと結びつきやすい。しかし、視点のありようで、Think localからThink globalにシフトした視野になることがある。例えば、使えそうだがいらなくなった製品を捨てる際に、「廃棄物を減らす」という問題が意識されたとする。視点として「いらない製品そのもの」をlocalに見るのではなく、製品が作られ「生産・使用・再生」のプロセス（product lifecycle / material footprint）に目を向けるglobalな視点を採用することで、対象の捉え方が変わってくる。バイオマス発電が話題になっているが、まさに、視点を変えることで、「牛の糞尿」が「使える貴重な資源」になるのだ。日本海沿岸の吹き荒れる厄介な風が風力発電の強力な武器になるのである。

　もうひとつ視点によってThink globalが開けるという例を見てみよう。コーヒー専門店でどのコーヒー豆を買おうかと考えている状況を想定しよう。「フェアトレード」という文字が書かれた値の高いコーヒー豆と値が少し安いが自分の好みの「モカ」がある場合、どちらを買うだろうか。通常なら、モカを購入する可能性が高い。しかし、「フェアトレード」の意味合いを理解し、生産・流通・加工のプロセスに関心を移せば、多少高く

てもフェアトレードコーヒーを購入するかもしれない。一般のコーヒーより値は高いが、フェアトレードの背後には、「生産者の労働環境を守り、生産者の社会全体を支援すること」があると気づけば、消費行動にも変化が出てくる可能性がある。実際に、フェアトレードの条件として、生産者に対して、最低価格の保証を行い、プレミアム奨励金の支払をする一方で、強制労働の禁止、児童労働の禁止、農薬の使用規制、土壌の保護などを生産者に求めるという仕組みになっている。このことを知ることで、「フェアトレードの視点」が生まれ、それがコーヒー豆の選択に影響を与えることになる。この事例は、コーヒー豆を購入するというローカルなことから、フェアトレードという視点を持つことで、そのコーヒーの生産・流通・加工といったプロセスに関心が向かうということを示すものである。コーヒー豆を買うという日常の行為から、コーヒーを取り巻くグローバルな環境に思いを馳せるという意味において、視野も日常を越える。

　Think localからThink globalへの流れがおそらく一般的であるが、その逆もありうる。Think globalからはじめて、Think localに至る流れである。どちらから始めるにせよ、実際は、両者の往復運動が生徒の中で起こることが予想される。SDGsのような大きな問題について考えるには、この思考の往復運動がThink local, Think globalであれ、Think global, Think localであれ、極めて重要である。そして、この往復運動が可能なのは、視点によって、ローカルな視座（あるいは視野）とグローバルな視野を繋ぐことができるからである。だとすると、表記上は、《Think local, Think global》より《Think local ⇔ Think global》のほうがよいかもしれないが、ここでは表記に拘らない。

視点とThink Different

　Think localにせよ、Think globalにせよ、視点が決め手であると指摘した。視点が変われば思考も変わる。そこで、視点によってThink differentが可能となるのだ。

Think differentは、あのアップル社のスティーブ・ジョブズ（Steven Paul Jobs）が1997年に企業CMを作成し、アップル社の理念として掲げたコトバである。1分の白黒のCM映像には、アインシュタイン（Albert Einstein）、ボブ・ディラン（Bob Dylan）、マーティン・ルーサー・キングJr.（Martin Luther King Jr.）、ジョン・レノン（John Winston Ono Lennon）、バートランド・ラッセル（Bertrand Arthur William Russell,）、モハメッド・アリ（Muhammad Ali）、ピカソ（Pablo Ruiz Picasso,）、ガンジー（Mohandas Karamchand Gandhi ）などがナレーション付きで登場する。そして、CMの最後は、Think Differentとある。そしてナレーションの原文は以下の通りである。

Here's to the crazy ones.（クレージーな人たちに乾杯）

The misfits.（社会のはみだし者たち）

The rebels.（反逆者たち）

The troublemakers.（厄介者たち）

The round pegs in the square holes.（四角い穴の丸い釘たち）

The ones who see things differently.（物事を違ったふうに見る人たち）

They're not fond of rules.（彼らは規則が好きじゃない）

And they have no respect for the status quo.
（そして彼らは現状にリスペクトを示さない）

You can quote them, disagree with them, glorify or vilify them.
（彼らのコトバを引用し、彼らに反対し、彼らを賞賛し、彼らをけなすことは可能なことだ）

About the only thing you can't do is ignore them.
（ただひとつだけできそうにないことは彼らを無視することだ）

Because they change things.（なぜなら、彼らは物事を変えるからだ）

They push the human race forward.（彼らは人類を前進させるからだ）

Maybe they have to be crazy.（彼らはクレージーかもしれない）

While some see them as the crazy ones,
we see genius.
（たしかに彼らをクレージーな人間とみなす人たちもいるが、われわれには天才（非凡な才能）が見える）

Because the people who are crazy enough to think
they can change the world, are the ones who do.
（世界を変えられると思うほどクレージーな人たちこそが、世界を変える人たちだからだ）

　これほど極端な内容のナレーションはもちろん、企業のブランディングを意識してのものである。しかし、「違った視点が違った思考を導く」という原則は普遍的なものであり、このThink differentをThink localとThink globalの両方に結びつけることで、教育目標をより明示化することができる、と筆者は考える。

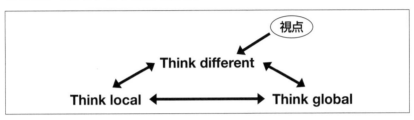

　Think differentは「何であるか」「何ができるか」「何をすべきか」の問いの「何ができるか」と「何をすべきか」において重要である。「何であるか」という現状把握においてすら、視点が異なれば、その意味づけのしかたは異なる。例えば、あるまちの現状を明らかにする際、住民と商店主では捉え方が異なる可能性がある。「何ができるか」そして「何をすべきか」を模索する上で、Think differentが意味を持ってくることはいうまでもない。

　教育の価値は、生徒の視座と視野を架橋する視点を提供すること、あるいは視点を創り出させることである、と筆者は考える。文科省指導要領の理数編でも、以下のように、視点こそが「各教科の改定の経緯及び基本方針等を学ぶ本質的な意義の中核」とまで述べ、そのの重要性を強調している。

　　「深い学び」の鍵として「見方・考え方」を働かせることが重要になる。各
　教科等の「見方・考え方」は，「どのような視点で物事を捉え，どのような考
　え方で思考していくのか」というその教科等ならではの物事を捉える視点や

　これは重要な指摘である。だが、問題はただ漫然と考えたのでは、問題の姿も見えてこないし、新しい視点も、有効なアイデアも浮かばない。Think differentを伴うThink local, Think global、あるいはThink global, Think localを可能にするには活動（プロジェクト活動）することが必要である。そして、自分なりの見方・視点で事象を捉えることが必要である。授業の中でオーセンティックな活動を重視することは、教育の在り方を変容する（transforming education）可能性がある。以下、この点についてみていこう。

ESDと教育改革

　現在、学校教育で注目されている概念としてESD（education for sustainable development）がある。1997年ギリシャのテサロニキという場所で環境と社会に関する国際会議が開かれ、そこで、教育こそが社会・経済・環境の持続可能性を支える鍵であることが明確に述べられた。国際会議の副題には「持続可能性のための教育とパブリックアウエアネス」となっているように、教育の重要性が強調されると同時に、教育の在り方の再編成の必要性が主張された。「持続可能性のための教育」は、従来型の教育とは異なる。

　ESDは、2002年に日本が「持続可能な開発のための世界首脳会議」（ヨハネスブルク・サミット）で提案したものとされ、「持続可能な開発のための教育」と訳されている。その後、ESDは、「ESDユネスコ世界会議」(2009)、「国連ESDの10年（DESD）」（2005年〜2014年）、「ESDに関するグローバル・アクション・プログラム（GAP）」(2015

年～2019年）に引き継がれている。

　ESDがSDGsの達成に貢献するというだけでなく、同時に、SDGs を主題として取り組むことで教育（education）の質が向上するという 考えがある。文科省の「我が国における「持続可能な開発のための教育 （ESD）」に関する 実施計画（第2期ESD国内実施計画）」によれば、 その意義が次のように述べられている。

　「持続可能な開発のための教育（ESD：Education for Sustainable Development）」とは、人類が将来の世代にわたり恵み豊かな生活を確 保できるよう、気候変動、生物多様性の喪失、資源の枯渇、貧困の拡大等、 人類の開発活動に起因する現代社会における様々な問題を、各人が自ら の問題として主体的に捉え、問題の根本的な要因等にも目を向け身近な ところから取り組むことで、それらの問題の解決につながる新たな価値 観や行動等の変容をもたらし、もって持続可能な社会を実現していくこ とを目指して行う学習・教育活動のことである」*

　この文言からは、「持続可能な開発」を実現するために果たす教育の 役割が大きいことを強調する形になっている。教育が持続可能な社会創 りの鍵であるという論点である。しかし、教育が社会課題を解決するわ けではないし、教育が望ましい形で持続可能な世界に導くわけではない。 教育と持続可能な社会の関係は直接的ではないし、ましてや、両者に因 果関係があるわけではない。むしろ、ESDは現行の教育の在り方の変 革をもたらす可能性を秘めているというところに注目すべきである。

　UNESCOが2014年に出した報告書はShaping the Future We Wantと題され、副題はUN Decade of Education for Sustainable Development (2005-2014)となっている。その中で、成果として以下 の10項目を挙げている。

1.　Education systems are addressing sustainability issues.
　　教育が今や持続可能性問題を取り扱うようになっている。

---

* https://www.mext.go.jp/content/20211220-mxt_koktou01-100014715_2.pdf

2. Sustainable development agendas and education agendas are converging.

持続可能な開発の行動計画と教育の行動計画が距離を縮めて一体化してきている。

3. Political leadership has proven instrumental.

政治的リーダーシップが有益であることが明らかになっている。

4. Multi-stakeholder partnerships are particularly effective.

多様なステークホルダーとの連携が特に効果的である。

5. Local commitments are growing.

地域での関わりが増えている。

6. Whole-institution approaches help practice ESD.

教育機関が全体としてかかわっていく手法がESDの実践に有益である。

7. ESD facilitates interactive, learner-driven pedagogies.

ESDは双方向の、生徒が中心となる教育をしやすくしている。

8. ESD is being integrated into formal education.

今やESDが公教育に組み込まれるようになっている。

9. Non-formal and informal ESD is increasing.

非公式でインフォーマルな形でのESDが増えている。

10. Technical and vocational education and training advances sustainable development.

専門教育や職業訓練が持続可能な発展に一役買っている。

　項目の2、6、7、8からは、持続可能な開発というアジェンダが現在の教育の在り方を再編成し、変革していくものにつながるという視点を読み取ることができる。

　本書の論点である「生徒一人ひとりのSDGs社会論」とはまさに、ESDの実践と相通じるものがある。筆者は、<u>ESDは現代教育の問題とされる部分を再編成し、変革することを求める教育運動</u>でもあると考え

る。すなわち、ESDには教育、あるいは学びを変革する力があるということである。

ESDには「教育」にあたるEの部分と「持続的開発」におけるSDの部分がある。ESDが教育の変革をもたらす力をもつためには、SDの部分を理解するだけでなく、それを取り上げた結果、大きく変わらなければならないEのあり方を本格的に議論しなければならない。従来型の教育では、持続可能な課題と取り組む対応ができていないからである。むしろ、持続可能性を危うくしているのは、環境を資源として捉えるような思考を育成し、消費主義に牽引された経済発展を支えてきた従来の教育にその一端があるからである。

知識伝達型の教育、正解ありきの教育、教科書中心の教育の在り方が見直されないまま、持続可能な社会のためにSDGs課題の解決を目指す教育を足していくというやり方では教育の変容にはつながらない。教科書に書かれた知識は暗記の対象になるが、SDGsのようなはじめから正解のない問題は暗記ではなく、探究が必要である。「教科横断型」や「環境教育」というレトリックをいくら足しても、健全なESDにはならない。現状維持の教育の表面にSDGsとかESDという色を加えるだけである。

繰り返しになるが、筆者は、教育にSDGsを導入することは2つの理由により大事であると考える。SDGsに動機づけられた教育改革が起こる可能性がその理由のひとつである。そして、生徒がSDGsを自分の意味世界で捉え続けることが、人生の局面で意思決定を行う上でも重要であるというのが2つ目の理由である。

問題は、教育にSDGsを導入する際に、何を優先するかである。筆者は、上述の通り、教育の現場は、「探究」の場と考えるべきであるという立場をとる。なお、ここでThink local, Think globalと探究は同義である。しかし、現在のところ、「探究の場として学校教育」は主流ではない。自由に、批判的に考える力を身につけることなくして、自らの人生を切り拓くことはできない。そのために探究が鍵となる。

探究という活動が従来の学習とどう異なるかを見るため、以下では、学校教育（今の学び）の何が問題で、それをどう変えていくべきかという教育論に言及したい。

学校教育の問題点

　今から100年以上も前に、米国の教育学者ジョン・デューイ（John Dewey）は、学校教育の問題点について以下のように述べている。

　「教科間の統合（unity）を欠いているのが現状である。……<u>教育が分散され、学びに求心力がなくなってきている。</u>この学習はこの目的のため、その学習のまた別の目的のためといった具合になり、結局、教育を全体として見た場合、全くの妥協の産物であり、<u>分散した教科のパッチワーク</u>である」*（著者訳）

　実は、新しい教育の在り方を探る中で、中教審や文科省も自覚的かどうかは別にして、デューイのこの問題意識を共有している。具体的にいうと、現在の教育が抱える問題は、5つに大別することができる。この5つは現代の教育課題として指摘されている問題でもある。

① 教科の分断化
② 教科教育と社会的現実との結びつきの弱さ
③ 学習活動や演習の目的の不透明さ
④ 評価システムの問題
⑤ 受験志向の優位性

　第一に、教科の分断化の問題を挙げることができる。教科間の統合あるいは連携の試み（例：「水」をトピックとして全教科がそれぞれの観点から考察する）が見られるが、<u>教科統合のためのグランド・デザイン</u>がないため、本来の意味での統合・連携化の実現は達成されていない。

---

* John Dewey (1899 / 1907). *School and Society.* The University of Chicago Press, *p.86*

　第二に、教科教育は教科書の中に学びの中心が置かれる傾向が強いことから、生徒が社会的現実感を得ることが少ない。フィールドワークや職業体験、全校ボランティア等を通して、社会と関わる機会を生徒に提供することがあるが、社会的現実との結びつきが教育全体の指針（guiding principle）になっているとはいえない。

　第三に、教科内で様々なエクササイズ（演習：学習行為そのもの）が行われるが、教師自身それぞれの演習の目的を、反省的な見地から明確化してこなかった。市販の問題集や、模擬試験、大学入試の形式がエクササイズのありかたに強い影響を与えているのが現状である。

　第四に、そうした演習を前提にした試験で高得点を取る者が、「教科ができる生徒」とみなされる現実がある。ここには、評価の方法が自然と演習のありかたに影響を与え、また演習が評価に影響を与えるという構造が見て取れる。

　そして、第五に、受験を意識した授業がどうしても主流になってしまう傾向がある。これは、高等学校は大学の進学を目指す学校としての捉え方が教師及び生徒、保護者の中で自明化されていることに起因する。

教育における改良、そして変革

　こうした問題に対して、文科省は、現状を改良し、変革する道筋を以下のような用語に託している。

① 教科間の連携：教科横断型の学び
② 教科教育に社会的現実感を与える：課題探究学習
③ 有意味な演習の展開：主体的・対話的で深い学び
④ 新しい評価法の開発：can-doによる行動目標の設定
⑤ よりよい生を生き抜くための学び：生きる力

　指導要領でも強調されている「教科横断型の学び」「課題探究学習」「主

体的・対話的で深い学び」「行動目標の設定」「生きる力」は、未来を見据えた新しい教育のキーワードである。そして、これらは「良質の教育」への方向をするガイドとなるコトバでもある。

　先のジョン・デューイは、分散した教科を統合する方法として、「社会と関わらせること」の重要性を繰り返し指摘している。

　「……ここで私が提案したいことは、教育システムの要素を統合する唯一の方法はそれぞれを生活と関わらせることである。学校のシステムにのみ目を向けて統合を試みれば、結局得られるのは人工的な統合である。より視野を広げて社会生活（social life）全体の一部として教育をとらえなければならない」＊（筆者訳）

　「社会生活全体の一部としての教育」という部分は、デューイの有名な次の言葉と呼応するものである。

Education is not preparation for life; education is life itself.
教育は生活するための準備ではない。教育は生活そのものである。

　デューイの教育哲学を要約するこのコトバの解釈は多義的である。もちろん、教育の設計は未来志向的な側面を含まなければならない。誰もこのことに異は挟まないだろう。しかし、生徒が学びを自分事として、そして意味あるものとして捉えることができなければ、それは本来の教育ではない。そこで、教育は生徒が自らの生と関連づけられるように改革されなければならない。これがデューイの意図だろう。

　デューイのいう「準備（preparation）」には、「いつか、どこかで」という想定がある。このデューイのコトバは、「いつか、どこか」ではなく、「いま、ここ」に教育を位置づけるということである。生徒も、いわゆる「学習者」に留まるのではなく、「表現者」であり「行為者」でなければならない。これがEducation is not preparation for life; education is life itself.の解釈である。SDGsを取り扱うESDはまさに、生活と教育をかかわらせるということの最適の事例であるといえよう。

＊ John Dewey (1899 / 1907). *School and Society*. The University of Chicago Press, *p*.86

良質の教育の条件

　教育改革のキーワードは、良質の教育への方向をガイドする可能性を持つと述べた。「教科横断」という考え方は、それ自体重要で、教育をよりよい状態に方向づけるものである。しかし、それは良質の教育の必要条件でも十分条件でもない。教科横断型の学びとはどういうものかが示されなければ、それが直ちに良質の教育を導くことにならないからである。「課題探究」や「主体的で対話的で深い学び」とて、同じである。要は、教科横断型の学びや課題探究をどうやって実現するかである。もう少し高次の観点から良質の教育の条件を定め、その条件を満たす形での教科横断型の学び、そして課題探究の在り方を模索し、実践する中で、主体的で対話的で深い学びを実現する、というのが本来ではないか。

　では、そもそも「良質の教育」を決める条件とは何か。筆者はこの問いと長いこと向き合ってきた。そして、今は、以下のように考えている。

　すなわち、生徒一人ひとりがmeaningfulで、authenticで、personalであると感じるような活動に取り組む状況を作り出すことが良質の教育である、と。

　これを教育の条件として設ければ、以下のようになる。

■ 良質の教育の3条件

1. **有意味性(meaningfulness)の条件**：生徒にとって**meaningful**であること
2. **真正性(authenticity)の条件**：生徒にとって**authentic**であること
3. **個人化(personalization)の条件**：生徒にとって**personal**であること

　これらの条件において、「生徒にとって」ということがポイントである。いくら教師がauthenticな活動だと思っても生徒がそう感じなければ良質の教育にはならない。

　meaningfulには「理解可能である」ということに加え、「有意義である、

有用である」といった意味合いがある。まず、教材や活動が理解可能で、有意義と感じなければ良質の教育にはならない。

authentic とは「本物である」「真正である」という意味で、「白ける（artificial）」とか「嘘っぽい」の対極にある概念である。本物は偽物より力がある。これは教育においても然りである。前述したデューイの"Education is life itself."とは教育のオーセンティシティーを真正面から取り上げた表現である。生徒が「本物」と感じるような教材と活動を提供すること、これが2つ目の条件である。

そして、もうひとつの personal とは、生徒が学びの内容を自分事として意味づけすることができるということである。自分事として学びを捉えることができれば、内発的な動機づけになり、学びへのかかわりが深くなる。人は パーソナルなことに興味を示すということは一般的な真理である。personalizationとは、学びを自分事にすること、という意味である。学びや思考を生徒の中に息づかせるためには、personalizationが不可欠である。

この3つの条件の英語の頭文字を合わせてMAPの条件と呼ぶことができよう。教育（教材と活動）が生徒にとってのMAPの条件を満たすとき、良質の教育が生まれるといえよう。

教科横断型の学びの実現に向けて

さて、上記のMAPの条件を満たしながら、「教科横断」を教育手法にするにはどうすればよいか。「教科横断」とか「教科連携」というコトバはよく使われる。しかし、それを教育実践する段になると、途端に壁にぶつかる。体育の指導を英語で行うとか、生物の授業を英語で行うといった教科を英語で教える試みが行われることがよくある。その手法を、CLIL（content language integrated learning）と呼び、CLILが教科横断的な教育の典型例にように考えられることがある。

　しかし、それは内容重視の英語教育のひとつの方法であったとしても、教科横断的な画期的な教育改革にはつながらない。それぞれの教科間の統合が果たされないからである。教科横断的学びとはどういう学びかを明示しない限り、それは、良質の教育の実践にはつながらない。

STEM教育とSTEAM教育

　文科省は、「STEAM教育等の教科等横断的な学習の推進について」＊（令和3年7月15日 文部科学省初等中等教育局教育課程課）と題する資料の中で、教科横断的な学習に際し、STEM教育とSTEAM教育を提案している。STEMはScience、Technology、Engineering、Mathematicsの頭文字をとった標語である。複雑に分野が関係する現代社会の諸問題を取り扱うには、各教科・領域固有の知識や考え方を統合する必要があり、とりわけ理数系の統合領域としてSTEMの重要性が挙げられている。

　一方、STEAM教育のSTEAMという標語は、理数領域に加え、文系の代表ともいえるArtを加えたものである。STEAMのAを芸術（デザイン・感性）の狭義に捉える考え方と、芸術以外にも文化, 歴史、国語、経済, 法律などLiberal Artsの意味で広義に捉えるものがあるが、いずれにせよ、理数教育においても教科横断的な視点を重視すべきであるとする考え方である。

　そして、文科省の同資料では、以下のようにSTEAM教育の推進を求める中教審答申（令和3年1月26日）を引用している。

　「高等学校においては, 新学習指導要領に新たに位置付けられた「総合的な探究の時間」や「理数探究」が,
・実生活, 実社会における複雑な文脈の中に存在する事象などを対象として教科等横断的な課題を設定する点,
・課題の解決に際して, 各教科等で学んだことを統合的に働かせながら, 探

究のプロセスを展開する点
などSTEAM教育がねらいとするところと多くの共通点があり，各高等学校において，これらの科目等を中心としてSTEAM教育に取り組むことが期待される。

　また、必履修科目として地理歴史科・公民科や数学科，理科，情報科の基礎的な内容等を幅広く位置付けた新学習指導要領の下，教科等横断的な視点で教育課程を編成し，その実施状況を評価して改善を図るとともに，教育課程の実施に必要な人的又は物的な体制の確保を進め，地域や高等教育機関，行政機関，民間企業等と連携・協働しつつ，各高等学校において生徒や地域の実態にあった探究学習を充実することが重要である」

　しかしながら、STEAM教育の推進にあたり、<u>教科横断的な学びの方法は示されていない</u>。「文理の枠を超えたカリキュラム・マネジメントの充実」「各教科等における探究的な学習活動の充実」「総合的な探究の時間、理数探究等を中心とした探究活動の充実」といった文言が並び、「文理の枠を超えたカリキュラム・マネイジメントの充実」については以下のような説明が付いている。

- 生徒・学校・地域等の実態を踏まえ、スクール・ポリシーに基づき文理の枠を超えた教科等横断的な視点で教育課程を編成・実施
- スクール・ポリシーと総合的な探究の時間等の目標との関連を図る。
- 各教科の教師の専門性を生かした協働体制を構築
- 教師の負担を軽減しつつ学校外リソースを活用するための連携体制を整備
- ICTを活用した学習を積極的に推進

　しかし、「教科横断的な視点で教育課程を編成・実施」といっても、どうやってそれを行うのかは、大問題として残されたままである。<u>「実施」「整備」「推進」あるいは「充実化」と述べ立てても、具体的にどうするかという方向性が示されなければ実践的な意味を持たない</u>。そこで、以下では、試案として、筆者が考える教科横断的学びの枠組みに触れておきたい。前提として指摘しておきたいのは、<u>教科横断的な学びは、一般に理解されていることとは異なり、「学際的（interdisciplinary）」とは</u>

異なるということである。学際的とは、それぞれの分野が独自の領域と方法論をもち、ある問題について、それぞれの観点からアプローチすることを一般にいう。これだと、個別教科のパッチワークは作れたとしても、教科間の統合化・融合化による新たな領域と方法論は生まれない。しかし、学校教育には、教科教育があり、個別教科の指導は必須として厳然と行われるのが建前である。この制約の中で、教科横断的な学びのための編成原理は何か、というのがここでの問題である。

教科横断的学びの編成原理

　通常の教科教育では、各教科に固有な知識・技能を身に付けさせることを狙いとするが、教科横断の視点を実現するにはふたつのポイントがある。そのひとつは、教科によって強弱濃淡はあるが、「気づき」、「関連化」、「理解」、「産出」の4つの活動を大切にする授業を行うこと。 もうひとつは、それぞれの教科が、Logical Mind、Social Mind、Wellness Mind の育成を念頭に置いた授業を行うことである。活動目標の共有による統合化と育成すべきコンピテンスの共有による統合化である。

　まず、4つの活動の目的を説明しよう。 活動の目的である「気づき」「関連化」「理解」「産出」は、それぞれの教科内での活動の目的となる。「気づき」は、「ああ、なるほど、そうか」という発見に導く活動である。英語でいえば、単語の学び方、文法の大切さ、日英語の違いなど気づきの対象は枚挙に暇がない。どの教科にも気づきのポイントはある。「関連化」とは、断片的な知識を関連づけ、有意味なネットワークを形成することを意味する。単語を意味的に関連づける、文法項目を機能的に関連づけるなど単元間の関連づけだけでなく、国語で学んだことを英語学習に関連づけるなど教科間で関連づけも考えられる。「理解」は、与えられた内容から事態を構成する活動のことである。「古池や 蛙飛び込む 水の音」という俳句からどういう事態を構成するか、これが理解の例である。「深い学び」は「深い理解」を前提にする。そして、「産出」は、自

ら意味あることを作り出す活動のことをいう。習ったことを自分に引き寄せ、自分事として何かを表現すること、これが典型的な産出活動である。数学においても、数学的知識を使って橋梁設計を行うとか将来のリスクを分析するというのは産出活動である。

　気づき、関連化、理解、産出を目的とする活動は、<u>教科固有の視点を学ぶのに有益な活動</u>である。それだけではない。この４つの目的に向けた教材の提供と活動を行えれば、生徒にとってmeaningfulで、authenticで、personalな学びにつながる可能性があるだろう。さらにいえば、英語、地理、数学、芸術などの教科でも、この<u>「気づき」「関連化」「理解」「産出」の４つを意識することで、新たな授業活動の創造に繋がる。それにより、目的を共有した教科統合の道が拓ける可能性がある。</u>

　次に、<u>３つのマインドとは「物事を捉えるための知」</u>であり、論理的<u>マインドと社会的マインドとウエルネスマインド</u>が考えられる。これは、今の時代、そしてこれからの時代を生きて行くうえで強力なコンピテンスになる。教科横断の視点であるといえるかもしれない。それぞれを、簡単に説明すれば、以下の通りである。

☑ **論理的マインド（Logical Mind）**：現象の背後に規則性を見出し、物事を論理的・科学的に捉えようとする心

☑ **社会的マインド（Social Mind）**：人間の尊厳を大切にし、世界的視野に立って物事を捉え、合意形成によってさまざまな問題を乗り越えようとする心

☑ **ウエルネスマインド（Wellness Mind）**：健康、美、幸福を求める豊かな心

　右ページ上の図に見られるように、それぞれの教科が、３つのマインドのどれか、あるいはすべての育成を心がけることで、それぞれの教科を有機的に連携し、教科横断型の学びを実現することができるというのがここでの考え方である。

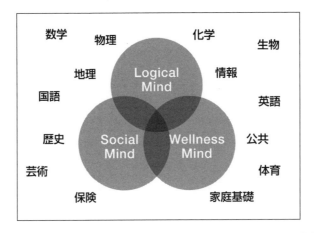

　論理的マインドは、どの教科にも共通するものである。社会的マインドとウエルネスマインドは、教科によって親和性は異なる。歴史や公民や英語は社会的マインドとの親和性が高いし、芸術や体育や保健はウエルネスマインドと親和性が高いかもしれない。しかし、数学や物理においても、デザインや都市設計などを通して、社会的な意味づけを行うことができるし、美的感覚と結びつくことでウエルネスにも関係してくる。心を揺さぶる作品を読む国語の活動もウエルネスに関係するだろう。

　このように、それぞれの教科が教室活動の目的を共有し、3つのマインドを育てる方向で授業創造すれば、ゆるやかな形で教科間の連携を図ることができる。生徒の中で3つのマインドが育つという実感があれば、*p.*77～78で述べたMAPの条件も充足する学習になるのではないか。これが教科横断の実現の道である。

課題探究

　ここで取り上げなければならないコンセプトに「課題探究」あるいは「探究課題」というものがある。これについても同様で、それがメソッドとして明示化かされなければ、主体的・対話的で深い学び、すなわち良質の教育の実現を達成することはできない。ここでいう課題探究のメソッドとは、プロジェクト学習（project-based learning：PBL）である。

ここでは少し詳細に、「プロジェクト学習」あるいは「プロジェクト活動」について見ていきたい。

　文科省は、「総合的探究の時間編」(指導要領、平成30年)の解説書の中で、探究課題の取り扱いについて詳細に説明をしている。以下は、少し長い引用になるが、ポイントが整理されているのでそのまま引用する。*

① 自分で課題を立てるとは，そうした問題と向き合って，<u>自分で取り組むべき課題を見いだす</u>ことである。この課題は，解決を目指して学習するためのものである。　その意味で課題は，生徒が解決への意欲を高めるとともに，解決への具体的な見通しをもてるものであり，そのことが主体的な課題の解決につながっていく。

　　課題は，問題をよく吟味して生徒が自分でつくり出すことが大切である。例えば，<u>日頃から解決すべきと感じていた問題を改めて見つめ直す，具体的な事象を比較したり，関連付けたりして，そこにある矛盾や理想との隔たりを認識する</u>ことなどが考えられる。また，地域の人やその道の専門家との交流も有効である。そこで知らなかった事実を発見したり，その人たちの真剣な取組や生き様に共感したりして，自分にとって一層意味や価値のある　課題を見いだすことも考えられる。

② 課題の解決に向けては，<u>自分で情報を集める</u>ことが欠かせない。自分で，何が解決に役立つかを見通し，足を運んだり，情報手段を意図的・計画的に用いたり，他者とのコミュニケーションを通したりして情報を集めることが重要である。調べていく中で，探究している課題が，社会で解決が求められている切実な問題と重なり合っていることを知り，さらにそれに尽力している人と出会うことにより，問題意識は一層深まる。<u>同一の学習対象でも，個別に追究する生徒の課題が多様であれば，互いの情報を結び合わせて，現実の問題の複雑さや総合性に気づく</u>こともある。

③ <u>収集した情報は，整理・分析</u>する。整理は，課題の解決にとってその情報が必要かどうかを判断し取捨選択することや，解決の見通し

＊ https://www.mext.go.jp/content/1407196_21_1_1_2.pdf

にしたがって情報を順序よく並べたり，書き直したりすることなど
を含む。分析は，整理した情報を基に，比較・分類したりして傾向
を読み取ったり，因果関係を見付けたりすることを含む。複数の情
報を組み合わせて，新しい関係性を創り出すことも重要である。

④ 整理・分析された情報からは，<u>自分自身の意見や考えをまとめて，
それを表現する。</u>他者との相互交流や表現による振り返りを通して，
課題が更新されたり，新たに調べることを見いだしたり，意見や考
えが明らかになったりする。(*p.* 25)

　数字は筆者が付けたものだが、この文言の中に、課題探究の重要な要
素（下線部で示した部分）が含まれている。同解説書で図式的に課題探
究の流れを示したのが以下である。(*p.*101)

① **課題の設定**
　　複雑な問題状況の中から適切に課題を設定する。
　　仮説を立て，検証方法を考え，計画を立案する。

② **情報の収集**
　　目的に応じて手段を選択し，情報を収集する。
　　必要な情報を収集し，類別して蓄積する。

③ **整理・分析**
　　複雑な問題状況における事実や関係を把握し、自分の考えをもつ。
　　視点を定めて多様な情報を分析する。
　　課題解決を目指して事象を比較したり，因果関係を推測したりして
　　考える。

④ **まとめ・表現**
　　相手や目的，意図に応じて論理的に表現する。
　　学習の仕方や進め方を振り返り，学習や生活に生かそうとする。

　ここでは、個々人の生徒が課題を見つけ、それを調査し、資料を分析
して、発表するという流れが示されている。上記のように、ここには課
題探究を行う上で重要なポイントが含まれているし、他者とのやりとり

の大切さも強調されている。がしかし、課題探究の手法としてみれば、一見、やや平板な流れになっているという印象がある。探究とは、問題解決的な活動が発展的に繰り返される活動を意味し、その点を文科省でもらせん状に展開するようなイメージ図を示している。しかし、「課題の設定」「情報の収集」「整理・分析」「まとめ・表現」の活動内容が明示されると、「発展的に繰り返される」の部分が線状的な流れ（「（新たな）課題の設定」からはじまり「まとめ・表現」に終わる流れ）の繰り返しという印象を与えてしまう。筆者は、課題探究はもっと、自由度があって、ダイナミックな活動であると考える。以下では、課題探究の手法を「プロジェクト学習(project-based learning)」として説明していきたい。

プロジェクトとは何か

まず、プロジェクトとは、そもそも何であるか。モノとして見ればプロジェクトは「計画事業」「研究課題」と同義である。そして、コト（行為）としてのプロジェクトを捉えるには、"project"の動詞的意味が参考になる。動詞"project"には、「投げ出す」「投影する」「映写する」「投入する」「企画する」「計画する」などの語義が含まれている。そして、モノとコトの両面からプロジェクトを定義すれば、以下のようになる。

「ある問題について何らかの結果を得るために、計画を立て、リソーシーズ（時間・資金・資材）を投入し、必要な課題を遂行する実践行為」

つまり、プロジェクトとは「目的をもった行為（purposeful act）」というものである。

方法論としてのプロジェクト学習

しかし、このようにプロジェクトとは何かを定義しても、それが直ちに新しい学習方法論になるわけではない。学習方法論にするためには、プロジェクトを活動として捉える必要がある。教育実践としてプロジェ

クト活動の在り方を模索してきたが、行き着いたのは、「ディスカッション」「リサーチ」「プレゼンテーション」の相互作用を通して実践される活動（目的を持った活動）がプロジェクト活動である、ということである。

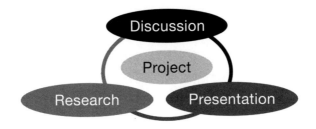

　相互作用（interplay, interaction）ということは、この３つのどこからスタートしてもよいということでもある。ある研究課題についてディスカッションし、リサーチを行い、そしてプレゼンテーションをする、あるいは、ある研究課題についてのプレゼンテーションを行ない、ディスカッションをし、そしてリサーチをする、といった具合に、活動の順番には自由度がある。以下、それぞれの活動について簡単に説明しよう。

ディスカッション

　ディスカッションは、典型的には個々人がアイデアや情報を持ち寄って、新たなアイデアを共につくる創造的な営みである。つまり、個のアイデアの総和以上の、価値のあるアイデアを生み出す行為がディスカッションである。ディスカッションはアイデアの共創を可能にするだけでなく、その言語化・共有化においても重要な役割を果たす。グローバル社会では、社会課題を解決するために、異なった考えを持つ者が一堂に会し、互いの固定的な思考の枠組みがもつ制約を乗り越えて、各々の思考を生産的・創造的に再編成することが求められる。ディスカッションは、生産的で創造的なアイデアを創出し、共有する場である。

　ディベートと比較すると、ディベートが賛否のいずれかの立場を取り、その立場を堅持しながら相手の弱点を突くポジション・ゲームであるの

に対して、ディスカッションは参加者が協力してアイデアを創り出すコラボレーション・ゲームである。ディベートは勝つか負けるかのゼロサムゲームであるのに対して、ディスカッションはプラスサムゲームであるといえる。

　効果的なディスカッションにおいて、上記のように、アイデアの創造（共創）、アイデアの言語化、アイデアの共有化を意識することが大事である。そして、この３つに加え、共有したアイデアを検討するというのもディスカッションの大きな役割である。

リサーチ

　次にリサーチは、再び探す（re-search）とあるように、思考スタンスとしては「立ち止まらないで、絶えず問い続ける、探し続ける」という態度であり、実践としては「探究」という思考実験に加え、データの収集・分析から現状把握を行ったり、仮説の検証を行ったりする手段である。

　よく創造的思考にはブレイクスルーやイノベーションが必要だと言われる。しかし、多くの場合、ブレイクスルーする対象が自明化された常識であることが多い。自明化されているが故に、対象が見えないということが起る。そこで、自明化された常識をあえて問い直すリサーチが必要となるのである。経験的裏付けを得るためのリサーチは、エビデンスに基づいた主張を行う上で不可欠である。

　リサーチはディスカッションに素材を提供するとともに、アイデアの有効性を確認する手段である。つまり、リサーチは、ディスカッションの空間を外部に開き、他者の意見を取り込む作業でもある。リサーチによって「何であるか」が明らかになって、はじめて「何ができるか」「何をすべきか」をディスカッションの俎上に載せることが可能となる。

プレゼンテーション

　構想されたアイデアが当事者間のみに共有されたのでは、社会的な力にはなり得ない。そこで必要なのが<u>アイデアを外部に差し出す（pre-sent）行為</u>としてのプレゼンテーション（presentation）である。限られた時間の中で、説得力のある自己表現を行うこと、これがプレゼンテーションである。

　<u>プレゼンテーションを行うことで得られるフィードバックは、さらなるディスカッション、あるいはさらなるリサーチを動機づける</u>。また、提案するアイデアが妥当なものであるかどうかを検証する（他者によってどう受け入れられるかを確認する）際にも、プレゼンテーションは大きく寄与する。リサーチによって豊富な素材が入手可能となる。例えば、15分と時間が定められたプレゼンテーションでは、素材のすべてを盛り込むことは不可能である。そこで、素材の取捨選択が必要となる。選んだ素材をどういう配列で並べるか、どこにメリハリをつけるかなど、魅力的なプレゼンテーションに向けての編集作業を経て、その内容が決まる。その決まった内容をどう表現すれば説得力を持つか、これは伝達の問題である。このような意味において、<u>プレゼンテーションは究極の自己表現である</u>といえる。

　ここで強調しなければならないのは、プロジェクト活動はあくまでもディスカッション、リサーチ、プレゼンテーションの相互作用を通して行われるということである。SDGsという課題に対して、生徒同士でディスカッションをし、リサーチを行い、プレゼンテーションをする。ここで、<u>どの活動が欠けても十全なかたちでのプロジェクトにはならない</u>。

プロジェクト活動の期待される効果

　プロジェクト活動のメリットは何か。まず上記の教科横断的な学習、主体的で対話的で深い学び、社会的リアリティーのある学習などがプロ

ジェクト活動によって達成することができることをメリットとして挙げることができよう。これに加えて、ここでは３つのメリットを指摘しておきたい。

　第一に、プロジェクトはさまざまなタスクが絡む総合的活動である。例えば、あるグループがイタリアとスペインを比較し、類似点と相違点を明らかにするという主題に取り組むとしよう。ここでは、両国を比較する観点を決めるためにディスカッションを行い、観点が決まれば、それぞれの観点に関するリサーチが必要となる。例えば、ツーリズム（tourism）の観点から両国を比べるとしよう。

No.	Country	World Heritage Sites
1	Italy	53
2	China	52
3	Spain	46
4	France	43
5	Germany	42

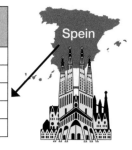

　世界遺産、旅行者数などに注目し、リサーチを行うとしよう。そして、リサーチによって得られた情報の取捨選択を行い、編集を通してプレゼンテーションのためのスライド作成を行う。このようにして繰り広げられる《ディスカッション・リサーチ・プレゼンテーション》の相互作用としてのプロジェクト活動には、以下のように複数のタスクが絡んでくる。

☑ 資料を読んでメモをとり、要約する。

☑ イタリアとスペインのお薦めスポットの動画を観る。

☑ アンケート調査票を作成し、調査を実施する。

☑ どっちの国が好きかをインタビューする。

☑ グループ内で調査の内容を報告する。

☑ グループ内で意見を述べ、フィードバックを行う。

☑ 発表のためのスライドを準備する。

☑ 3分の発表を行う。

☑ 発表の内容を文章でまとめる。

　このようにさまざまな活動が複合的に絡むということ、これがプロジェクト学習のひとつ目のメリットである。

　第二に、ここで繰り返し強調しなければならないのは、<u>プロジェクト活動はディスカッション、リサーチ、プレゼンテーションの相互作用を通して行われる</u>ということである。ということは、プロジェクトを行う中で、これらの3つの技法の実践力を獲得することができるということである。この3つの技法は、グローバル社会をたくましく、しなやかに生きるための力（competencies）を得ることにつながる。すなわち、<u>常識をあえて問い直すリサーチ力、自分の思いを明確に、わかりやすく相手に伝えるプレゼンテーション力、そして、他者との違いを乗り越え魅力的なアイデアを創り出すディスカッション力はグローバル社会での強力な「武器」になる</u>ということである。これは、プロジェクト学習の2つ目のメリットである。

　第三に、教育によって生徒の中に育てたい個別能力として以下がある。

「行動に関する能力」：表現力、状況把握、関係調整能力、実行力

「思考に関する能力」：論理力、問題発見、分析力、批判力、共創力
　　　　　　　　　　（創造力）

　これらは、教育改革でよく取り上げられる概念である。これらの概念をわれわれなりに定義すれば以下のようになる

■ 行動に関する能力

☑ **表現力**：言語表現を中心に、マルチメディア、身体表現などを行う力

☑ **状況把握力**：現状が「何であるか」を把握する力

☑ **関係調整能力**：様々な状況で人間関係や意見の違いを調整する力

■ **思考に関する能力**

☑ **論理力**：論理的に思考する力

☑ **分析力**：現象を分析し、傾向性や因果関係などを見抜く力

☑ **問題発見力**：大きな問題の中から本質的なリサーチクエスチョンを引き出す力

☑ **批判力**：先入見や予見を排し、問題を十全に評価することができる力

☑ **共創力**：異なった人同士のコラボレーションを通して新たなアイデアを創り出す力

これらは個別的にみればどれも大事な能力である。がしかし、それぞれをどうやって養成するかは大きな問題である。それぞれの個々の能力を別個に育てるのではなく、プロジェクトという総合的な活動を通して鍛えることができるというのが筆者の考えである。

つまり、これらの力は、≪ディスカッション・リサーチ・プレゼンテーション≫の実践の中で、ディスカッション力、リサーチ力、プレゼンテーション力を技能として高めることによって養成される。例えば、ディスカッションの実践を通して、表現力、問題発見力、関係調整能力、批判力、共創力などが鍛えることができる。イメージ的に示せば以下のようになる。

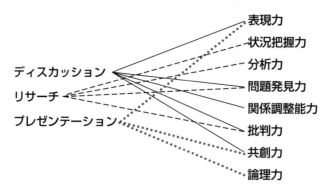

これがプロジェクト学習の3つ目のメリットである。

このように、プロジェクト活動には、多様なタスクが絡むことで生まれる総合力の養成、これからの社会を生き抜く上で必要となるディスカッション力、リサーチ力、プレゼンテーション力の養成、そして、思考力（論理力、分析力など）や行動力（表現力、状況把握力など）の養成を行うことができるというメリットがある。

評価について

評価は、生徒の<u>発達的プロセスに注目する形成評価</u>（formative evaluation）と、何を学んだ かという<u>到達度に注目する総括的評価</u>（summative evaluation）がある。探求学習では、形成、総括の両面に注意を払いながら、多面的な評価システムを開発する必要がある。ここでいう「多面的」とは、自己評価、生徒同士の相互評価、行動評価（can-do）、ポートフォリオ評価、アウトプット評価などを織り込んだ評価のことをいう。

評価の基本は、「生徒の良いところをできるだけ引き出せるものである」ということである。 実は、この点は、新指導要領の中でも、以下のように明記されている。

「生徒のよい点や進歩の状況などを積極的に評価し、学習したことの意義や価値を実感できるようにすること。また、各教科・科目等の目標の実現に向けた学習状況を把握する観点から、単元や題材など内容や時間のまとまりを見通しながら評価の場面や方法を工夫して、学習の過程や 成果を評価し、指導の改善や学習意欲の向上を図り、資質・能力の育成に生かすようにすること。

そのためには、発達的な形成評価に注目し、主体的に学ぼうとする態度、対話的に学ぼうとする態度を考慮した上で、評価を行う必要がある。 学習活動によっては、<u>数値的に基準をクリアしているかどうかを測定する定量評価が必要になる場合と、行動的指標の出来栄えを測定する定性評価が必要となる場合</u>がある。概して、総括的評価では定量評価が、形成評価では定性評価が求められる」（下線は筆者による）

発達的な形成評価を行うにあたり、螺旋状に学習が進展するという Spiral Learning Progress の視点が重要である。単元1で学んだ内容を100％定着させた上で、単元2に進むというレンガを積み上げるという学習観ではなく、螺旋状に学習内容が広がり、深化するというスパイラル学習観である。

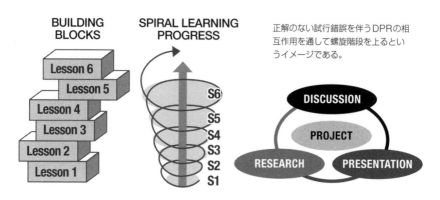

正解のない試行錯誤を伴うDPRの相互作用を通して螺旋階段を上るというイメージである。

OECD Education 2030 と PBL

　OECDは、2030に向けた学習の羅針盤（learning compass）として以下の図を示し、教育の変容のための指針を示している。

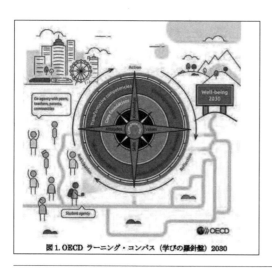

図1. OECD ラーニング・コンパス（学びの羅針盤）2030

OECD ラーニング・コンパス（学びの羅針盤）2030
https://www.oecd.org/education/2030-project/teaching-and-learning/learning/learning-compass-2030/OECD_Learning_Compass_2030_concept_note.pdf

この図で、右中央に「well-being 2030」とある。これは、教育を通して向かっていく目標である。個人のwell-beingだけでなく、コミュニティーのwell-being、そして地球全体のwell-beingを目指すということである。現在、そしてこれからの状況をOECDでは、VUCA（volatility, uncertainty, complexity, ambiguousness）という特徴で捉え、不確実な状況であるからこそ、持続可能なwell-beingに価値を置く教育を行わなければならないということである。

そのためにOECDが重点を置く概念のひとつはagency（エイジェンシー）である。これには、student agencyとco-agencyがある。student agency（生徒のエイジェンシー）は個々の生徒が備えるべき力のことをいう。それは、「目標を設定し、責任をもって、主体的に行為することによってよりよい変化を起こす力」のことである。換言すれば、「主体的に何かにかかわっていく力」、「よりよい影響を与えようと責任を伴う行動をする力」、「well-beingに自らを方向づけていく力」ということになるだろう。ざっくりいうと、よりよい生を生き抜く力である。

もうひとつのco-agency（共同エイジェンシー）が示されている。個々の生徒は自律した個人であるが、同時に、社会文化的なコンテクストで生きる存在である。そこで、他の生徒、教師、親、コミュニティーの人たちといった関わり合いのある人たちとの関係性や協働性が、生徒のエイジェンシーを育てる上で大切である。相互支援の力、あるいは共同構築の力ということである。

学習の羅針盤には、コアな基盤（core foundation）を構成する4つの要素が示されている。まとめれば、以下のようになる。

① **知識（knowledge）**：広範な横断的知識と専門的な知識；学問的視点

② **スキル（skills）**：認知スキル（例.批判的思考、論理的思考）；メタ認知スキル（例.学び方を学ぶ）；社会的・情意的スキル（例.共感力、自己効力感）；実用的・身体的スキル（例.音楽、情報機器の使用）

③ **態度（attitudes）**：意欲；相互依存；相互支援；社会、経済、環境
　　などに対する態度

④ **価値（values）**：人間の尊厳、公平性などの価値、より大きな目標
　　達成のために優先すべき価値

　これらは、独立した要素ではなく、相互に関連し合った形で身につけ
るものである。有機的融合から成る人間の資質・能力の総体として捉え
ることができる。これらを課題解決に向けて総合的に動員することがで
きる力がcore foundationとしてのコンピテンシーである。

　学びの羅針盤では、さらに詳しくコンピテンシーについて記されてい
る。それはtransformativeという形容詞のついたコンピテンシーである。
字義通りには、<u>社会の変容を導くコンピテンシー、持続可能なウエルビー
イングに向けて貢献できるコンピテンシー</u>のことである。社会の変容に
は３つの行為が要請される。その３つとは、以下の通りである。

☑ **Creating new values**：新しい価値を創り出す（innovation）；問
　　題解決に向けての独創性；新しい知の創造

☑ **Reconciling tensions and dilemmas**：緊張やジレンマを調整する；
　　他者のニーズを理解しながら、個々人のウエルビーイングを確保する

☑ **Taking responsibility**：責任がとれる行動をする（環境に対する
　　責任；社会に対する責任など）；自己規制、適応力、問題解決

　学びの羅針盤では、<Anticipation, Action, Reflection>の連鎖が
示されている。何かについて予測し、予測に基づいた行動をとり、そし
てそれを振り返るということである。このAARの連鎖の中で、個々の
生徒のコンピテンシーが発揮されるだけでなく、コンピテンシーをより
機能的なものにすることができる、という考え方がある。

　以上が、OECDが描くEducation 2030の概要だが、PBLはまさに
自立した主体（社会の創り手）が他者と協働して、アクションを行い、
学び合う行為である。そして、PBLというアクションを効果的に行う

には、コンピテンシーが必要となる。筆者は、ここでいうコンピテンシーは、ディスカッション力、リサーチ力、プレゼンテーション力だと考える。ディスカッションもリサーチもプレゼンテーションも課題に対して知識や技能や価値や態度を総動員する必要のある行為である。してみると、ディスカッション力、リサーチ力、プレゼンテーション力こそが、competenciesと呼べるのではないかと考える。

OECDの構想には、「エイジェンシー」「責任感」「創造力」「共感力」「言語表現力」「自己効力感」「適応力」等の概念装置が出てくる。これらをどうやって育てるか。これらは＜＜ディスカッション・プレゼンテーション・リサーチ＞＞の相互作用的活動（PBL)を通して育つというのが筆者の結論である。

PBLでSDGsと取り組む：
Skills Development

生徒が学校でSDGsについて考えるには、PBLのメソッドが有効あると述べた。PBLといっても、メソッドとして取り扱うには、Discussion、Research、Presentationの技法を身につけ、それを実践する必要がある。同じディスカッションといっても「立場表明型のディスカッション」、「問題解決型のディスカッション」、そして「意味創造型のディスカッション」がある。

「立場表明型のディスカッション」とは、ある論点についてグループとしての合意形成に導くためのものである。人は同じ論点でもそれぞれ立場が異なる、という前提があり、だからこそ合意形成が必要となるのである。「問題解決型のディスカッション」は、文字通り、ある問題に対して解決策を考え、それを実行に移していくためのディスカッションである。そして、「意味創造型のディスカッション」では、これまでにないような新しいアイデアを創りだすためにみんなで知恵を出し合うディスカッションである。SDGsのような問題と取り組むためには、こ

の３つのディスカッションを総動員することが必要となる。

　教育的な観点からみても、生徒がこれらのディスカッションのやりかたを技法として身につけることができれば、それは生涯にわたって役立つものとなることは間違いない。

　ディスカッションの射程を定め、それに深みを与えるためにはリサーチが必要である。リサーチの本質は、絶えず、「それでもどうか」と問い続ける探究の態度である。がしかし、文献の調査によるリサーチだけでなく、現象を説明し、予測するためのリサーチも必要である。そのためには、現象に注視するための問いが必要となる。例えば自分のまわりの人たちがSDGsという問題をどのように捉えているか、と問うことからリサーチははじまる。そして、年齢差、地域差、男女差などに関心がいけば、リサーチの方法を考えることができる。リサーチはデータを提供する。良質のデータが豊かなディスカッションを導くのである。

　リサーチし、ディスカッションした内容は表現されなければならない。これがプレゼンテーションである。プレゼンテーションは口頭によるものと文章によるものがあるが、口頭のプレゼンテーションが連想されやすい。文章のプレゼンテーションは、いわゆる論文の発表である。

　課題探究型の授業を行っているところであれば、ディスカッション、リサーチ、プレゼンテーションは何らかの形で用いられているはずである。大事なことはこの３つの活動の相互作用をプロジェクト活動になることを自覚しているかどうか、そして、それぞれは技法であり、Skills Developmentとして鍛え上げなければならないということである。

立場表明型のディスカッションのしかた

　ここでは、紙幅の都合でそれぞれの技法について詳しく述べることはできないが、１例として立場表明型のディスカッションの技法について簡単な紹介をしておきたい。ここで紹介するのはDebate in Discussionと呼んでいる方法である。文字通り、ディベートとディスカッションを

統合した議論のしかたである。

　まず、ディベートでは、論題に対して参加者が肯定側・否定側のいずれかの立場に立ち、相手側の反駁に耐えるため，エビデンスを効果的に援用し，論理破綻の生じないよう緻密な論理構成を行う。相手の主張を聴くと同時に矛盾点や追及すべきポイントを見つけ出す高度な分析力が必要なスキルで、論理的思考力や自己表現力を身につける上で，大きな教育的効果が期待できる。しかし、ディベートには勝ち負けはあっても，新たな意味の創造が起こることはない。いろいろな問題を解決するには合意形成が必要となるが、合意形成を図る上では，肯定側・否定側のどちらの議論に説得力があるのかだけではなく、両者が受諾できる合意案を創り出すことが必要となる。そこで、注目したいのが協働してアイデアを作り出す行為としてのディスカッションである。多文化状況で起こる問題解決には、立場の主張を重視するディベート的な要素と創造的な対話を重視するディスカッション的な要素の2つが必要で、ここでは、ディベートとディスカッションを別個の活動として捉えるのではなく、互いに補完し合いながら創造的合意形成を導く営みであるという視点としての**Debate in Discussion**の活動のしかたについて、以下、具体例を通して解説する。

　活動には5つのステージがある。具体例としては「再生可能エネルギーに移行することの是非」を取り上げる。

課題

　教室内で5、6名のグループ編成を行い、各グループが、以下の問題についてグループ内でのディスカッションを通してグループの立場を明らかにする。

再生可能エネルギーといえば、太陽光発電、水力発電、風力発電を思い浮かべる。これらはCO_2を排出しない発電と言われる。しかし、クリー

ンエネルギーは本当に環境に対してクリーンなのか？　再生可能エネル
ギーに全面的に移行すべきか。

Stage 1：オピニオンを出す

- 「再生可能エネルギーの移行への是非」について、参加者がグループ
  内で自由に意見を述べる。

- 同じ個人でもポジティブ、ネガティブ様々な意見が出てくるはず。

- 漠然と焦点の定まらない意見を表明するのではなく、意見のポイント
  を明確にする。

- 生産性を高めるための工夫として、自分の意見を1文　(one sentence)
  で表現することを約束事とする。これは　「アイデアの言語化」である。

　文として表現された意見は「オピニオン（opinion）」と呼ぶ。発言を
ひとつの文で表現することで，以下のように、「再生可能エネルギーへ
の移行の是非」についての様々なオピニオンを引き出すことができる。

1. 「太陽光は典型的だが、メガソーラーパネルを設置しなければならず、それが景観をこわす」

2. 「太陽光にせよ、水力にせよ、風力にせよ、大型な機器を設置しなければならず、機器は必ず老朽化する」

3. 「水力発電の場合、ダムの設置が必要で、森林開発による、上流・下流での水量・水質が変化することで生態系が変化する」

4. 「都心部で、太陽光、水力、風力に頼るエネルギー供給には限界がある」

5. 「寒波などで電力需要が劇的に増えた場合、再生可能エネルギーで十分な供給をすることができない」

6. 「原子力発電の停止により、火力発電の割合が増加し、現在は石炭

とLNGを使った火力発電（全体の約80％）に依存した供給構造が続いている」

7. 「再生可能エネルギーの発電力は6.6％程度であり、エネルギー供給源としては弱い」

8. 「カーボンニュートラルの流れの中で、石炭火力発電の量をゼロに向けて減らしていく動きが間違いなく加速化する」

9. 「火力発電においてLNG(液化天然ガス)の役割が大きいが、ＬＮＧは輸入に頼るところが大きく、しかも気化しやすいため貯蔵に適さない」

10. 「安定電源のためには、安全な原子力発電を考慮すべき」

11. 「循環する生態系の中に人間のさまざまな営みがある」

12. 「火力発電は、CO_2の排出があるため、容認できない」

13. 「今では、小型で安全な原発（SMR）が開発されており、仮に電力を失っても自然冷却が可能である」

14. 「原子力はいくら安全だといってもそれは人間の技術が作りだしたものであり、リスクは常に伴う」

15. 「原発の設置する数が増えれば、サイバー攻撃を受けるなどのリスクは増大する」

16. 「同じ技術を活かすのであれば、再生可能エネルギーの開発に向けるべき」

17. 「現在のところ、再生可能エネルギーの電力出力は弱いが、技術によってその出力量を高めていくことができる」

18. 「家畜の排泄物、食品廃棄物、下水汚泥、建設現場で生まれた廃棄する木材、間伐で出る木々、台風などの被害でなぎ倒された木々を利用するバイオマスに注目すべきである」

19. 「岡山県に真庭市では、間伐で出る木々を利用したバイオマスで市

のエネルギーの34％を賄っている」

20. 「地域資源を活用し、付加価値をつけていく、いわゆる循環型地域経済（回る経済）を築く上で、バイオマスは有効である」

グループ内でのさまざまなオピニオンの取り扱い

グループ内の「オピニオン・データベース（opinion database）」として整理する。このデータベースはグループの活動の産物である。

- 個々のオピニオンに発言者情報を付すことも大切。

- オピニオン群は、大きく分けると、「肯定的（積極的）」か「否定的（消極的）」かに分類することも可能。

- オピニオン・データベースを共有（仮に20個のオピニオンが出たと想定）➡グループ内で「再生可能エネルギーへの移行の是非」についての全体的な印象を知ることができる（アイデアの共有化）

- 肯定的オピニオンと否定的オピニオンの比率によって個人あるいはグループの立場が自動的に決まるわけではない。

- ひとつのオピニオンが完全に肯定的（あるいは否定的）ということではなく、その判断は程度問題であることが多い。

- オピニオンの個別評価と重みづけの作業が必要となる。

- それによって、最終的な自分の立場が変わるという可能性がある。

Stage 2: オピニオンについての判断

- Stage-2では，グループ内の一人ひとりが、それぞれのオピニオンについての判断を加える。

「原子力はいくら安全だといってもそれは人間の技術が作りだしたものであり、リスクは常に伴う」というのは、ひとつのオピニオンで

ある。オピニオンに判断を加える場合、5段階または7段階の評価尺度を用いる。さらに、判断の根拠を記すことが重要である。

[例]

「原子力はいくら安全だといってもそれは人間の技術が作りだしたものであり、リスクは常に伴う」

7 --------- ⑥ --------- 5 --------- 4 --------- 3 --------- 2 --------- 1

完全に同意　強く同意　まあ同意　　中間　　まあ反対　強く反対　全く反対

根拠：技術や科学への過信が大災害を引き起こすことがある。

「太陽光は典型的だが、メガソーラーパネルを設置しなければならず、それが景観をこわす」

7 --------- 6 --------- 5 --------- 4 --------- 3 --------- ② --------- 1

完全に同意　強く同意　まあ同意　　中間　　まあ反対　強く反対　全く反対

根拠：設置場所を考えれば、景観をこわすことにはつながらない。

- Stage-1で集めたオピニオンを個別に検討することで、意見の多様性に気づくと同時に、争点に関する自らの立場・考えが柔軟に変化することも予想される。

- オピニオンが文として明示化されているため、一連のオピニオンを個別的に判断することができ、その判断の過程を経て、「こういう意見は思いもよらなかった」「これに対しては確かに賛成だな」といった具合に、心が動くことが予想される。

- 当初は再生可能エネルギーに賛成だった人でも、それに異を唱えるオピニオンのすべてに反対ということはなく、自らの見解を相対化し、柔軟な判断を行えるように導くのがここでのねらい。

- 20個のオピニオンがあれば、それぞれについて判断を行う。

- また、あるオピニオンに「反対」あるいは「賛成」という判断をする人は、その理由を示すことで、自分の判断の正当性を自己チェックすること

もできる。

Stage-3: 自分の立場を理由とともに明らかにする

Stage-2の作業によって、個々人の争点に関する見解が相対化される。「再生可能エネルギーへの移行の是非」についても、20個のオピニオンに対する自己判断として12個のオピニオンには反対だが、残り8個のオピニオンには賛成という状況が生まれる。それぞれの判断には理由が付されているが、個人としての立場を示すためには、オピニオンの重要性の順位などを考慮し、相対的な判断を行う。この場合、「是」か「非」のいずれかの立場を採る。そして、その理由を記す。

- この時点で、グループ内のすべてのメンバーの見解が「是」か「非」によって定まることになる。これは、自分の意見を明確化するプロセスでもある。ここには、自分の立場を論拠とともに相手に示すという意味においてディベート的な要素が含まれる。

- あくまでも目標はグループとしての最終判断を示すことである。そして、グループとしての合意はディベートによってではなく、ディスカッションによって得られる。

Stage-4: グループとしての意志決定を行う

- グループとして最終的に意志決定をしなければいけないが、この段階になるとメンバーの一人ひとりが自律した参加者としてディスカッションに加わることができるだろう。

- Stage-4 では、活発な議論を通して、グループとしての合意形成を行うことが目標となる。

- ここでは、それぞれの参加者が自らの判断を議論の俎上に載せ、総合的な判断を行うことが求められる。

- 意見が分かれていても、最終的にはある立場を採るというのがここで

の課題である。

- グループとしての合意に達することができれば、その判断を正当化するための論拠を参加者が知恵を出し合って考えることとなる。これが、まさに生産的・創造的な合意形成の過程である。

- 場合によっては異なった意見をもつ参加者たちが進んで受諾できるような、より魅力的で妥当性の高い合意案を創出することを目指すことが重要である。

Stage-5: クラス内でグループ同士の意見を出し合う

　それぞれのグループ内で合意が形成され、意思決定がなされたとしよう。仮に5つのグループがある場合、それぞれのグループは各オピニオン・データベースに基づき、Stage 2～4の作業を通して、それぞれの合意に至ったはずである。そこでStage-5では、各グループがそれぞれの立場を、根拠を示しながら発表する。

　Stage 1~4を経たことで、自信と確信を伴った発表になるはずである。グループAはグループBの発表を聞くことで、自分たちのグループでは出なかったオピニオンに接する可能性がある。新たなオピニオンは、新たな思考を誘発する。必要があれば、5つのグループの意見を総合して（Stage-4 の活動を全グループで行うことで）教室内での立場に関する合意形成を行うことも可能であろう。

　一般に、議論は非生産的かつ非創造的な結果に終わることが多い。それは、漠然と言いたいことを言うだけで終わるからである。そうではなく、意見を文として明示化し、得られたそれぞれのオピニオンについて理由を考えながら個々人が判断を下す。そして、相対的な判断の中で、個々人の立場を明確にする。それをグループ内で開示し、今度はグループとしての立場を示すためのディスカッションを行う。ここでは高次の目的のために、参加者が自律的に、柔軟なディスカッションを行う。
　こうして得られた結果は、オピニオンが個別に判断され、それについ

て根拠が述べられ，個人的判断がなされ、根拠がチェックされ、最終的にグループとして到達した合意であり、プロセスが明示的であると同時に、説得力をもつものとなる。

このように、ディスカッションのしかたをスキルとして訓練することが必須である。ここでは、グループの合意形成を前提とする立場表明型のディスカッションのしかたについて説明したが、ここで紹介した手法は、どんなテーマであれ、意見が異なる論点について、議論をする場合に、利用可能である。

ディスカッションのやり方が示されないまま、「自由に議論しなさい」といっても生産的かつ創造的なディスカッションはなかなか得られない。問題解決型のディスカッション、意味創造型のディスカッションのしかたについても同様である。技法として鍛えなければならない。このことはディスカッションに限らず、リサーチのしかた、プレゼンテーションのしかたについても同じである。

繰り返すと、中高生がプロジェクト学習を行うにあたり、ディスカッションのしかた、リサーチのしかた、プレゼンテーションのしかたを技法として訓練しておくことは必須である。プロジェクト学習（Skill-using）とSkills Development(Skill-getting)は一体でなければならない。そのためには、それぞれの技法を鍛えるための教材開発が必要となる（なお、筆者が代表を務めるPEN言語教育サービスでは、それぞれの技法について独自の教材を開発し、学校に配給している）。

批判的検討とプロジェクト活動

与えられたものを鵜呑みにしない。これがリサーチの原点である。改めて問い直すというのがre-searchである。そのためには、物事を批判的に吟味するというクリティカル・シンキングが必要である。「批判的検討」と呼んでもよい。この批判的検討は、何かにケチをつけるとか

感情的にネガティブな反応をするということではない。そうではなく、「これで本当によいのか」「別の見方はないか」「本質的なことを突いているか」などを虚心坦懐に問う行為である。

　SDGsは圧倒的な文章と統計（事実）で語られている、企業や官庁の取り組みも膨大な規模で、説得力がありそうだ、SDGsで議論されていることに異論をはさむ余地はなさそうだ、と思うかもしれない。それでも、鵜呑みにせず、生徒自ら、生徒同士で改めて批判的に考えていくことがSDGs社会論を展開する上では必要である。批判力とは、先に指摘したように、「先入見や予見を排し、問題を十全に評価することができる力」のことをいう。批判力は、考える力を養成することに繋がるし、健全なSDGs社会論を展開する上で必須である。

　しかし、ひとりで流通するデータや言説に立ち向かうことはむずかしい。そこで、プロジェクト活動というグループ活動が大切になってくる。プロジェクト活動の中で、批判的検討をすることの事例として、「貧困をなくそう」というSDGsの目標を取り上げてみよう。

目標1の「貧困をなくそう」を批判的に検討する

　SDGsでは「貧困をなくそう」がGoal 1として挙げられている。この問題は人類の問題であり、「貧困をなくそう」という主張を否定する選択肢はおそらくない。批判的な見地から検討するという場合、それは達成方法に向けられる。どうやって貧困をなくすのか、という問題である。前述したように、SDGsの目標にはターゲットが紐ついており、その内容は達成内容と達成方法から成る。先に引用したが、ここでも目標1の達成方法に関する部分を再度引用してみよう。

1-a あらゆる面での貧困を終わらせるための計画や政策の実施を目指して、開発途上国、特に後発開発途上国に対して適切で予測可能な手段を提供するため、開発協力の強化などを通じ、さまざまな供給源

から相当量の資源を確実に動員する。

1-b 貧困をなくす取り組みへの投資拡大を支援するため、貧困層やジェンダーを十分勘案した開発戦略にもとづく適正な政策枠組みを、国、地域、国際レベルでつくりだす。(下線部は筆者)

　一読したところ、至極当然の内容に思えるかもしれない。しかし、下線部に注目してみよう。生徒同士がディスカッションを通して、これらの文言には「開発途上国vs.開発国」「資源の動員」「投資拡大」「開発戦略」などのコトバがちりばめられている、ことに気づくとしよう。「動員」というコトバがあるように、「豊かなところから貧しいところへの富を分配する」という考えが背景にありそうだ。この段階では、特段の問題があるようには思えない。

　しかし、ここで立ち止まり、「貧困は富の分配の問題か」とみんなで問うてみよう。さらに、ディスカッションを進めると、次のような論点が出てくるだろう。

☑ 貧困には複合要因が絡む。

☑ 貧困は富の分配だけで解決できる問題ではなさそうだ。

　まず、ひとつ目の論点に注目してみよう。ここで言わんとすることを図式で表すと以下のようになる。

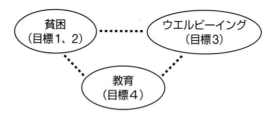

　ここで挙げた3項目は、目標としては別個なものになるが、それぞれに相関関係がありそうである。ネルソン・マンデラは教育の意義を強調して、"Education is the most powerful weapon which you can use to change the world."（教育こそが、世界変える最も強力な武器である）

と述べている。教育が貧困という社会状況を変える最強の武器になる可能性がある。これは、マララ・ユフスザイが "One child, one teacher, one book, and one pen can change the world." と国連本部で述べたこととも通じる。そして、教育により貧困が改善されれば、ウエルビーイングにもプラスの効果をもたらす可能性がある。

しかし、この3者には因果関係があるだろうか。教育が貧困を救うのか。貧困状態から脱することがウエルビーイングに繋がるのか。これらは、生徒自身が考える問いになる。ディスカッションを進めていけば、明確な因果関係というより、ゆるやかに相関関係にあり、貧困であれ教育であれ、そうした関係性の中で見ていかなければならないと気づくであろう。

今度は、「教育」を軸にしてみると、その関係図はさらに複雑なものになるだろう。以下はその例である。

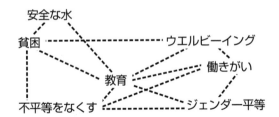

個々の項目は、独立した目標として設定されたものであるが、SDGsについて考えるということは、こうした<u>関係性の中で思考すること</u>であり、<u>これがまさにThink global</u>ということである。そして、それを<u>プロジェクト活動（ディスカッション、リサーチ、プレゼンテーションの相互連携活動）の中で行うことが肝心</u>である。

貧困や教育という問題を関係性の中でとらえるThink globalは、与えられた情報を鵜呑みにしないひとつの戦略である。もうひとつの戦略は「貧困」や「教育」を概念としてとらえることである。事象としての貧困は教室では取り扱えないが、概念としての貧困だと、プロジェクト

の主題に据えることができる。<u>貧困とは何かを改めて問い直すことで、それをなくすのに「富の分配」という手法を批判的に検討することができるからである。</u>

貧困とは何かを議論すれば、<u>「豊かさ」と「貧しさ」の尺度上の相対概念</u>（他の概念と相関して意味をなす概念）であることがわかってくるはずである。豊かさと貧しさの尺度上のどこかに位置づけることができる概念である。

豊かさ ⟷ 貧しさ

ここで上述の「貧困は分配の問題か」という疑問に立ち戻ろう。「豊かさ」には、経済的な豊かさと精神的な豊かさがあることはよく知られている通りである。だとすると、貧困問題はお金の分配の問題だけではなさそうである。前ページの関係図の中で示したように、「ウエルビーイング」や「教育」が関係してくることも容易に想像できるだろう。これにより「開発協力の強化などを通じ、さまざまな供給源から相当量の資源を確実に動員する」という達成方法を批判的に読むことができるようになる。「貧困」を概念として取り扱うことで、貧困について探究するという、豊かな思考上のハンドリングが可能になるのである。

欲望としての豊かさ

関係性の中で貧困を捉える、貧困を概念として捉えることの意義にふれたが、もう少し深掘りすると「貧困」の対極にある「豊かさ」の背後には「欲望」がある。これはどういうことだろうか。まず、「欲求」と「欲望」を以下のように定義したとしよう。

欲求の定義：満たされたらもういらない
欲望の定義：満たされることはなく、いくらでも膨らむ

食欲は満たされればそれ以上求めない。人にもよるが、お金はあれば
あるほどよいと考える。これは、欲望に突き動かされた思いである。豊
かさというものが欲望を備えた個人の心の中で決まるのであれば、豊か
さは、際限なく切りがないということになる。そして、貧困は欲求を満
たすだけで充足されるか、という問題について考える。もしイエスであ
れば、富の分配は貧困の解決策になるだろう。しかし、[欲望が突き動
かす豊かさ]への願望が貧困状態にある人たちにもあるならば（だれも
が豊かさへの欲望がある）、貧困から抜け出すことは「欲求」を満たす
だけでは成立しない。

　話がややこしくなるので、これ以上深入りしないが、豊かさへの欲望
は救済措置だけでは満たされないということである。では何が必要か。
結局、貧困の問題も、経済的、社会的公正（equity）の問題になる。だ
からこそSDGsは、グローバルパートナーシップによって「世界のみん
なが繁栄を享受できる」ことを目指すと謳っているのである。豊かな開
発国が貧しい開発途上国を救済するというモデルは、貧困問題を解決す
る方法としては十全ではないということである。

　さて、貧困について考えるということは、以上のような思考を行うこ
とである。この思考(Think local, Think global)を主体的・対話的にディ
スカッション、リサーチ、プレゼンテーションの相互活動を通して行う
こと、これが大切である。現象としての貧困を生徒が解決することはで
きないが、概念としての「貧困」であれば、教育現場で取り扱うことが
できる。そして概念としての貧困を事実・実感・共感を大切に考えるこ
とで、何ができるか（Act local）の道も拓けるかもしれない。プロジェ
クト学習を通して、生徒ひとりひとりがしっかり考え、そして生徒同士
でともに考えながら、自分のSDGs社会論を展開することが大切である。

さらなる批判的検討

　どんなことでも国際的に合意された内容の背後には各国の思惑が働い

ているものである。SDGsも例外ではない。そこで、SDGsを批判的に
みることが、生徒が自らのSDGs社会論を作り上げていくうえでは必要
であると上で述べた。貧困問題の対処策として「富の分配」があると上
で述べたが、さらにいうと、「救済モデル」と「先進国モデル」が見え
隠れする。批判の視点として、この2つに注目してみよう。

☑ **救済モデル**：先進国が後進国を救うという発想
☑ **先進国モデル**：先進国で善とされる価値観の正当化

　貧困を主題とするSDGsには救済モデルが色濃く出ている。目標1の
ターゲット（達成内容）を改めて読んでみよう。

1.1. 2030年までに、現在1日1.95ドル未満で生活する人々と定義され
ている極度の貧困をあらゆる場所で終わらせる。

1.2. 2030年までに、各国定義によるあらゆる次元の貧困状態になる、
すべての年齢の男性、女性、子供の割合を半減させる。

1.3. 各国において最低限の基準を含む適切な社会保障制度及び対策を実
施し、2030年度までに貧困層及び脆弱層に対して十分な保護を達
成する。

　下線部に注目してみると、悲惨な状況から救済するという思いを読み
取ることができる。ここでいう救済モデルを図式化すれば、次のように
なる。

誰が	誰を
強者　能力のある者	弱者　能力喪失者
高所得者　青壮年者	低所得者　高齢者
先進国　　　　　　　救う	発展途上国
何から	**どうやって**
悲惨な放置できない生活状態	マネーの再分配
最低水準以下の生活状態	国際援助・投資

　この救済モデルは、先進国（持てる国）が後進国（持たざる国）を悲惨な状態から、国際援助や投資によって救い出すというものである。国内でいえば、典型的には、生活保護の施策である。このモデルにしたがえば、SDGsで重視されている「グローバルパートナーシップ」の「グローバル」に後進国は含まれていないということになる。というのは、最初から、持てる国と持たざる国を分割して一方が他方を救うという発想があるからである。以下は、SDGs文書からの引用である。

The most vulnerable countries and, in particular, African countries, least developed countries, landlocked developing countries and small island developing states deserve special attention, as do countries in situations of conflict and post-conflict countries.

最も脆弱な国々、特にアフリカ諸国、最も立ち遅れた国口、陸地に閉ざされた国々、小さな島国は、紛争中の国々、紛争後の国々同様に、特別の注意を払わなければならない。

　ここではdeveloping countriesが救済の対象になっている。「救う」は上から救うことができるが、下から、横から、そして後ろから救うことはできない。どうしても、開発国が後進国を救い上げるという思考がある。

　しかし、貧富の差、教育格差、気候変動、差別などは、世界中に遍在する（どこにでもある）問題である。だれがいつリスクに見舞われるか不確定である。だとすると、「先進国」対「後進国」の二項対立の発想では、SDGsが目指す解決にはならないのではないか。むしろ「投資」とか「開発援助」という用語があるように、救済する側のビジネスと結びつく可能性はないか。南北格差を是正する目的でフェアトレード（公正な貿易）が語られることがある。自由貿易で生まれた格差を埋める対策としてのフェアトレードであるが、結局、開発途上国の貧困の緩和のために、先進国が行う救済政策と解釈することもできよう。

　SDGsには経済がすべての国で成長し、繁栄（prosperity）し続けるという想定がある。そもそもSDGsのdevelopmentには「開発」だけでなく「発展」という意味もある。持続的に発展し、繁栄を世界の国民

が享受するというビジョンが掲げられているが、それは現実的に可能だろうか。結局、投資や開発援助には利害損得の思惑が絡む。地球規模の問題解決を御旗として、既存の制度や経済体制（市場主義、新自由主義など）を維持しつつ、「持続可能な開発」への参入を意識的であるかどうかを問わず目論む先進国の利害が絡んでくる可能性がある。経済成長を最優先させる開発の在り方が維持される限り、「持続可能な開発」も新たなビジネスの標的になる。

　救済モデルは強者が弱者を助ける、「上から救う」モデルである。生活保護法で保証されているように、最低限の生活を営むために救済モデルが必要な場合も確かにある。しかし、グローバルパートナーシップの観点からすれば、「救済モデル」より「相互支援モデル」が必要となるように思う。ここに生徒が気づけば、「救う」と「支える」を自覚的に対比することができるようになるだろう。つまり、リスクに見舞われた人々を支援するということである。ここでは「支える」という動詞が主軸になるが、上から支えることはできない。支えるのは「後ろ」か「脇」か「下」からである。これが「救う」と大きく異なる点である。

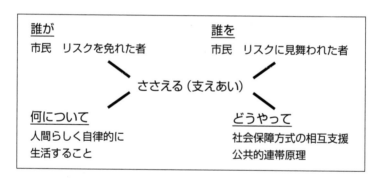

　だれがいつどこでリスクに見舞われるかもしれない。そういう前提でグローバルな支援体制を整えることが大切である。

　ここからさらに進み、グローバルパートナーシップのもうひとつの可能性は、自律分散協調モデルである。文字通り、ある集団が自律分散的

に問題に対処し、必要に応じて、協調するという仕組みである。気候危機などはそれぞれのエージェントが自律分散的に働きかけ、エージェント同士が協調しなければならない問題であるといえる。自立分散協調モデルに相互支援モデルが統合されれば、グローバルパートナーシップで「われわれの世界を変容する（Transforming our World）」ことを実現する道が拓けるのではないだろうか。

先進国モデルの優位性

　このように批判的視点でSDGsを読めば、生徒たちも気になることが出てくるだろう。もうひとつ先進国モデルの優位性について批判的にみてみよう。以下のSDGs文書からの抜粋を、再度、読んでみよう。

1.4 2030年までに、すべての男女、特に貧困層や弱い立場にある人々が、経済的資源に対する平等の権利がもてるようにするとともに、基礎的サービス、土地やその他の財産に対する所有権と管理権限、相続財産、天然資源、適正な新技術、マイクロファイナンスを含む金融サービスが利用できるようにする。

　内容の評価は別として、この文言からはなんとなく先進国で善とされる価値観がそのまま表現されているように思える。少しリサーチを進めていくと、次のような未来像に行き当たる。これは日本の内閣府が描く近未来像である。

　少し長い引用になるが、内閣府はSociety 5.0で実現する社会について次のように説明している。*

　「これまでの情報社会（Society 4.0）では知識や情報が共有されず、分野横断的な連携が不十分であるという問題がありました。人が行う能力に限界があるため、あふれる情報から必要な情報を見つけて分析する作業が負担であったり、年齢や障害などによる労働や行動範囲に制約が

ありました。また、少子高齢化や地方の過疎化などの課題に対して様々
な制約があり、十分に対応することが困難でした。（下線は筆者による）

　Society 5.0で実現する社会は、<u>IoT（Internet of Things）ですべての
人とモノがつながり、様々な知識や情報が共有され</u>、今までにない新たな
価値を生み出すことで、これらの課題や困難を克服します。また、<u>人工知
能（AI）により、必要な情報が必要な時に提供されるようになり、ロボッ
トや自動走行車などの技術で、少子高齢化、地方の過疎化、貧富の格差な
どの課題が克服</u>されます。社会の変革（イノベーション）を通じて、これ
までの閉塞感を打破し、希望の持てる社会、世代を超えて互いに尊重し合
あえる社会、一人ひとりが快適で活躍できる社会となります」

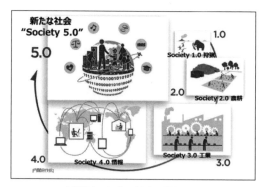

内閣府ホームページからの引用

　最後の「社会の変革（イノベーション）を通じて、これまでの閉塞感
を打破し、希望の持てる社会、世代を超えて互いに尊重し合あえる社会、
一人一人が快適で活躍できる社会となります」の部分について、実感と
して理解できるだろうか、他者と共感し合える内容かどうかは別として、
下線部の部分だけをみても、テクノロジー依存型の先進国モデルが想定
されていることがわかる。

　このSociety 5.0を経団連では、Society 5.0 for SDGsとして打ち出
している。右ページ上がそのイメージ図である。

https://theater5-0.
com/society/

　これは、内閣府、経団連が描く「SDGs社会論」である。これは、技術が世界の問題を救うという信念の下、描き出された先進国モデルの社会像である。課題解決と成長の両方を考慮した社会像である。しかし、印象的にいえば、Drone、Robot、Cloud、Big Tech、5G、Big Data、VRといった用語を見るだけで、この社会には<u>生き物の営みがない</u>ように思われる。

　現在、この地球には80億人もの人々が暮らしている。環境省によれば、「全世界の総種数は、約175万種で、このうち、哺乳類は約6,000種、鳥類は約9,000種、昆虫は約95万種、維管束植物は約27万種となっています。まだ知られていない生物も含めた地球上の総種数は大体500万〜3,000万種の間という説が多い」*とある。

　こうした人間やその他の生き物の何パーセントが、経団連が描くSDGs社会論の中で豊かな生活を送っていけるであろうか。生徒は次のような問いを発するだろう。

☑ そもそも、こうした社会が実現可能か？
☑ 技術は健全な問題解決を導くか？
☑ テクノロジー依存の社会だと、何か新しい問題が起るのではないか？
☑ きみはSociety 5.0の社会で生きていきたいと思うか？

こうした疑問が次々に出てくるだろう。だからこそ、「生徒一人ひとりのSDGs社会論」が必要となるのである。

自分たちで問題を考え続けなければならない理由はここにある。問題解決に向けて何がなされているかを学ぶことはよいことだ。だた、「その通り」と、何も考えず「鵜呑み」にして、素通りするのはよくない。英語でDon't take it for granted.（鵜呑みにするな）という言い方があるが、まさにその通りである。鵜呑みにしたのでは、何の問題発見もないし、ましてや問題解決につながらない。事実、実感、共感を大切にしながら自分で考えよう。「問題の本質は何か」を絶えず問い続け、コトバを鵜呑みにしないことが大切なのである。

自分の意味世界にSDGsを取り込む：
生徒一人ひとりのSDGs社会論

SDGsは、自分たちが生きていくグローバル社会が抱えている大きな問題である。他人事ではなく、自分事として捉えるべき問題である。地球規模の問題は、地域社会の問題とも連続体である。

「問題を免れているラッキーな自分たち」という発想ではなく、その問題はいずれ地球規模の問題になり、自分も巻き込まれるかもしれないという自覚が大事である。危機感なくして自分事にはできない。自分の意味世界にSDGsを位置づけることが大切である。

改めて生徒一人ひとりがSDGs社会論を自ら展開することの意義に注目してみよう。人はだれでも自分の意味世界の住人である。個人Aの意味世界と個人Bの意味世界が同一であるということは原理的にありえない。同じ風景を見ても、ふたりがまったく同一の印象をいだくことも、ありえない。つまり、人は、それぞれの意味世界に生きているのである。この個々人の意味世界は、さまざまな情報を意味づけし、取り入れるこ

とで絶えず変化するのである。

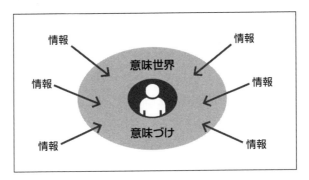

　生きるプロセスには切れ目がない。情報を意味づけする意味世界の編成は絶えざる意味世界の再編成である。言い換えれば、人は過去を抱え込むと同時に未来をはらんだ現在を生きている。ここでいう現在が絶えず現勢化する意味世界である。

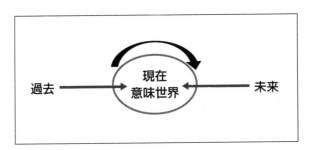

　生徒ひとりひとりがSDGsを意味づけ、自らの意味世界の中にSDGsを位置づけるということ、これがSDGs社会論を作るということである。

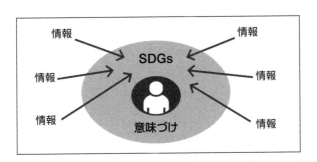

意味づけのしかたは人それぞれである。しかし、人は自分が意味づけした意味にしたがって行動する。これは普遍的真理である。生徒がSDGsをどう意味づけするか、それが一人ひとりの行動に影響を与える可能性がある。生徒一人ひとりの意味世界の編成の中で、絶えず、SDGsの捉え方を再編成し続けることが大事である。これが、生徒がSDGs社会論を自らの内に息づかせるということである。

Chapter 3

SDGsについて探究する

OECDのEducation 2030「学びの羅針盤」で示された教育像は、これからの教育が向かうべき方向を示している。この教育像では、不確実な状況にあっても、地球のウエルビーイングを達成するため、生徒ひとりひとりが進むべき方向性を見つけ、行動する力を育てる必要性が示されている。そして、そういう力を育てるには、正解のない問題に対してよりよい「解」を見出そうとする探究型の活動が教育方法論として最有力候補であると指摘されることが多い。

　課題探究で最も大切なことは、生徒ひとりひとりが自分事として課題を捉えることである。そのためにはどうすればよいか。筆者は、経験的に、PBLの継続的な実践にこそ、その鍵があると思っている。「経験的」というのは、長年のゼミ活動の中で、学生たちが、どんな大きな問題でも、ディスカッション、リサーチ、プレゼンテーションを重ねていくことで、問題に対する興味を深め、コミットメントの度合いを高めていく様子を目の当たりにしてきた、ということである。

　PBLはグループ活動が中心になる。そして、グループは多様な個性の集まりとなる場合が多い。多様な個の集まりであるグループ内に「ポジティブな相互依存（positive interdependence）」が起これば、活動に「勢い（drive）」がつく。そのためには、個々人が主体的にチームのメンバーとして関わることが大事である。「主体的に関わる」ためにどういう教育的工夫が必要か。これも経験的な話になるが、以下のようなグループ活動の「作法」のようなものを共有し、実践することが効果的である。

☑ 単純な多数決で決めないで、議論をする。

☑ どのアイデアでも端から否定しない（全員のアイデアをきちんと検討する）。

☑ 事実(統計、事例) と実感をともに大切にする。

☑ 意思決定の基準（アイデアの効果、実効性、コストなど観点）を明確にし、熟議の上で合意形成をはかる。

☑ 個々人の持ち味（聞くのが上手、絵を描くのが上手、話すのが上手など）を重視した、公平な参加を求める。

SDGs をどう探究するか

　さて、本書では、探究の課題としてSDGsを据えた。SDGsは、どれも大きく、そして深刻な問題をはらんでいる。大きな問題をいきなり取り上げようとしても、生徒たちが取り扱える範囲を越えてしまう。「どれか課題を選び、それについて、調べ、発表しなさい」とだけいわれても、生徒は、戸惑うだろう。探究の活動をせよといわれても、何をどうやればよいかについての方向性が定められなければ、自信をもって課題に取り組むことはできないだろう。そして、仮になんらかの取り組みをしたとしても、得られる結果には不満が残るだろう。

　そこで、SDGsの問題にどう切り込めばよいか。この「切り込み方」をナビゲートするような授業運営することが、建設的な探究活動を行う上で求められる。言い換えれば、どんな問題を取り上げるにせよ、探究活動の方向を生徒に示すことである。この章では、教室でSDGsを生徒が自分事としてとらえることができるような活動について考察を行いたい。

17 個の SDG について探究する

　SDGsはそれぞれが関連し合った複合問題である。しかし、まずは、取り扱いやすくするため、17個のそれぞれを切り分けて、探究の対象にするのがよいと考える。その際に、それぞれのSDGを扱うためのワークシートを準備する。17のワークシートに共通するのは、以下の4つの観点である。

■ 4つの観点

① 何であるか（現状把握）
② 何ができるか（問題解決の可能性）

③ 何をすべきか（選択した解決案）

④ それをどう実行するか（行動計画）

　前述した通り、「何であるか」は探究活動の出発点である。現状を知らなければ、問題発見にはつながらない。現状把握が深まればそれだけ、何が問題かについての気づきも深まるはずである。そして、新しい視点を導入することで問題の「見え方」も変わってくるはずである。「何であるか」の探究において、ディスカッション、リサーチ、プレゼンテーションの相互活動が必要になることは、いうまでもない。

　グループとしての現状把握を行い、問題が明らかになってくれば、「何ができるか」のステージに移る。問題解決に向けて、ディスカッション、リサーチ、プレゼンテーションを重ねていくステージである。何ができるかについてディスカッションを行えば、いくつかの可能な解決策がでてくるだろう。それぞれの解決策にはメリット・デメリットがあり、それを議論することも欠かせない。グループで提案するいくつかの解決策が人々の間でどれぐらい魅力的・効果的なものと思われるかをリサーチすることも必要だろう。ディスカッションやリサーチの結果を発表することで論点の輪郭がはっきりしてくる。次に、「何をすべきか」について探究する。複数の解決策の中からどれを選ぶか。どれが現実的か、どれが当該の問題に対して効果的かなどを考慮しながら、「何をすべきか」を定める。そして、それを「どう実行するか」についての行動計画がなければ、現実性を欠いた解決策になってしまう。

　このように４つの問いにしたがって探究活動をするわけであるが、そうした活動をナビゲートするには、ワークシートが必要である。まずは、SDGs導入のためのワークシートについてみていこう。ここでは、世界の全体的なイメージ、世界が直面する問題、そしてSDGsとは何かの３つに注目する。

I SDGsの探究：
導入のためのワークシート

1. BACKGROUND になる 4 つの設問

プロジェクトを始める前に、以下の設問について考えてみましょう。

1. 世界にはいくつの国がある(2023年現在)？

   ①118の国　　②196の国　　③234の国

2. 世界にはどれぐらいの人が住んでいる(2023年現在)？

   ①約34億人　　②約55億人　　③約80億人

3. 世界にはいくつの言語がある？

   ①896種類　　②1500種類　　③6900種類

4. みんなで解決しなければならない問題にはどういう問題がある？グループで考えてみよう。多文化共生のための障害となるのはどういう要因か考えてみよう。

2. 世界が直面する問題

◆ユニセフは世界が直面する問題として以下をリストしています。どれが最も深刻な問題か、どれが解決できそうな問題かなどグループで考えてみましょう。

- 数十億人もの人が貧しい暮らしを強いられ、尊厳が守られていないこと。
- 国内でも、国際的にも、不平等が増していること。
- さまざまなチャンス、富や権力に、大きな格差があること。

- ジェンダーの平等が、達成されていないこと。

- 失業、特に若い人たちが仕事につけないこと。

- 地球規模で、健康に害をおよぼす問題があること。

- ひんぱんに、そして非常に大きな自然災害が起こること。

- 紛争が激化し、暴力的な過激主義やテロが広まり、人道危機が起きたり、多くの人びとが住む場所を追われていること、そして、これらがこれまでの進展を後もどりさせてしまうおそれがあること。

- 天然資源の減少、砂漠化、干ばつ、土壌の悪化、淡水の不足、生物の多様性が失われること（そして、これら環境の悪化がさらにわたしたちの課題を増やしていること）。

- 気候変動がすべての国の持続可能な開発の達成を難しくしていること。

- 気候変動がもたらす、世界的な気温の上昇、海面の上昇や海の酸性化などが、もっとも開発が遅れている国ぐにや、小さな島国、海の沿岸や低い地域にある国ぐにに深刻な影響を与えていること。

- （これらの問題のために）多くの人間の社会や、地球が生物を支えている仕組みが、存在し続けられなくなる危機にあること。

3. SDGs とは何か

https://www.unicef.or.jp/
kodomo/sdgs/

こうした問題に対して、国連が本格的に取り組む決意を表明したのがSDGsです。SDGsはSustainable Development Goals の頭文字を合わせた表現です。ユニセフでは左ページ下のように端的にSDGsを説明しています。

プロジェクトの進め方

SDGsには17個の目標（SDG）が設定されています。それぞれを取り上げ、以下の方法でプロジェクトを行いましょう。

SDGsには17個の目標（SDG）が設定されています。それぞれを取り上げ、以下の4つの問いの流れに沿ってプロジェクトを行いましょう。

- **何であるか**：UNICEFのサイトの関連ページを読んで現状を知る。
- **何ができるか**：それぞれの目標について何が個人的にできるか考える。
- **何をすべきか**：ディスカッションを通して、グループとして何をすべきかを選ぶ。
- **どう実行に移すか**：すべきことをどうやって実行に移すか。

いよいよSDGsを取り上げるわけだが、17の目標について17種類のワークシートを作成することになる。次ページから、その例として、SDG 1 End Povertyのワークシートを示す。

Ⅱ SDGsの探究：End Povertyのためのワークシート

1. 何であるか

ユニセフが示す情報に基づいて、何であるかを考えよう。＊

世界では、6人に1人（3億5600万人）の子どもたちが、「極度にまずしい」暮らしをしています。

きわめて貧しい暮らしを強いられる人びとの数

極度の貧困状態（1日あたり1.90米ドル以下）で暮らしている人は7億960万人、そのうち約半数が子どもで、3億5600万人にのぼります。

先進国の子どもの平均5人にひとりが相対的貧困※1下に暮らす
世帯所得が中央値の60%に満たない世帯に暮らす子ども（0歳〜17歳）の割合（2008年、2014年、2018年）

＊上記は、https://www.unicef.or.jp/kodomo/sdgs/17goals/1-povertyより。

プでまとめ、スライドを使ってプレゼンテーションをしよう。

2. 何ができるか

　　次に、「何ができるか」について自由にディスカッションする。ディスカッションの際のルールは「それぞれの意見をone sentenceとして示す」というものである。ただ漠然と言いたいことをいうのではなく、言いたいことを文として表現するということだ。

　貧困を終わらせる（To End Poverty）という目標に対して、現実的に何ができそうかについて、グループ内で知恵を出し合ってみよう。

■ アイデアの事例

- クラスで困っている人のところに訪れ、何か手を差し伸べる。
- 誕生日に誕生プレゼントではなくプレゼント代の寄付をする。
- フェアトレードの産物を買うようにする。
- 貧困国に寄付している店で買いものをするようにする。
- フォードバンクに傷まないものを送る。
- 貧困についてディスカッションをし、ブログを書いて意見を広める。
- 困っている人のいる地域にボランティアとしていく。

3. 何をすべきか

　　次に、「何をすべきか」に移る。何をすべきかについて合意するためには、2の「何ができるか」で出てきたアイデアの有効性の検討をすることが必要となる。5つのアイデアが出た場合、それぞれについてのメリット・デメリットついて議論し、「何をすべきか」を選ぶように指導しよう。ここでも時間があれば、どういうアイデアが提案されているかをリサーチするように促してもよい。

　どの方法が効果的か、どの方法が現実的か、どの方法が持続可能か？

ディスカッションで出てきたアイデアの中からひとつを選ぼう。そして、それがどうして有効かについて理由を述べよう。

［例］

問題解決の方法：「貧困についてディスカッションをし、ブログを書いて意見を広める」

■ この方法が有効と思われる理由

問題には、事実としての問題があり、実感できる問題があり、共感できる問題がある。事実（統計や事例）を示されただけでは、コミットメントはなかなかできない。問題を一人ひとりが実感することが大切である。グループディスカッションを通して、問題を共感できるようになれば、次のアクションに移ることができる。そのアクションのひとつがブログである。共感の輪を広げることで、問題解決に寄与できるような力が生まれる可能性がある。自分たちの立場を表現することで、それに共感する人々が増えてくる。共感の力は、ステークホルダー（利害関係者）たちを動かす。

何をすべきか：＿＿＿＿＿＿＿＿＿＿＿＿＿＿＿＿＿＿＿＿＿

🏴 そして、「それをどう実行に移すか」についての工程表あるいは留意点のようなものについてディスカッションをする。

4. それをどう実行に移すか

上記のアイデアを実行に移すにあたり、留意点をディスカッションしよう。

- 自分たちの思いをしっかりコトバとして表現する。コトバに説得力を持たせるため、事実を示すと同時に、それをどう意味づけしたかを表現する。

- ブログのしくみを研究する。どのようにすれば多くの読者に読まれるか？ パワーブロガーを引き込む？

- ブログの反応にどう対処するかを考える。書きっぱなしだと、インパクトにはならない。

- ブログ記事に対する読者の反応を以下の項目に注目してチェックする

  - ☑ ウェブサイトの閲覧（訪問）
  - ☑ コメントの投稿
  - ☑ 「いいね」
  - ☑ ブログ記事を共有（シェア）

  →シェアされたSNS上（Facebook, Twitter, Instagram, etc.）での更なる反応（拡散）

▶ このように、SDGsの17の目標のそれぞれについて、「何であるか」「何ができるか」「何をすべきか」「それをどう実行に移すか」の4つの観点から探究できるようにワークシートを準備することができれば、SDGsについての理解が深まるだけでなく、自分事として問題を捉える契機になると思う。

Ⅲ 複合課題としてSDGsを探究する

以下では、個々のSDGというより、複合的な問題としてのSDGsを探究するための参考事例を示す。あくまでも参考資料である。

課題1：SDGs への取り組み

前述したように、日本でも企業を中心にさまざまなSDGsへの取り組みが行われている。

問題1

経団連の特設サイトでどんな取り組みが行われているか、全体を把握し、興味ありそうな取り組み（企業）の内容を調べて、どういう試みが行われているか発表しよう。＊

日本の貢献度は世界的にみてどれぐらいだろうか。その指標としてSDGs Index & Dashboards Report（Sustainable Development Report 2022）を見ると、SDGs への取り組みのランキングがある。実際に、サイトを見てみよう。その上で、以下の問いについて考えよう。＊＊

問題2

2021年の報告によると、Top 3 は Sweden、Denmark、Finland の順である。日本は18位で、米国は32位である。ロシアは47位、中国は57位である。このランキングはSDGsの目標の達成度を示すものであるが、北欧の3国の実行力は何に起因するか考えてみよう。

問題3

日本の取り組みが不十分な項目は、ジェンダー平等、気候変動、海の生物の多様性、陸の生物の多様性、不平等をなくそうである。具体的にどこが不十分なのかを調べて、ディスカッションをし、発表しよう。

＊https://www.keidanrensdgs.
com/society5-0forsdgs-jp

＊＊https://dashboards.sdgindex.
org/

課題2：環境配慮型の消費行動

環境に配慮した行動をする人のことをgreen consumerと呼ぶ。彼らの行動の背後の動機にはどういうものがあるのだろうか。環境配慮型の消費（green consumption）は、衣類の無駄（clothes loss）や食べ物の無駄（food loss）に関係するだけでなく、電力の消費、車の購入、家の購入、洗剤の購入など多岐にわたる。

「みんながやっているからやる」とか「やらないと罰せられる」「やれば報酬がもらえる」という外発的な動機づけで環境配慮型の消費行動をする人もいるだろうし、「自分の信念にしたがってやる」という内発的な動機づけでそういう消費をするという人もいるだろう。また、環境に配慮した消費をすれば、自分のステータスに対する他者の評価が上がる、ということもあるだろう。以下の問題について、考えてみよう。

問題1

自分の消費行動を振り返ってみよう。SDGsについて学んだことが、その行動に影響を与えたであろうか。もし与えたとしたらそれはどういう行動かを具体的にリストして発表しよう。

問題2

内発的な動機づけによる行動と外発的な動機づけによる行動では、どちらが持続性があるだろうか。

問題3

「環境配慮型の購買行動」あるいはgreen consumerといったキーワードを使って、Google Scholarで検索し、論文をダウンロードして、読み、内容をまとめ、発表しよう。英語論文の場合には、「DeepL翻訳」などの翻訳ソフトを利用するとよい。

課題3：安全な水

　安全な水が飲めることは当たり前のことではない。「安全な水」とは「水道によって安全性が管理されている水」のことを指す。UNICEFによれば、水道の設備がない暮らしをしている人は22億人、トイレがなく、道ばたや草むらなど屋外で用を足す人は6億7300万人もいる。水道があっても飲料に適さない水もある。そこで「水」は「ブルーゴールド」と呼ばれることがある。水問題には、山や森林、湿地、川、地下水を含んでいる地層、池や湖などの水に関わる生態系が鍵となることも多い。

問題1

　URL（https://www.unicef.or.jp/kodomo/sdgs/17goals/6-water/）の中にある、Movie 1（世界の4人にひとりがきれいない水を使えない）とMovie 2（水のない地域に生まれた女の子の一日）を観て、「安全な飲料水問題」とはどういう問題かをみんなで考えよう。安全な水が簡単に飲めない人たちに対して、どういう援助が行われているかを調べ、その内容を発表しよう。

問題2

　今後、日本でも安全な飲料水が入手できないという問題が起こるだろうか。この問題について議論しよう。

課題4：気候変動と生物多様性の消失

　気候変動と生物多様性の消失問題はどう関係しているか？気候変動は生物多様性（種の多様性と生態系の多様性）にどういった影響を与えるか。以下について、グループでディスカッション、リサーチを行い、その結果を発表しよう。

問題1

現在、自分のまちや村でどういった変化が観察されているか。

問題2

このままだと30年後にはどういう結果が予想されるだろうか？

問題3

　生物多様性が減少するということは、必然的に生態が影響を受け、人間の生活環境にもいろいろ悪影響が出てくることが予想される。イノシシやシカの民家への出没だけでなく、どういう問題が将来出てくるだろうか。

課題5：グローバルパートナーシップ

　SDGsの17番目の目標では、問題解決の方法としてグローバルパートナーシップが挙げられている。19個のターゲットがあり、金融面、技術面、貿易面などが取り上げられている。グローバルパートナーシップが実現できるかどうかは、SDGsの実現を直接左右するものである。

問題1

　SDGsの問題解決の道としてはグローバルパートナーシップが不可欠だが、米国、中国、ロシアなどの現在の関係を考慮した場合、可能だろうか。「グローバルパートナーシップ」は世界のすべての国を含むはずだが、現実的にはどうか。もしグローバルパートナーシップが得られないとすれば、SDGsは先進国の各国が競うビジネスの対象になってしまうのだろうか。

問題2

　以下は19個のターゲットから3つを抜き出したものである。これらを読んで、グローバルパートナーシップの可能性や問題点について議論し

よう。ほかのターゲットも調べて、議論の対象にしてもよい。

■ Partnership for the Goals

17-1: 開発途上国の、税金やその他の収入を集める能力を向上するための国際的な支援などによって、国内の資金調達を強化する。

17-9: SDGsにかかげられたすべてのことを実施するための国の計画を支援するために、南北協力や南南協力、三角協力などを通じて、開発途上国において、効果的で的をしぼった形で能力を高めていけるように、国際的な支援を強化する。

17-16: すべての国、特に開発途上国でのSDGsの達成を支援するために、持続可能な開発のための世界的なパートナーシップ（協力関係）を強化する。知識、専門知識、技術や資金を集めて共有する、さまざまな関係者によるパートナーシップによって、これを補う。

課題6：ジェンダー平等と不平等の減少

「誰一人取り残さない」という誓いを立てたSDGs声明において、不平等の問題は深刻である。そこで、Goal 5のGender EqualityとGoal 10のReduced Inequalitiesが解決すべき目標として挙げられている。

問題

それぞれ以下に示したターゲットを読み、具体的にどういう問題があり、それぞれが以下のスパンの中で解決できそうかどうかを議論しよう。

8年以内＿＿＿＿＿＿＿＿＿＿＿＿＿＿＿＿＿＿＿＿＿＿＿

15年以内＿＿＿＿＿＿＿＿＿＿＿＿＿＿＿＿＿＿＿＿＿＿

30年以内＿＿＿＿＿＿＿＿＿＿＿＿＿＿＿＿＿＿＿＿＿＿

50年以内＿＿＿＿＿＿＿＿＿＿＿＿＿＿＿＿＿＿＿＿＿＿

100年以内＿＿＿＿＿＿＿＿＿＿＿＿＿＿＿＿＿＿＿＿＿

100年経っても無理　＿＿＿＿＿＿＿＿＿＿＿＿＿＿＿＿

■ Gender Equality

5-1: すべての女性と女の子に対するあらゆる差別をなくす。

5-2: 女性や女の子を売り買いしたり、性的に、また、その他の目的で一方的に利用したりすることをふくめ、すべての女性や女の子へのあらゆる暴力をなくす。

5-3: 子どもの結婚、早すぎる結婚、強制的な結婚、女性器を刃物で切りとる慣習など、女性や女の子を傷つけるならわしをなくす。

5-4: お金が支払われない、家庭内の子育て、介護や家事などは、お金が支払われる仕事と同じくらい大切な「仕事」であるということを、それを支える公共のサービスや制度、家庭内の役割分担などを通じて認めるようにする。

5-5: 政治や経済や社会のなかで、何かを決めるときに、女性も男性と同じように参加したり、リーダーになったりできるようにする。

5-6: 国際的な会議*で決まったことにしたがって、世界中だれもが同じように、性に関することや子どもを産むことに関する健康と権利が守られるようにする。

*国際人口・開発会議（ICPD）の行動計画、北京行動綱領とそれらの検証会議の成果文書

■ Reduced Inequalities

10-1: 2030年までに、各国のなかで所得の低いほうから40%の人びとの所得の増え方が、国全体の平均を上回るようにして、そのペースを保つ。

10-2: 2030年までに、年齢、性別、障がい、人種、民族、生まれ、宗教、経済状態などにかかわらず、すべての人が、能力を高め、社会的、経済的、政治的に取り残されないようにすすめる。

10-3: 差別的な法律、政策やならわしをなくし、適切な法律や政策、行動をすすめることなどによって、人びとが平等な機会（チャンス）をもてるようにし、人びとが得る結果（たとえば所得など）につ

いての格差を減らす。

10-4: 財政、賃金、社会保障などに関する政策をとることによって、だんだんと、より大きな平等を達成していく。

10-5: 世界の金融市場と金融機関に対するルールと、ルールが守られているか監視するシステムをより良いものにして、ルールが、よりしっかりと実行されるようにする。

10-6: 世界経済や金融制度について何か決めるときに、開発途上国の参加や発言を増やすことによって、より効果的で、信頼できる、だれもが納得することのできる制度を作る。

10-7: 計画にもとづいてよく管理された移住に関する政策を実施するなどして、混乱がなく安全で、手続きにしたがい責任ある形の移住や人びとの移動をすすめる。

課題 7 ： 再生可能エネルギー

　少し詳細な事例として再生可能エネルギーを取り上げよう。再生可能エネルギーといえば、太陽光発電、水力発電、風力発電を思い浮かべる。これらはCO_2を排出しない発電と言われる。しかし、クリーンエネルギーは本当に環境に対してクリーンなのか？　まず、以下の考慮点を読もう。

■ 考慮点
「大型機器を設置しなければならない」という問題

太陽光：　メガソーラーシステムの設置→森林伐採、田・畑の利用→土砂災害、生態系の変化

水力発電： ダム設置→森林開発、上流・下流での水量、水質の変化→生態系の変化、土壌劣化

風力発電： 風車の設置→騒音問題、鳥衝突、生態系変化

　再生可能エネルギーの可能性とともに語られるのが「スマートグリッ

ド(smart grid)」である。これは、IT技術による電力の需給バランスの管理するシステムのことをいい、地域分散型の電力供給システムを目指すものである。つまり、従来は、東電、関電、北電などが集中的に電力を発電し、配給する集中型電力供給システムで電力が賄われてきたが、それを地域分散型の体制にシフトしようとするものである。しかし、これを実現するためには、地域内に発電設備(太陽光パネル、風車など)がなければならない。遠隔地ではなく、エリア内に上記のような発電設備を作らなければならない。これは、まちの景観をこわし、生活の流れを変えてしまわないか。そして、それがひいては環境負荷につながらないか、が懸念される。

問題

こうした問題を考慮しつつ、再生可能エネルギーに全面的に移行すべきだろうか。以下の反対派（移行すべきではない）の見解と賛成派（移行すべき）の見解を読み、ひとりひとりの立場と理由を明らかにし、グループ内でディスカッションを行い、グループとして立場を示そう。必要に応じて、文献調査などのリサーチを行おう。

反対派の見解：再生可能エネルギーに全面的に移行すべきではない

寒波などで電力需要が劇的に増えた場合、再生可能エネルギーで十分な供給をすることができるか。

- 原子力発電の停止により、火力発電の割合が増加している。現在は石炭とLNGを使った火力発電（全体の約80%）に依存した供給構造が続いている。電力調査統計（2021）によれば、以下の通りである。*

電気事業者の発電電力量は8,635億kWh
内訳
水力（揚水式含む）：858億kWh（9.9%）、
火力：6,814億kWh（79.5%）（燃料種別：石炭2,826億kWh（32.7%）、
LNG 3,191億kWh（37%）、

＊https://www.enecho.meti.go.jp/statistics/electric_power/ep002/pdf/2021/0-2021.pdf

石油：208億kWh（2.4%）ほか）、

新エネルギー等（風力発電、太陽光発電、地熱発電、バイオマス発電）：
546 kWh（6.3%）

原子力：678kWh（7.8%）

- 以前は、一般電気事業者が電力供給を一括して担っていたが、現在では、発電事業者、送配電事業者、小売事業者が存在しており、電力ビジネスに競争が起こっている。

- 一方で、現在は、「でんき予報」があり、電力が逼迫したエリアに余裕のあるエリアから電力融通するシステムができあがっている。

- エネルギー政策の基本となるのはS＋3Eであるといわれる。つまり、Safetyの安全性に加え、Energy Securityの安定供給、Economic Efficiencyの経済効率性、そしてEnvironmentの環境への適合である。これを考慮すれば、「安全な原発」が有力候補である。

- カーボンニュートラルの流れの中で、石炭火力発電の量をゼロに向けて減らしていく動きがある。

- LNG(液化天然ガス)は輸入に頼るところが大きく、しかも気化しやすいため貯蔵に適さないという問題がある。

　再生可能エネルギーで賄っている電力は、全体の6.3%である。すると、大きな流れの中で、原発の利用が必要となるかもしれない。再生可能エネルギーは出力が少なく、安定電源とはなりにくい。そこでカーボンニュートラルを実現するために注目されるのが原子力発電である。日本は福島第一原子力発電所の悲惨な事故を経験し、「原子力＝危険」というイメージが強い。「安全な原子力」はないか。絶対安全な原子力は存在しない。しかし、仮に事故があったとしてもその影響が小さいものとして、小型モジュール炉（small module reactor: SMR）がある。小型の原子炉にモジュールという発想を取り入れたもので、安全性が高いとされている。大型軽水炉のものだと一基で1ギガワットといわれるが、SMRだと300メガワットと随分と出力は少ない。出力が小さいため、

冷却機能を失っても、自然冷却による方法で炉心の冷却ができるとのことである。電力需要に応じて、その数を調整することができるというメリットもある。ただ、現在の問題は、米国がSMRの先進国で、日本は出遅れているということである。

賛成派の見解：再生可能エネルギーに全面的に移行すべき

循環する生態系の中に人間のさまざまな営みがある。これがSDGsの核心部分である。火力発電は、CO_2の排出があるため、容認できない。原子力もいくら安全だといってもそれは人間の技術が作りだしたものであり、リスクは常に伴う。設置する数が増えれば、サイバー攻撃を受けるなどのリスクは増大する。

同じ技術を活かすとすれば、再生可能エネルギーの開発においてだろう。現在のところ、電力出力は弱いが、技術によってその出力量を高めていくことができるのではないか。秋田県には、風が強い地域があり、そこでは、風車300基で、4万世帯の電力を賄っている。「厄介者としての風」が風力発電の強みになっている。洋上風力発電は、さらに多くの電力を調達することができる。

たしかに、太陽光発電、風力発電、水力発電だけでは必要な電力を作り出すことはできない。そこで、開発の重点を置くべきは、バイオマス(biomass)である。それは、一般的に、再生可能な動植物から生まれた有機的な資源のことを指す。もっとわかりやすくいえば、いわゆる動植物から出る「廃棄物」をエネルギー資源に再生するということである。家畜の排泄物、食品廃棄物、下水汚泥、建設現場で生まれた廃棄する木材、印刷され廃棄される紙などが含まれる。これらの廃棄物系資源に加え、もみ殻や稲わらなどの農作物、間伐で出る木々、台風などの被害でなぎ倒された木々など未利用資源もバイオマスである。これらは、通常、ゴミとして焼却されたり、埋め立て地に処分されたりする。

バイオマスを使って電力を作ることが現実化している。北海道では家畜系バイオマス発電の試みが行われている。牛3頭分の糞尿で1家庭の1日の電力が賄えるということである。岡山県に真庭市というところがある。このまちは、80％が山で、林業が盛んなところである。真庭市を紹介したホームページを見ると、2021年の時点でのSDGsの取り組みについて以下のように記されている。＊

地方創生にもつながるようなSDGsの達成に取り組む自治体を内閣府が選定する「SDGs未来都市」。これまでに60の自治体が選ばれているが、岡山県真庭市もその一つ。「SDGs未来杜市真庭」と、キャッチフレーズでは「都」を「杜」と表記しているように、真庭市は山に囲まれた地域。林地残材や製材端材を活用した木質バイオマス発電事業は全国的に知られ、最近ではCLT（直交集成板）という木の構造材の生産も盛んだ。木質バイオマス発電を含む再生可能エネルギーによる市のエネルギー自給率は約34パーセント。3月17日には、CO_2排出を実質ゼロにする「ゼロカーボンシティまにわ」も宣言した。

岡山県真庭市「SDGs未来都市計画（2021～2023）」では、エネルギー自給率を34％から100％にすると目標を定めている。

「地域資源を活用し、付加価値をつけていく、いわゆる循環型地域経済（回る経済）を築いていく必要がある。森林資源（特に現在活用されていない広葉樹）を活用したバイオマス発電所を増設し、エネルギー自給率100％を目指す」

バイオマスは地球に存在する生物資源（化石資源を除く）の量のことであり、その資源を循環させていくという発想である。その可能性は甚大であり、例えば、バナナからエネルギーを作り出す工夫だけでなく、バナナの廃棄される茎から繊維を取り出し、天然素材のカバンや服や紙が作られている。バイオマスに目を転じれば、循環型のエネルギー供給の可能性は大いに残されている。

＊https://www.sotokoto-online.jp/local/1352

課題8：あたらしい社会・経済の在り方

　循環する生態系の中で人間が生き延びるにはどうすればよいか。オックスフォード大学の経済学者Raworth, K. (2017) の *Doughnut Economics: Seven Ways to Think Like a 21st-century Economist*（あるいはその解説書）を読もう。Planetary Boundaries（環境的上限）を超えず、Social Boundaries（社会的に必要のレベル）を下回らない社会経済活動の在り方が提案されている。

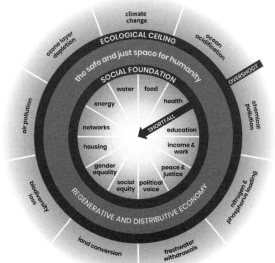

https://
doughnuteconomics.org

　簡単に説明すると、以下にようになる。

　濃いシェードの囲内がsustainableであるという提案である。"Health lies in balance." の譬えを経済活動に導入したもの。この枠は、人類にとって安全で公正な範囲で、環境的にも再生可能である。ドーナツより内側の空洞は、エネルギー、食糧、水、教育など、人々が暮らす上で必須のものが欠乏している状況（shortfall）を示す。その不足部分をドーナツの濃いシェードの部分に引き上げなければならない。ドーナツの外側は、地球環境に大きな負荷がかかる部分。気候変動、生態系の変化な

どで地球環境が持たなくなっている状態（overshoot）を示す。従来の成長前提の経済モデルから、循環型の経済モデルに変えることで、ドーナツの中心部分を維持するようにする。

　脆弱な地球に耐久力を持たせつつ、なんとか持続可能にしていくためには、緊張関係の中で保たれるドーナツ経済(planetary economics)が求められる。そして、それを実行するためには、以下のような行動変容が必要だとRaworthは述べている。

1. Change the goal 目標を変えよう：国内総生産よりドーナツの健全な状態

2. See the big picture 大きな図式で捉えよう：ネオリベラルな物語ではなく、われわれの時代に合う物語を

3. Nurture human nature　人間性を育てよう：合理的な経済人ではなく、他者をおもんばかり、社会的に適応できる人間を

4. Get savvy with systems　社会のシステムに精通しよう：機械的な均衡ではなく、動的な複雑系でシステムを捉える

5. Design to distribute　分配のしかたを考えよう：不平等は経済競争の不可避性ではなく、デザイン上の失敗である

6. Create to regenerate　再生可能な形で創ろう：成長に頼るのではなく、デザインによって再生可能な経済に

7. Be agnostic about growth　成長については不可知論の立場を採ろう：成長神話から成長不可知論に

問題1

　YouTube (https://www.youtube.com/watch?v=Rhcrbcg8HBw) *を見て、オックスフォード大学の経済学者Kate Raworthの考え方についてどう思うかグループに分かれてディスカッションをしよう。

＊https://www.youtube.com/watch?v=Rhcrbcg8HBwl

問題2

　地球がコワレたら、日常が成立しないことがわかる。しかし、人には欲望がある。「さらにさらに」という欲望に突き動かされるのが市場経済だ。だとすれば、次々に、自分さえよければという思いを持つフリーライダーが生まれないか。地球にとってドーナツ経済学が大切なことはみんな理解できる。しかし、人は自己の利益を追求する。フリーライダーが増えるとドーナツ経済学は機能しなくなる。自分の利益を優先して行動すれば、自分を含む集団（社会）にとって望ましくない状態が起こる。これは社会的ジレンマである。自分のまちの問題を社会的ジレンマの観点から考え、問題をどう解決するかについて各自で提案書（例は以下に示す）をまとめよう。

　このように、提案書に研究結果をまとめるという本格的な課題も探究学習のアウトプットとしては注目したい。しかし、いきなり「提案書」といわれても生徒はピンとこない可能性があるので、以下のような参考例を見せて、このような提案書を個人あるいはグループで仕上げるように求めるのもいいだろう。

提案書の参考例：「霞ヶ浦の汚染問題を事例にして」

　SDGsの目標にClean Water and Sanitationがある。この目標と関連させながら、社会的ジレンマという観点から取り上げてみたいのが茨城県の「霞ヶ浦（湖）汚濁問題」である。自分の利益だけを考えて人々が行動するようになると、自分を含む集団（社会）にとって望ましくない状態が起こってしまうという社会的ジレンマがここに発生する。

■ 霞ヶ浦の汚濁問題

　霞ヶ浦の問題は、茨城県霞ケ浦環境科学センターや国土交通省関東整備局の報告を要約すると、以下のようになる。

・昭和30年代は良好な水質で約30万人が流域に住んでいた。

- 平成になると人口は倍化し、流域の産業経済活動も活発になった。
- 家庭からの生活排水、農業排水、工場排水、そして事業所からの排水も増えた。
- 汚れた窒素やリンを含む排水が湖に流れ込んだことで、水質が悪化した。
- プランクトンが異常発生し、その死骸などが堆積した。
- 霞ヶ浦には56本の川が流入しているが、出口は利根川1本のみで、汚濁が進むとそれを回復するには大変な時間を要する。*

　こうした問題に対して、条例や施設の整備などが行われ、水質浄化に努めてきたようである。しかし、現状はどうか。

　日本石鹸洗剤工業会の2002年報告**でも「今なお遠く厳しい水質改善への道」と記されている。2019年1月に第85回防塵挺身隊による記事***によると、霞ヶ浦の田村のヨシ原に「大量のゴミが漂着し、投棄されている」とある。

■ 社会的ジレンマとしての霞ケ浦問題

　霞ヶ浦は、昔から農業排水、生活排水が流れ込む湖であった。ある一定の範囲であれば、湖の自浄作用がはたらき、流域の人々が共有できる場になる。しかし、流域の人口が増え、住宅、養豚場、工場などが増え、それぞれがこれまで通り自由に、自己の利益を求めて排水をはじめると、自浄能力を超えてしまい、汚染された湖になってしまった。まさに、「共有地の悲劇」（牧草地の家畜を自分の利益のために増やせば家畜の牧草がなくなり荒れ野になる悲劇）である。

　また、最近のゴミ捨て問題にしても、自分が1つゴミを捨てたぐらい大したことはないという思いでゴミを捨てるようになれば、湖はゴミ捨てによっても汚濁されるようになる。「自分一人ぐらい」という思いを持つ人が集まった結果、大量のゴミ問題になるというのは社会的ジレンマである。

＊ https://www.ktr.mlit.go.jp/kasumi/kasumi00098.html

＊＊ https://jsda.org/w/06_clage/4clean_190-4.html

■ 協力を導くために何を考える必要があるか

霞ヶ浦の水質問題について、以下のような手段が講じられてきた。

- 「霞ヶ浦の富栄養化の防止に関する条例」(昭和57年9月施行)による規制や保全計画に基づく取組を推進。
- 「霞ヶ浦水質保全条例」(平成19年10月施行)により水質浄化に努める。
- 流域対策として、下水道の整備や高度処理の推進、工場・事業場の排水規制、家畜排泄物処理施設の整備、など。

これは、規制をかけるというサンクションに訴えるものである。サンクションには、罰則、監視、報酬が含まれるが、規制は罰則、監視であり、取り組みや整備は報酬にあたると考えることができる。

しかし、こうしたサンクションがあるにもかかわらず、水質は厳しい状況であり、ゴミの投棄という問題は続いている。「霞ヶ浦は汚い湖」というイメージが県民に広がっており、ゴミの投棄も「どうせ汚い湖なのだから」という心理が働いている可能性がある。まさに、「割れ窓理論」(broken windows theory)の予想の通りである。

生活排水を減らす、農業排水を減らす、事業排水を減らすことに加え、ゴミの投棄をなくすことが、健全な湖の回復には必要である。そのためには、流域に済む人々の意識を変えることが必要である。

人は、自分事でなければ、フリーライダーになりがちである。それは、他人の協力をあてにして、自分では協力しないという人のことをいう。フリーライダーがいると、はじめは協力行動をとっていた人まで協力しなくなるという「腐ったリンゴ効果(bad apple effect)」が起きる。フリーライダーが増えると、罰則や報酬といったサンクションで行動をコントロールするしかない。しかし、サンクションの効果は限定的である。そこで必要なのが、人々の意識を変えることである。意識を変えるとは、協力行動を進んで行う意識を持つということである。

＊＊＊2019年1月の大85回防塵挺身隊の活動は下記で見ることができる。
https://www.youtube.com/watch?v=XKEPhq1jo4E

協力行動には、双方の信頼関係が必要である。社会心理学における「目標期待理論」では、「人間は自分の行動を決定するときには、他者を参照する生き物である」という前提に立つ。目標期待理論は、目標の変換（相互協力をしないと自分も利益が得られない）だけでなく、期待形成（自分も協力すれば、相手もズルしないで協力するだろう）も重要な要素である。これによって、「わたしが」から「みんなが」、「わたしの」から「わたしたちの」に意識を変えることができる。

　結論をいうと、霞ヶ浦区域全体を「わたしたちみんなの霞ケ浦にする」プロジェクトが必要である。その場合、工場、民家、漁師、養豚業者、レンコン栽培農家、学校などが区域に含まれる。そこで必要となるのが、住民、職業従事者、行政などでのコミュニケーションである。「みんなの町づくりをする」ための話し合いである。

　「わたしたちの町づくり」には合意形成が必要だが、利害が対立することも想像できる。仮にA案とB案があり、互いに譲らないとしよう。多数決で決めたのでは、敗れたほうは納得しない。この状況を乗り越えるには、双方にとって魅力と思われるC案を作るしかない。このC案は、子どもにとって、主婦にとって、高齢者にとっての視点も大事にしながら参加者全員の協力を通して作り出されるものであり、合意形成の産物である。

　しかし、有意味な合意形成のためには、分配的公正と手続き的公正が考慮されなければならない。「分配的公正」とは、「負担や便益の配分に関する公正のこと」で、典型には、平等の原理（例.消費税）、衡平の原理（累進課税のように能力に応じた配分）、必要の原理（生活保護のように必要としている人から優先的に配分）がある。「みんなの霞ケ浦」を実現するため、得する人と損する人がでてくるかもしれない。しかし、この損得勘定も、個人にとっての損得か公共にとっての損得かによって異なる。例えば、外部者によるゴミ投棄の問題に対して、監視カメラを設置するという案が出たとしよう。その資金を住民が負担するとする。これ

は住民にとってコストである。しかし、霞ヶ浦が「ゴミのない遊べる湖」に変貌すれば、子どもや高齢者がそこに集まる。カメラは、ゴミの投棄の抑制になるだけでなく、それが子どもの安全性の確保にも寄与する。

　湖の水質についても、生活者、事業者双方が、汚れた排水を自分たちで除去して、きれいな水として湖に流すことで合意を形成すれば、当事者個人にはコストだが、湖を中心とした魅力的なまちづくりができれば、分配的公正が確保されるのではないかと思う。

　合意形成は、何らかの意思決定のプロセスである。決定が同じでも、それに至る過程がどうかによって、「みんなの」という意識に違いがでてくる。ここで必要なのが「手続き的公正」である。一言でいえば、決め方の公正さである。話し合いに手続的な公平を生み出す必要条件は、市民参加と情報公開だろう。会議の議事録の公開を行う情報公開制度が必要である。それがあってはじめて、協力のための信頼関係ができる。この制度がなければ、対立グループ間での隠蔽や脅しが支配するかもしれない。

　最後に、賛否が拮抗する状況でも、手続きの公正さがあれば、反対者でも魅力的なアイデアなら受け入れる可能性がある。これが「社会的受容」である。社会的受容があってはじめて、「わたしたちのもの」「みんなのもの」という意識が共有されるのだと思う。

課題9：住み続けられるまちとコミュニティー

　参考事例の最後に注目したい目標は、SDG11のまちづくりに関するものである。自分の住んでいるまちは住みやすいまちか、より住みやすいまちにするのにはどうすればよいか。

　この問題に取り組むために、ターゲットに目を向けなければならない。ターゲット同士がぶつかり合う状況にある場合がある。次ページはその例である。

歴史の保護

PROTECT THE WORLD'S CULTURAL AND NATURAL HERITAGE

Strengthen efforts to protect and safeguard the world's cultural and natural heritage.

便利で安全な交通網

AFFORDABLE AND SUSTAINABLE TRANSPORT SYSTEMS

By 2030, provide access to safe, affordable, accessible and sustainable transport systems for all, improving road safety, notably by expanding public transport, with special attention to the needs of those in vulnerable situations, women, children, persons with disabilities and older persons.

安全で思いやりと緑のある公共空間

PROVIDE ACCESS TO SAFE AND INCLUSIVE GREEN AND PUBLIC SPACES

By 2030, provide universal access to safe, inclusive and accessible, green and public spaces, in particular for women and children, older persons and persons with disabilities.

みんなにやさしく持続的な都市化

INCLUSIVE AND SUSTAINABLE URBANIZATION

By 2030, enhance inclusive and sustainable urbanization and capacity for participatory, integrated and sustainable human settlement planning and management in all countries.

　右ページ上の双方向の矢印に見られるように、買い物などに便利で、ステキなまちづくりをしようとすれば、歴史的遺産の保護と対立する。また、思いやりと緑ある公共空間を作るとすれば、買い物などの利便性と相容れない関係が生まれるかもしれない。さらに、便利な交通網を敷設しようとすれば、緑ある公共空間が犠牲になるかもしれない。

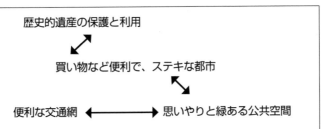

まちづくりの問題は国によって、そして地域によって異なる。しかし、それがどこであれ、住民の生活が張り巡らされたエリアでのまちづくりは、当事者間での利害得失問題が起こる。その場合、魅力的なまちづくりをするにはどうすればよいか。以下の提案されたまちづくりの事例について考え、そして、最終課題に取り組もう。

問題

以下は、内閣府がSDGs未来都市、自治体SDGsモデル事業として選んだ都市計画が示されている。どこが選ばれているかを調べてみよう。選定基準を見て、妥当かどうかを考えてみよう。また、いくつかの事例にスライドがあり、そのどれかを見て、SDGsの取り組みがちゃんとなされているかどうか、どのようになされているかをみんなで考えてみよう。*

	A	B	C
2018	55	29	10
2019	57	30	10
2020	77	33	10
2021	53	31	10

注：2018-2021の提案数（A）、SDGs未来都市採択数（B）、自治体SDGsモデル事業採択数（C）

最終課題

自分のまちをよりよくしたいという教室内活動に参加したとしよう。どこかのまちを選び、そこの都市計画に関する資料を中心に調べ、まちづくりの在り方を議論し、報告書にまとめよう。

おわりに

　2023年現在、169の国があり、約80億人の人々が暮らし、そして、6900もの言語が存在するといわれる。世界は、多様な国々、人々、言語、そして文化から成る。しかし、「地球」はどうか。冒頭で地球の出の写真を見た人類は、「地球はひとつ」ということを実感したことだろう。そして、人々の意識は**「国際」(International)** から**「グローバル」(global)** にシフトしたはずである。国境を意識しない球体（globe）としての地球であり、地球こそが人々の関心と活動の範囲であるという気づきである。

　これがglobalizationのはじまりである。グローバリゼーションをどう定義するか定説はないが、筆者は、「地球規模における人や物の激しい移動」としてとらえることができると考える。飛行機の発着状況を例にとると、現在はコロナで状況は異なるが、東京（成田・羽田）から40か国、94都市、週に1650便とある。こうした状況がソウル、パリ、ジャカルタ、ムンバイ、ロンドン、アムステルダムなどで起こっているのである。きわめて激しい移動である。

　激しい移動が起これば、さまざまな関係が生まれる。世界の国々がつながっていく、世界の企業がつながっていく、世界の人々がつながっていくのである。その結果、世界は、相互依存の世界、多文化共生の世界、相互支援の世界になる。食料やエネルギーや製造などまさに相互に依存する関係にある。しかし、相互依存の世界は、決して盤石ではない。2022年のロシアのウクライナ侵攻でみられるように、エネルギー不足、物価上昇、小麦などの食料不足が世界中で起こった。何があるかわからない、不確実な相互依存の世界である。

　文化的には、まさに多文化が共生する社会が実現しつつあるが、差別や偏見が社会問題になっている。違いにどう向かうか、これは予想以上に大きな問題である。違いは多様性の源泉であると同時に、さまざまな問題の源泉でもある。多様性を豊かさに変えていく力がわたしたちひと

りひとりに求められる。

　そして、相互に支援し合う世界の実現、これこそが、SDGsの狙いである。SDGsのどれをとっても私たちひとりひとりの問題である。野心的なSDGsの目標を一気に達成することは望むべくもないが、それでも目標達成に向かってみんなで進んでいかなければならない。そのための地球規模の相互支援体制である。これがGlobal Partnershipの本質である。その支援の方法は、金、物、アイデア、制度、文化など多岐に亘る。相互支援ということは、最貧国からも富裕国にアイデアや文化を提供するという互恵性が求められる。

学校教育の中にSDGsを位置付ける

　こうしたグローバルな状況を背景にしつつ、学校教育のコンテクストにSDGsを位置付けること、これが本書の狙いであった。教育のコンテクストでSDGsを扱う場合、ディスカッション、リサーチ、プレゼンテーションの活動をダイナミックに絡めながら、何であるか、何ができるか、何をすべきかについて視点を大切にThink local, Think globalを実践する中で、生徒ひとりひとりがSDGs社会論を展開し続けていくことが肝心である。これが本書で伝えたいことである。「SDGs社会論の展開」は、地球が抱える問題を個人としてどうとらえるか、どういう社会に住みたいか、どういう生き方をしたいか、自分の住んでいるまちのよいところと悪いところは何か、個人で解決できそうな問題は何か、仲間と解決したい問題は何か、といった問題を自分なりに探究し続ける営みである。

探究学習で得られる成果

　SDGsの探究活動を通して得られる学習成果は何であろうか。ここでいう「成果」については、「共有」と「獲得」のふたつがある、と思う。

　共有については、国内外のSDGsの事例について学ぶこととだけでなく、自分たちのプロジェクトをほかの人たちに知らせるということが含まれる。自分たちの経験を他者と共有することで、活動に社会的な意味

が出てくる。共感の輪が広がれば、社会的な力になるということである。

　では、「獲得」できるものは何だろうか。まず、ひとりひとりのSDGs社会論がある。生徒が自分でSDGsを考える思考の意味空間を持つ、ということである。国内外に広がる人間関係のネットワークも可能性として考えられる。学びを教室の中に閉じ込めることなく、開かれた活動を通して、情報を共有することで得られるネットワークである。SDGsのような地球規模の問題を取り扱うには、世界中の多様な人々との協働を通して活動していく必要があるが、協働の基盤になるのは、まさに人間関係のネットワークである。

　そしてSDGs探究を推進する中で、問題に対する「対応力（handling capacity）」の「芽と根」を生徒ひとりひとりが獲得することが期待できる。個々人が芽と根を大切にしながら、視点を持ったThink local, Think globalの実践を継続していけば、いずれは本格的な対応力が育つはずである。

　「獲得」に関して強調しなければならないのは、ディスカッション力、リサーチ力、プレゼンテーション力を技法として身に付けることができる、ということである。これらは、単なる技法ではなく、生きるための技法である。学生時代はもちろんのことながら、生涯にわたって使える技法である。「自分で考え、判断し、行動する」という教育目標とて、リサーチなくして、正しく考えるための資料は得られない。また、何をよしとするかについてもリサーチが必要であろう。「何が本当に問題なのか」を明らかにすることは、突き詰めれば、自分自身のリサーチクエスチョンを立てることでもある。さらに、常識を問い直す態度は、多文化共生状況を生きる上で、不可欠である。自分の常識が相手にとっての非常識になることすらあるのだから。

　一人でというより、みんなで解決する問題のほうが多い。創造的で建設的なディスカッションをする力は、生徒の人生のさまざまな局面で求められるだろう。「何であるか」「何ができるか」「何をすべきか」の３つの問い（問題解決型のディスカッションの問い）を意識するかどうか

で、ディスカッションの善し悪しに大きな影響がある。ディスカッションには、立場表明型、意味創造型のものもある。そうしたディスカッションのしかたをPBLを通して身につけておくこと、それが、個々の生徒が人生を切り拓き、よりよい社会の創り手になるために有用であることは間違いない。

そして、プレゼンテーションは、自己表現の究極の形である。リサーチを行い、ディスカッションを重ねた結果をどう表現すれば効果的か。これは、プレゼンテーションの課題である。心を動かすプレゼンテーション、説得力のあるプレゼンテーション、行動を促すプレゼンテーションを行うためには、方法と訓練が必要である。PBLでは、まさに実践を通して、方法を学び、訓練を行うことができるのである。

探究活動支援プログラム：探究・プロジェクト・SDGs

本書の第2章では、「探究」「課題：SDGs」「プロジェクト」という教育論を構成する3つについて概説したが、探究活動支援プログラムを作り上げるには、それぞれを関連づける必要がある。PLES[PEN言語教育サービス]では、基本的なコンセプトを次ページのようなマップで示している。

簡単に説明しておこう。OECDが掲げる教育観を実現しようとすれば、探究（inquiry）活動が不可欠となる。生徒のエイジェンシーを高めるには、自分で考え、判断し、行動する力が必要になるからである。そもそも探究とは、「一人で、そして一緒に深く考える」行為である。もっといえば、「視点を持って考える」ということである。そして、探究の範囲は、身近なところ（local）と地球規模（global）に及ぶ。そこで、Think localとThink globalを行き来させる探究が必要となる。もうひとつ、探究過程は螺旋状に進むという探究の特徴がある。言い換えると、探究は、多くの場合、単発のサイクルで終結するものであるというより、個々人内、あるいは個々人間で継続し続ける営みである。

探究の課題は多岐に亘るが、SDGsは、今、学校教育で最も注目され

ている課題である。SDGsはThink localからThink globalに探究の範囲を広げていくことができる問題である。SDGsの目標のそれぞれに照準を合わせて探究することもできるし、目標間の相互関係に照準を合わせて探究することもできる。いずれの場合も、「何であるか（現状把握）」を探究することからはじまる。何であるかをおさえた上で、「何ができるか」そして「何をすべきか」と問題解決に向けての探究が行われる。

課題と取り組みつつ、探究活動を進める際に、必須となるのがプロジェクト活動である。個人内でのプロジェクトという場合も考えられるが、学校教育の場では、個人間でのプロジェクト（グループ活動）が想定される。問題は、プロジェクトとはどういう活動かということであるが、本書では、ディスカッション、リサーチ、プレゼンテーションの3つの活動を相互作用させながら展開

するものをプロジェクト活動とみなすという提案を行った。SDG課題について「何であるか」「何ができるか」「何をすべきか」の問題を探究する際に、それぞれの局面で、ディスカッション、リサーチ、プレゼンテーションを繰り返すということである。ここで強調しておきたいのは、これらは「活動」であると同時に「技法（skill）」であるということである。技法であるがゆえに、skill-getting（技法獲得）とskill-using（技法の実践）の2つの側面があり、技法獲得が行われないまま、プロジェクトを実践しても、創造的かつ生産的な結果は期待できない。

探究、課題、プロジェクトを以上のように関連づけた上で、筆者は必要な教材を開発し、現在、複数の学校で探究活動の支援を行っている。その成果などについては、別の機会に改めて紹介したい。

---

https://www.penlanguage.com

第2部

―――――

教室内外での
SDGs
【実践編】

SDGsカードと
カードを使ったゲーム

一井亮人　●東京都立国分寺高等学校

東京都立高校主幹教諭　英語科　最近一番気になっているSDGsは
12. Responsible Consumption and Production で、学校のペーパー
レス化が現在の目標。しかし、学校現場でのDXは中々浸透せず、自身
も結局色々印刷してしまうことがあり、日々、自己矛盾に悩んでいる。

1. はじめに

　現在さまざまな高等学校で、SDGsを扱った教育活動が、各教科や
総合的な探究の時間で取り組まれている。私自身も、「生徒がSDGsを
身近にあるものと捉え、行動を起こすきっかけに繋がってほしい」と、
担当教科の英語の授業に取り入れようと考えた。前任校の同僚Ozzy
Mollion氏に相談し、彼とのTeam Teachingの言語活動で扱うトピッ
クを、SDGsに関連させることを計画した。その実践の中から、SDGs
を導入する授業と、複数のSDGsと関連するトピックを扱った授業を紹
介する。次に、総合的な探究の時間でのSDGsの扱いについて、現在の
勤務校での実践を紹介していく。高等学校での実践例のひとつ、として
お読みいただきたい。

2. 英語の授業での実践

　私の前任校である東京都立小松川高等学校の授業で、私自身が取り組
んだことを紹介する。この学校では「コミュニケーション英語」（新課
程では「英語コミュニケーション」）の1時間でJET*及びALT（Assistant
Language Teacher）とのティームティーチングによる指導を行ってお
り、授業はすべて英語で行われる。社会性の高いトピックを扱いたいと
考え、私のほうからSDGsに関連した授業が数回できれば、とJETの

Ozzy Mollion氏に持ちかけ実現した。その授業の中から、SDGsの導入となった授業と、1～複数のSDGsに関連した内容を取り上げ、さまざまな切り口から考えさせ、最後に意見を書かせた授業を紹介する。

＊JETプログラム 「語学指導等を行う外国青年招致事業」(The Japan Exchange and Teaching Programme) の略称で、総務省、外務省、文部科学省及び一般財団法人自治体国際化協会（CLAIR）の協力の下、地方公共団体が実施している事業。この事業により配置される青年を「JET」と学校現場では呼ぶ。

2-1 「SDGs Game Lesson」(SDGsの導入的内容)

以下のLesson Planで授業を行った。この授業で用いるSDGsのActionカードやゲームのルールは、カードゲーム「2030 SDGs（ニイゼロサンゼロ エスディージーズ)」（一般社団法人 イマココラボ）＊を参考にし、JETが作成している。

Lesson Plan		Time
Warm up Goals and action	Before the lesson, give students some material to read at home so that they can familiarize themselves with the SDGs. At the beginning of the class, explain the meaning of sustainability. Then, give each student a short paragraph describing one of the goals. Ask them to think about actions they or the government could do to help reach this goal. Have them discuss their ideas with a partner who has another goal and choose some students to share their ideas.	15 min
Simulation Planning for the future	Make groups of 4 students and introduce the simulation scenario: Today you represent a country with unique challenges and you have to transform it into a more sustainable place. Give each team 12 action cards (3 per student) and one worksheet with the description of their country's social, economic and environmental situation. The goal is to achieve a balance between the 3 by taking different actions. Each student chooses one card and tell his/her team members why they think it's the best action. After that, as a team they choose only 2 cards, turn them over to reveal the number of points onthe back and write their score on the worksheet.	25 min

＊https://imacocollabo.or.jp/

	It's important to tell them earlier in the game not to look at the back! Then have them exchange cards with another team and do two more rounds. At the end, check who was able to achieve an equal (balance) number of points across the the 3 categories, it doesn't have to be perfect. Also, place a poster with the 17 SDGs on the blackboard, after each round, have one student from each team come and draw a line under the goals they chose.	
Closing Discussion	Finally, have them share and compare their experience with someone from another team. Keep some time to collect all the material at the end of the lesson.	10 min

　日本語とプレゼンテーションソフトのスライド図を用いて、詳細を説明していく。まず、事前指導としてSDGsの概要がわかる資料を生徒に配布し、自宅等で読み込んでくるよう指示する。授業の冒頭、SDGsの17のゴールが「経済」「環境」「社会」の3つの観点に分類できることを指摘し、3つの観点のバランスが良い社会を目指すことを確認。さらに、JETが読み上げた英文が17のゴールのどれに当たるか生徒に問いかけをする。以上で導入部分が終了となる。

スライド（3観点の説明）　　　（3観点のバランスを欠いた図）　　　（行動とSDGsの組み合わせ）

　導入終了後、カードゲームの説明をする。「『経済』『環境』『社会』の3つの観点でバランスの良い社会を目指し、各SDGsに関連した諸活動をグループで選んでいく。最後に、17のゴールのうちどのゴールに関連した活動を選んだかを黒板に書かせて、クラスで共有する」

その後4人グループを作らせ、国名の入ったスコアシート1枚、Action cardsを12枚、配布する。ゲームのやり方を具体的にスライドで示しながら、以下のように説明する。

スライド（カードやスコアシートの説明）　　（ゲームの進行も、スライドを見せながら行う）

①各国のスコアシート例（グループにつき1枚ずつ配布）

「経済」「環境」「社会」の3つの観点について、各国の状況説明とポイントが示されている。配布された国によって、状況やポイントは異なってくる。

②Action Cardの例（各生徒へ3枚ずつ配布）

表面には、行動を表すイラストと英語の説明、SDGsのロゴがある。生徒ひとりが1枚のカードを選び、話し合いの末、自国にとって良さそうな（ポイントが高そうな）行動が記してあるカードを2枚選ぶ。

選んだら、裏面を見ることができ、そこに記してある3観点のポイントがスコアシートに加算されていく。

161

ゲームの進め方

① スコアシート（前ページの例参照）に記してある各国の3観点におけるポイントがその国の現状を表している。3つがバランス良くなることを目標とする。

② Action Card（前ページの説明参照）配布。各生徒3枚ずつで、表面しか見ることができない。裏面にはポイントが書かれているため見ないように注意する。

③ 2020年、2025年、2030年の3ラウンド制。生徒たちはそれぞれのactionを理由を添えて紹介しあう。グループ内で各ラウンド4つの提案されたactionについて、各国の立場を踏まえつつ意見交換を行い、最終的にふたつのactionを選ぶ。Action Cardを裏返し記載してあるポイントをそれぞれのスコアシートに記載していく。

④ 全ラウンドが終了したら、3観点の総ポイントを計算する。

　まとめの活動として、全体での共有を行う。まず黒板に17のSDGsが書かれたポスターを掲示し、各グループの代表者がゲーム中に選んだ6つの活動がどのSDGsに属するかを申告していく。その後、3観点について、グループ内のスコアを申告。最後に全体でシェアを行い終了する。

　授業のねらいは、ゲームを通して生徒たちに「理想とする社会は国によって、一人ひとり異なる」「SDGsを個別の課題として別々に考えていくだけでなく、それぞれを考えていくだけでなく、経済、環境、社会のつながりという全体像を感じさせることが大切」と感じさせることである。

2-2　難民問題（個々及び複数のSDGsを取り上げる授業例）

　導入では、IKEAという会社の紹介からシリアの難民へと話を展開させる。その後、リスニング活動で生徒はIKEAについてのニュース記事を聞き、IKEAがシリアの難民が作るラグを取り扱っており、社会貢献をしているという内容を聞き取る。次にスライドを使用し、シリアから難民についての各国の受け入れ状況を示し、さらに日本の状況を推測させ、実態を示す。

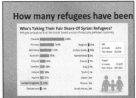

リーディング活動として、生徒にペアを組ませ、それぞれに別々の記事を読ませる。記事は、難民受け入れについて積極的な国、消極的な国についての文章であり、読了後、ペア内で内容をリテリングをして情報を共有する。以下に記事の内容を示す。

Germany and Austria have welcomed thousands of refugees. People applauded the new arrivals and gave them water, food and clothes. Children handed out sweets to the refugee children. It was the end of a long journey for the refugees. It started in their troubled home countries and ended with a long walk through Hungary. Germany's railway company is adding extra trains to help more refugees.

The United Nations praised these countries for helping. It said: "This is based on humanitarian values." Germany will welcome many refugees from Syria. Leader Angela Merkel said: "As a strong, economically healthy country, we have the strength to do what is necessary." Germany thinks around 800,000 Syrians will arrive this year. One refugee said life in Germany would be better, but he worried about his family who is still in Syria.*

Japan has taken a passive approach towards allowing refugees to enter, but there was a time when they opened up their doors. After the Vietnam War, the country took in over 10,000 refugees from Indochina. Nowadays the situation is quite different. In 2016, 10,901 wanted to come to Japan as refugees. However, only 28 people were accepted. One factor is that the refugee situation is still rarely known in Japanese society.

When arriving in Japan, there are refugees who become homeless, and can't afford daily necessities such as food, clothing and shelter. The refugee application can take up to 3 years. While they wait they are not allowed to work. Refugees can receive money from the government but the amount is around ¥40,000 per month. It is not easy to receive medical treatment on a lo income.**

まとめの活動として、授業のライティング "Should Japan accept more refugees?" という内容で英語で意見を書かせる。授業のねらいは、ここまでの活動で、移民受け入れの是非についての立場を読んでおり、改めて日本の立場で、ひとりの日本人として意見を書くことで、日本人にとって身近とは言えない難民問題を、自分事としてとらえること、である。

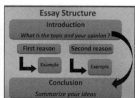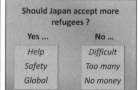

2-3 英語の授業でSDGsを取り入れることの意義

　SDGsゲームによる、導入の授業のねらいは、SDGsの17つの目標が「経済」「環境」「社会」の3観点から成り立っており、3つの観点のバランスが良い社会を築くのは難しいことを理解することである。同時に、住む国や地域によって抱えている問題はさまざまであり、視野を世界全体だけでなく、身の回りの地域における諸問題の解決が重要だということに、気づきを与えることである。

　難民問題の授業では、私たち日本人にとってなじみの薄い難民受け入れについて考えるきっかけを与えること、そして正解のない問題について、視点をどこにおいて自身の意見を展開するか、その機会を与えることがねらいとなる。

　日本では、世界各国と比べ、学校でディスカッションをする授業が少ないと言われている。私はSDGsを英語の授業のテーマとして扱うことにより、ひとりの人間として世界の諸問題にどう取り組むか、生徒が自身の考えをまとめたり、話し合いをしたりする機会となればと考えている。今回紹介した授業の例は、立場が変われば意見も180度異なる可能性があることを生徒が体感できるものであり、このことが世界規模で物事を考える際に重要だと考える。

3. 総合的な探究の時間での、SDGsの内容を盛り込んだ実践

　現在、私が勤務する東京都立国分寺高等学校では、2年次のグループ探究の中でSDGsを扱うことになる。詳しい説明の前に、本校における総合的な探究の時間の3年間の流れを以下に示しておく。

●総合的な探究の時間　3年間の流れ

	1年	2年	3年
4月	ガイダンス、校外学習	ガイダンス、哲学対話	個人探究
5月	論理コミュニケーション	哲学対話、社会人講演会	個人探究
6月	論コミ検定	グループ探究、分野別講演会	個人探究
8月	論理コミュニケーション	グループ探究	個人探究論文提出
9月	論コミ検定返却	グループ探究	論文読み合い
10月	論理コミュニケーション	グループ探究、主権者教育	進路学習
11月	大学訪問、論コミ検定	グループ探究発表会、社会人講演会	進路学習
12月	主権者教育	個人探究	進路学習
1月	論理コミュニケーション	個人探究	進路学習
2月	論コミ検定返却、検定	個人探究	進路学習
3月	論コミ検定返却	個人探究	進路学習

＊毎年、暦や学校行事等の関係で、日程などに軽微な変更がある。

　1年次では主として、一般財団法人SFCフォーラム論理コミュニケーション教育部門の「論理コミュニケーション」というプログラムの元、論理的思考力や発表力、論述力を鍛えていく。2年次ではグループ探究で本格的にSDGsについて探究することになり、共通の関心を持つ生徒数名でグループとなり、共同で探究を行う。11月の探究発表会では、ポスターセッション形式で約4カ月間の探究の成果を発表し、相互に評

価し合う。2年生の12月より個人探究が始まり、SDGsに関連した仮説を立てる生徒が多くいる。3年の夏季休業明けに、3年間の集大成となる4,000字の論文を提出する、というのが全体の流れだ。

次に示すのは、グループ探究（計8回）の授業計画である。

日付	グループ探究	内容
6月1日	第1回	SDGsとは、調査・情報収集の方法について、目標の希望調査
6月8日	第2回	グループ分け・仮説の設定
6月29日	第3回	調査、議論
8月31日	第4回	仮説の設定、調査、議論、中間報告
9月21日	第5回	調査、議論、発表準備
9月28日	第6回	発表準備
10月5日	第7回	発表準備
11月16日	第8回	探究発表会（6・7限）

第1回の授業でSDGsの導入を行う。教材として「『私たちがつくる持続可能な世界』SDGsをナビにして」（外務省・UNICEF）を配布し、国際連合「我々の世界を変革する：持続可能な開発のための2030アジェンダ」から抜粋したパワーポイントで各Goalの詳細を説明していく。

　その後、生徒個人が取り組みたいSDGsをひとつ選び、それに関連した仮説を設定する。生徒は、昨年度の発表会の動画を視聴し、仮説設定のイメージを持つことになる。

　第2回以降では、その仮説を元に4～6名のグループに分かれる。グループ内で仮説の設定をするのだが、この段階で適さないテーマを設定してしまうとその後の活動に支障が出てしまう。そこで、本校では全生徒に以下のような説明をしている。

「○○を解決するためには△△がよい」を基本形に仮説を設定します。仮説を設定するときに、なぜその仮説を設定するのかを論理的に根拠を持って説明します。そのためには、必要なデータを収集し、どのような効果があるかを予測しなければなりません。また、実証できるものが好ましいです。仮説は、大きなこと（地球規模）でもよいのですが、身近なことのほうが好ましいと思います。いま実施されていることをまとめるのではなくて、何をすべきか考え、どうすべきかを提言してください。

約20名（4～6グループ）につき1名の教員が対応する。生徒には、身近な所や身の回りの出来事でSDGsに関連させて考えさせることが肝要である。16名の担当教員と探究部（総合的な探究の時間を担当する校内分掌）とで事前の打ち合わせをしておいて、実際の指導に当たっている。

第8回での探究発表会では、約4か月間の内容をポスターにまとめ、ポスターセッション形式で発表する。2年生だけでなく、1年生も発表を聞きに回る。発表を聞く際には積極的に質問をし、以下のコメントシートに発表の評価を記し、発表者にフィードバックを行う。これらの発表活動を通し、自分たちの活動や他グループの活動について振り返りを行い、個人探究の土台とすることをねらいとしている。

●第8回探究発表会の模様

ポスタープレゼンテーションの場面
発表→質疑応答の流れで3セット行う。テーマ『安い文房具はエコじゃない?』SDGs12「つくる責任 つかう責任」

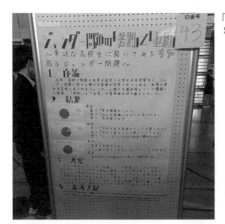

『ジェンダー問題の差別と区別』
SDGs5「ジェンダー平等を実現しよう」

『最近　夏暑くない?』
SDGs13「気候変動に具体的な対策を」

『衣類の無駄をなくすために』
SDGs12「つくる責任 つかう責任」

コメントシート。2年生の発表を聞いて、
このコメントシートに感想を書き入れ、
フィードバックをする。

グループ探究発表会コメントシート（　　　）年（　　　）組（　　　）番名前（　　　　　　　）

SDGsの目標	番号				
発表のテーマ					
発表の論理性	5	4	3	2	1
効果があるか	5	4	3	2	1
ポスター・説明	5	4	3	2	1
意見・感想					

グループ探究発表会コメントシート（　　　）年（　　　）組（　　　）番名前（　　　　　　　）

●生徒の感想

- 学校によるジェンダー問題で、先生と生徒による両面から調査できたことが良い点でした。具体的な5点に絞って調べ考察したことでテーマからそれず具体的に内容を掘れたと思います。

- まだよくわかっていないコロナウイルスについて仮説を立てたので、調べても確かな情報が少なかった。情報がどのくらいあるか考えて仮説を立てたほうが良かった。

- 調査は具体的にできても結論が抽象的なものになってしまったので、より具体的な解決策を示す必要があると思いました。

- テーマを決める際に、ただ「教育」のように広い内容で設定せず、焦点をあてて深く調べた方が良かったと思う。

- 似たテーマであってもそれぞれ違う視点で調べてあり、着目点の違いが興味深かった。

4. 今後の課題

4-1 生徒の考察の曖昧さ

生徒の発表から課題としてあげられることは、具体的な解決策を提示している班もあるが、全体的に考察がやや曖昧なことである。現状把握やデータから傾向をまとめた後、「皆が意識すれば変わる」「十分に理解することが大切だ」と結んでしまう発表もあった。

SDGs4「質の高い教育をみんなに」に関連し、子どもの識字率を向上させるための解決策として学校を建てることを挙げるとする。「学校を作ることが大切だ」では具体的な解決策にはなりえない。例えば資金の捻出方法、教師の指導法等、具体的にどう実行に移すか、までを内容に含める必要がある。

生徒が探究活動を円滑に行うために、議論や調査がテーマから離れたり、仮説や結論が飛躍しすぎてしまうことは、避けなければならない。

教員は以下の観点を生徒に伝え、必要な場合は介入し探究活動の軌道修正を行う必要がある。

①現状はどうなっているか。
②何ができるか。（それぞれメリット・デメリットを考える）
③何をすべきか。（②で挙げた中から吟味する）
④どう実行するか。（アクションプランを提案する）

4-2 公立学校のカリキュラムの問題

本校では、校務分掌の中に総合的な探究の時間や探究活動を総括する『探究部』があり、3年間で継続性のある探究活動を企画立案している。しかしながら、探究部の教員が1～3年それぞれの「総合的な探究の時間」に関わることができない事情がある。

①同じ時間に、全学年の「総合的な探究の時間」が実施されている。

公立高校では、水曜日は職員会議があるので全教員が出勤する、となっており、「総合的な探究の時間」は主として学級担任が担当することが多い。その結果、同時に別々の内容を実施しており、探究部の教員が分散されることになってしまう。

②担当教員同士の打ち合わせの時間が取れない。

本校では1学級にクラス担任ともう1名の担当で「総合的な探究の時間」を担当しているが、16名と探究部の教員で毎回の授業に向け、授業前の打ち合わせを持つことは不可能である。

探究部や探究の時間を担当する教員の打ち合わせ時間を確保する、探究部の教員が全学年の探究の時間を見回ることができるよう時間割を別の時間にする、といった時間を新たに作り出すことが肝要である。校長をはじめとした管理職のリーダーシップのもと、これまでの当たり前を見直していかなければならない時期に来ている、と考えている。

STEAMを軸に教科横断型探究授業でSDGsを展開する

米田謙三

社会、英語、情報の免許所持。文部科学省 高校教科情報 学習指導要領等の改善に係る検討に必要な専門的作業等協力者。 著書に『英語×「主体的・対話的で深い学び」』(大学教育出版) などがある。

1. はじめに

2020年1月、SDGs達成のための「行動の10年 (Decade of Action)」がスタートした。①「SDGs教育の教育業界への波及」、②「SDGsの認知拡大・浸透」、③「特に若年層に対するSDGs教育の重要性を啓蒙」、そして 教育関係者が④「SDGs教育を実践するための参考資料」としての役割を担い、更なるSDGs教育推進の一助となることを目的に書かせていただく。

「持続可能な開発目標」とは、国連が掲げる人類共通の目標であり、英語では、Sustainable Development Goalsという。

2016年12月に発表された中央教育審議会の答申「幼稚園、小学校、中学校、高等学校及び特別支援学校の学習指導要領等の改善及び必要な方策等について」には、「持続可能な開発のための教育（ESD）は次期学習指導要領改訂の全体において基盤となる理念である」とある。答申に基づき策定され、2017年3月に公示された幼稚園教育要領、小・中学校学習指導要領及び2018年3月に公示された高等学校学習指導要領においては、「持続可能な社会の創り手」の育成が掲げられており、各教科においても、関連する内容が盛り込まれた。

「ところで持続可能とは、一体何なのでしょうか？ それは今を生きる人たちのように、未来を生きる人たちも暮らしていくことができるよう

にすることです。このように、未来のことも考えつつ、今を生きる人た
ちの思いに耳を傾け、そして行動を起こしていく必要があります。SDGs
のキーワードのひとつに、「誰一人、取り残さない」という言葉があり
ます。今隣りにいる家族や友だち、すぐ隣りにいなくても、今を生きる
すべての人たち、そして未来を生きる人たち、誰もが幸せに暮らせるよ
うに、地球上で引き起っているさまざまな課題に向き合い、世界中の人
たちと手をとりあい、解決のために考え続けることの大切さが込められ
たキーワードです」

（ユネスコ・アジア文化センター　『SDGs時代を生きる学校教員の知恵』より抜粋：米田
も著者のひとり）

2. 教科等横断型の実践について

　成果としては、平成27年度の全国学力・学習状況調査の分析等にお
いて、総合的な学習の時間で探究のプロセスを意識した学習活動に取り
組んでいる児童・生徒ほど各教科の正答率が高い傾向にあること、探究
的な学習活動に取り組んでいる児童生徒の割合が増えていることなどが
明らかになっている。また、総合的な学習の時間の役割はPISAにおけ
る好成績につながったことのみならず、学習の姿勢の改善に大きく貢献
するものとしてOECDをはじめ国際的に高く評価されている。

2-1　強化横断型で実施する上での課題

　「幼稚園、小学校、中学校、高等学校及び特別支援学校の学習指導要
領等の改善及び必要な方策等について（答申）（平成28年中央教育審
議会）」において、今後更なる充実が期待されることとして、おおむね
以下のような課題があることが示されている。

①総合的な学習の時間で育成する資質・能力についての視点

　総合的な学習の時間を通してどのような資質・能力を育成するのかと

いうことや、総合的な学習の時間と各教科等との関連を明らかにするということについては学校により差がある。これまで以上に総合的な学習の時間と各教科等の相互の関わりを意識しながら、学校全体で育てたい資質・能力に対応したカリキュラム・マネジメントが行われるようにすることが求められている。

②探究のプロセスに関する視点

探究のプロセスの中でも「整理・分析」「まとめ・表現」に対する取組が十分ではないという課題がある。探究のプロセスを通じた一人ひとりの資質・能力の向上をより一層意識することが求められる。

③高等学校における総合的な学習の時間の更なる充実という視点

地域の活性化につながるような事例が生まれている一方で、本来の趣旨を実現できていない学校もあり、小・中学校の取組の成果の上に高等学校にふさわしい実践が十分展開されているとは言えない状況 にある。

2-2　文理の枠を超えた学び〜STEAM教育について

こうした課題がある状況を踏まえて、今注目されているのが教科横断型の授業実践の大切さである。その代表的なものとしてSTEAM教育がある。

STEAMは、Science（科学）、Technology（技術）、Engineering（工学）、Arts（人文社会・芸術・デザイン）、Mathematics（数学）の頭文字を取った言葉である。

STEAM教育は、初期の統合型STEM教育にArts（デザイン、感性等）の要素を加えたものと解釈できる。Yakman（2008）では、STEAM教育は学問領域を横断して指導する枠組みであると示している。また、STEAM教育は、エンジニアリングとアーツ（言語や歴史などを含む文科）を通して解釈される科学と技術であり、すべては数学的な要素に基づくものであるとしている。

2-3 「未来の教室」の取り組み

　経済産業省は、子どもたち一人ひとりが未来を創る当事者として育つために、令和の教育改革として「未来の教室」の構築が必要であるとし、2018年に「未来の教室」ビジョンを発表している。取り組みの3本の柱として、以下の3つを提言している。

① 学びのSTEAM化
② 学びの自立化・個別最適化
③ 新しい学習基盤づくり

　「STEAMライブラリー」の取り組みは「①学びのSTEAM化」の具現化に向けた取り組みとなっている。

　AIと第四次産業革命の世紀に価値を生み出す力を養うために、学びを「より学際的で、創造的社会的な学び」へとシフトさせていく考え方と言える。「未来の教室」では、「学びのSTEAM化」として、子どもたちのワクワクを起点に「知る」と「創る」の循環的な学びを実現することを目指している。（未来の教室　STEAMライブラリーより）

● 補足説明：STEAMライブラリーの特徴

　学びのSTEAM化の実現のために、企業・研究機関が参画のもと始まったのがSTEAMライブラリー事業である。STEAMライブラリーは、「知る」と「創る」の循環的な学びを実現するための教材コンテンツや指導案などが1カ所に集約されたプラットフォームである。小〜高を対象に主教材（動画等）＋補助教材で構成し、学習指導要領との紐づけや指導計画・指導案の掲載など、学校等の授業内で使いやすく工夫することで、「学びのSTEAM化」の拡大、普及、発展に努めている。さらに、AIやエネルギー、モビリティ、防災など社会と接続されたテーマとしており、SDGsにも関連づけられた教材とし、民間事業者や高校、大学、研究機関などが連携し、コンテンツ開発を行っている。また、先生方が学校現場で活用していただくことはもちろんのこと、子どもたち自身がいつでも視聴・活用可能な形で学べる教材として、オンライン上に掲載、配信している。（STEAMライブラリーからの引用）

3. 教科横断型・STEAM教育の課題

　AIやIoTなどの急速な技術の進展により社会が激しく変化し、多様な課題が生じている今日、文系・理系といった枠にとらわれず、各教科等の学びを基盤としつつ、様々な情報を活用しながらそれを統合し、課題の発見・解決や社会的な価値の創造に結び付けていく資質・能力の育成が求められている。

　学習指導要領においては、学習の基盤となる資質・能力（言語能力、情報活用能力、問題発見・解決能力等）や、現代的な諸課題に対応して求められる資質・能力を育成するため、教科等横断的な視点から教育課程の編成を図ることとされている。

▼ 具体的な課題（文部科学省初等中等教育局教育課程課資料などより）

① STEAMの各分野が複雑に関係する現代社会に生きる市民、新たな価値を創造し社会の創り手となる人材として必要な資質・能力の育成

② 理学、工学、芸術、人文・社会科学等を横断した学際的なアプローチで実社会の問題を発見し解決策を考えることを通じた主体的・対話的で深い学びの実現

③ 各教科等における探究的な学習活動の充実。総合的な探究の時間、理数探究等を中心とした探究活動の充実。文理の枠を超えたカリキュラム・マネジメントの充実。各教科等の目標の実現に向け、その特質に応じた見方・考え方を働かせながら、文理の枠を超えて実社会の課題を取り扱う探究的な学習活動を充実

④ 知的好奇心や探究心を引き出すとともに学習の意義の実感により学習意欲を向上。文理の枠を超えた複合的な課題を解決し、新たな価値を創造するための資質・能力を育成。高等学校等における多様な実態を踏まえた探究的な学習活動を充実

4. 具体的な授業実践事例

4-1 授業のねらい

今回、高校3年の公民科の授業の実例を紹介する。

① UNESCO　SDGsを知る
② 世界の問題を知る
③ 身近な問題から課題（貢献）を考える
④ アクションプランを作成する
⑤ 実際に取り組んでみる

4-2 授業の題材. 指導観

まず、「SDGs」に至る下記の背景を概説する。

2000年のミレニアム・サミット（Millennium Summit）で、加盟国は「国連ミレニアム宣言」を採択した。宣言は、2015年までに達成すべき測定可能な8つの目標を掲げた行程表に具体化された。「ミレニアム開発目標（Millennium Development Goals: MDGs）」として知られるものである。開発目標が目指していることは、極度の貧困と飢餓を撲滅すること、初等教育の完全普及を達成すること、ジェンダーの平等と女性のエンパワーメントを促進すること、幼児死亡率を下げること、妊産婦の健康を改善すること、HIV/エイズ、マラリア、その他の疾病と闘うこと、環境の持続可能性を確保すること、開発のためのグローバル・パートナーシップを発展させること、である。

「ポスト2015年開発アジェンダ」について勧告する目的で2012年に設置されたハイレベル・パネルは、2000年以降の成果を検討した。極度の貧困にある人々の数は5億人少なくなり、毎年300万人の子どもたちの命が救われている。ハイレベル・パネルはまた、広範にわたる人々との協議も行った。120カ国の5000の市民団体、30カ国の250人の最高経営責任者（CEO）、それに農業従事者、移住者、貿易業者、若者、宗教的奉仕活動グループ、労働組合員、アカデミックス、哲学者、その

他大勢の人々である。2013年5月、同パネルは、経済成長、より良い政策、MDGsに対するグローバルなコミットメント、これら3つの組み合わせによってかつてないほどの発展を可能にすることができたと報告した。新しい開発アジェンダは、実際的には貧困、飢餓、水、衛生、教育、健康管理に焦点を当てながら、ミレニアム宣言の精神とMDGsの最善を引き継いで前進させるべきであるとの結論をパネルが述べた。2015年9月、世界の指導者は「持続可能な開発のための2030アジェンダ」による17項の「持続可能な開発目標（Sustainable Development Goals: SDGs）」を採択した。「2030アジェンダ」は2016年1月1日に公式に施行された。2030年までにすべての人のために貧困を終わらせ、地球を守り、繁栄を確保するという国連にとっての新しいコースである。その他、2015年に採択された3つの合意もグローバルな開発アジェンダの中で重要な役割を果たす。すなわち、開発資金に関するアディスアベバ行動目標、気候変動に関するパリ協定、仙台防災枠組みである。

4-3　SDGs 実践の学びのプロセス

●「SDGs実践の学びのプロセス」の例は以下の通り。

STEP1：身近な課題を調べる

STEP2：自分なりに解決策を考える

STEP3：意見をまとめ計画を立てる

STEP4：計画を実行する

STEP5：振り返り、次へつなげる

教育現場でのSDGs実践は、学びのプロセス「知識を深めるとともに自分で考え行動する力を養う」がポイントになる。

この学びのプロセスにおいて重要なことは能動的に学ぶ機会が随所にあることだ。生徒たちの選択肢をできる限り広げ、深く学ばせるために取り入れたいポイントを3つ考えている。

① 多様な分野の外部知識を動員すること
② 国際的に連携すること
③ ICTを効果的に活用すること

　例えば、生徒たちが設定したテーマの事例について調べ学習をする場合、その分野に詳しい企業や団体、専門家から直接学びを得る機会を設ける。また、国内外を問わずに現地を訪れて学ぶ機会を設けることで、社会や世界を身近に感じるきっかけとなり、外の世界へ向ける意識の変化につながる。また、学習中に情報機器をすぐに活用できる環境を整えれば、知りたい・学びたいという意欲を、自分で調べるという行動に直結させることができる。この数年で急速に一人一台のコンピュータ端末の環境が整ってきた。こうした環境では、生徒たちは学校内外の多様な人と関わる。人との関わりを通じて相手の立場に立って考える力や思いやりの心を育み、人と人、人と社会とのつながりを実感しながら、自分たちの足でこれからの社会をどう生きていくかを学んでいく。

　これからの時代を見据え、子どもたちにどのような力を身につけさせたいのか。そして、その力をどのように評価していくべきなのか。子どもたちの学びを継続させていくためには、どのような教室づくりをしていく必要があるのかを絶えず模索し続ける必要がある。SDGsを学校カリキュラムに位置付けるということは、単に17個のゴールを個別に目指していけばよいのではなく、持続可能性や幸福といった観点を生徒たち自分の中にも、教員という役割の中にも、学校という施設の中にも“内在化”していくプロセスから始まるのではないかと考えている。

4-4　授業の展開

具体的に5時間の授業の展開を紹介する。

（指導案もあるが、ここでは簡単に概要を文章でまとめる。）

●1時間目　50分

- **導入**　　5分　授業の目的を説明する。
- **展開1**　15分　ユネスコについての理解を個人で深める。
- **展開2**　10分　SDGsを取り上げ、まずはSDGsの言葉の意味を確認
してどういうものかを個人でまとめる。
- **展開3**　15分　小グループでユネスコの活動の意義（日本との関わり）
やSDGsの意義を話し合う。グループ内で互いに発表しあって共有す
る。
- **まとめ**　5分

●2時間目　50分

- **導入**　　5分　授業の目的を説明する。
- **展開1**　10分　・SDGs17項目の中から自分の興味あるテーマを1番
目から3番目まで選ぶ。
　　　　　　　　　・SDGsの項目と自分の興味・関心があることをつな
げる。
- **展開2**　20分　小グループで各自で選んだ番号とその理由を発表する。
- **展開3**　10分　各グループで出てきた内容を発表する。
- **まとめ**　5分

●3時間目　50分

- **導入**　　2分　授業の目的を説明する。
- **展開1**　10分　地域コミュニティーの課題だと思うキーワードを個人
でできるだけ3つあげる。
- **展開2**　15分　3つのキーワードの課題に対して、具体的にどのよう
な問題や課題があるか、マンダラート*やマインドマッ

---

*仏教に登場する曼荼羅（マンダラ）模様に由来するもので、曼荼羅とアートを組み合わせた造語のこと。 マス目を作り、そのマス目一つ一つにアイデアを書き込むことで、アイデアの整理や拡大などを図り、思考を深めるものである。

プなどのシンキングツールを活用して作成する。

・**展開3** 15分 小グループで、各自で選んだキーワードとその理由を発表する。

・**展開4** 10分 各グループで出てきた内容を発表または共有する。

・**次回の連絡** 3分

●4時間目 50分

・**導入** 5分 授業の目的を説明する。

・**展開1** 10分 今後地域で取り組める計画書を作成する。課題とその活動から得られる効果を特にしっかりと考える。

・**展開2** 20分 個人またはグループで先行研究（似た研究）や参考文献を調べて計画書を具体化する。

・**展開3** 15分 個人またはグループで具体的な活動スケジュールとしてどのようなことが必要であるかを考え可能な範囲で日程・内容をまとめる

● **具体的にこのあと計画書をまとめ実際に活動をする**

●5時間目 50分

・**導入** 2分 授業の目的を説明する。

・**展開1** 5分 個人またはグループで発表の準備をする 。

・**展開2** 30分 個人またはグループでグループ3分程度で発表をする。

・**まとめ** 13分 リフレクションとして次の3つを個人でまとめる。

1.できたこと　2.できなかったこと　3.今後の課題

【1 時間目】

過程	生徒の学習活動	指導内容	指導上の留意点
導入 5分	〈全体〉	授業の目的の説明	
展開Ⅰ 15分	〈全体→個人〉 ユネスコについて知る	課題の説明 ユネスコについて学習する	ユネスコのホームページなどを参照するように伝える https://en.unesco.org/
展開Ⅱ 10分	SDGsとは何かを個人でまとめる	SDGsについて学習する	SDGsの言葉の意味を一緒に確認してからどういうものかを個人でまとめさせてもよい。＊ユネスコやユニセフのホームページにわかりやすい動画などもあるので参考にしてもよいと伝える
展開Ⅲ 15分	小グループで、ユネスコのことやSDGsについて情報を共有する	SDGsがどのような活動でなぜ大事なのかを深めさせる	小グループでユネスコの活動の意義やSDGsの意義を話し合う活動をする。特に日本とユネスコがどのように関わりあっているかに注意するように伝える。グループ内で共有するように伝える
まとめ 5分	〈全体〉 次回の説明		次回はSDGｓと自分の興味・関心を考えることを伝える

【2 時間目】

過程	生徒の学習活動	指導内容	指導上の留意点
導入 5分	〈全体〉	授業の目標の説明	
展開Ⅰ 10分	〈全体〉 SDGs17項目の中から自分の興味あるテーマを1番目から3番目まで選ぶ。またその理由をワークシートに記入する	SDGs17項目の中から自分の興味あるテーマを1番目から3番目まで選ばせる。またその理由をワークシートに記入させる	なぜその3つを選んだのかをきちんと考えさせる
展開Ⅱ 20分	小グループで、各自で選んだ番号とその理由を発表する	個人で選んだ番号とその理由を小グループ内で簡潔に発表させる	大事だと思う理由を満たせているかを互いに確認させて、弱ければ個人で再度ブラッシュアップするように伝える
展開Ⅲ 10分	各グループで出てきた内容をクラス全員に対して発表する	各グループで出てきた内容を簡潔にまとめさせる	各グループ2分程度で発表できるようにまとめるように伝える
まとめ 5分	〈全体〉 次回の説明	次回は地域の課題を扱うことを伝える	

【3 時間目】

過程	生徒の学習活動	指導内容	指導上の留意点
導入 2分	〈全体〉	授業の目標の説明	課題の設定、情報の収集、整理・分析、まとめ・表現の具体例を今後考えていくことを伝える
展開Ⅰ 10分	地域コミュニティーの課題だと思うキーワードを個人で3つ考える	「地域のコミュニティーの課題からの貢献」をテーマに取り組ませる	3つでなくても構わないができるだけ3つ書くように伝える
展開Ⅱ 10分	3つのキーワードの課題に対して、具体的にどのような問題や課題があるかマンダラートやマインドマップなどのシンキングツールを活用して作成する	単語や文章で具体的にどのような問題や課題があるかを書きださせる	自分ができることを考えるようにさせる。シンキングツールなどを効果的に活用して作成し、課題や問題を具体的にみつけることを伝える
展開Ⅲ 15分	小グループ内で、各自で選んだキーワードとその理由を発表する	個人で選んだキーワードとその理由を小グループ内で簡潔に発表させる	この後自分ができることを考えていくことを伝える
展開Ⅳ 10分	《全体》 各グループで出てきた内容を発表する。	各グループで出てきた内容を簡潔にまとめさせる	各グループ2分程度で発表できるようにまとめるように伝える
まとめ 3分	〈全体〉 次回の説明	次回は今後の自分のできることの計画を考える	

【4 時間目】

過程	生徒の学習活動	指導内容	指導上の留意点
導入 5分	《全体》	授業の目標の説明	自分が特に取り組んでいきたいと考えるアイデアを計画書としてまとめることを伝える
展開Ⅰ 10分	《個人またはグループ》 今後地域で取り組める計画書を作成する。課題とその活動から得られる効果を特にしっかりと考える	地域の課題を解決するための計画書を作成するにあたってのポイントを確認させる	計画書を作成するにあたってのポイントを伝える（いつ、どこで、誰が、何を、どのように など）。効果に関してはまだ具体化できない場合は、現段階で考えられる効果でも構わない
展開Ⅱ 20分	《個人またはグループ》 先行研究（似た研究）や参考文献を調べて計画書を具体化する	参考文献の調べ方は本、インターネットを利用させる	先行研究（似た研究）や参考文献を調べるときに CiNiiやGoogle Scholarなどを紹介してもよい
展開Ⅱ 15分	《個人またはグループ》 具体的な活動スケジュールとしてどのようなことが必要であるかを考え、可能な範囲で日程・内容をまとめる	今後具体的に活動をするにあたり必要なことをそれぞれ考えまとめさせる	アンケート、インタビュー、実験や調査、ボランティア活動など、必要なことをそれぞれ可能な範囲でまとめるように伝える ※p.184の注参照

● 具体的にこのあと計画書をまとめ実際に活動をする

【5時間目】

過程	生徒の学習活動	指導内容	指導上の留意点
導入 2分	〈全体〉	発表の方法や手順を知らせる	
展開Ⅰ 5分	《個人またはグループ》 発表の準備をする	発表方法はあらかじめ伝えられた形式で実施させる	発表方法はあらかじめスライドやポスターなど、どのような形式で発表するかを伝えておく。リハーサルなどを実施してもよい
展開Ⅱ 30分	《個人またはグループ》 個人またはグループで1グループ3分程度で発表をする	時間を守ってプレゼンの評価の観点を意識して発表させる	※プレゼンの評価の観点はそれぞれ伝えておく
まとめ 13分	《個人》 リフレクションとして次の3つを個人でまとめる 1. できたこと 2. できなかったこと 3. 今後の課題	できるだけ具体的に書かせる	必ずあとで個人個人にフィードバックすることを伝える。最後に今後も自分でできることにいろいろと取り組める範囲で取り組むように伝える

注　アンケート：　実施日　送付・回収方法および日時・対象者や地域・調査内容
　　インタビュー：実施日・実施場所、方法（電話か直接か）、事前準備（注意点含む）
　　　　　　　　　具体的な人・会社名、電話番号や住所などの連絡先、質問内容（箇条書きで）
　　実験・調査：目的・方法、明らかにしたい内容、予想される結果、事前準備（注意点含む）
　　ボランティア活動：実施日・実施場所、実施方法、事前準備（注意点含む）

【6時間目〜8時間目】

下記の探究のプロセスをもとに英語で探究型論文作成・発表に取り組む。

▼ 探究型英語の論文作成の大まかな4つの手順

STEP1 課題の設定：体験的な活動等を通じて課題意識をもつ

・複雑な社会状況を踏まえて課題を設定する
・仮説を立て、それに適合した検証方法を明示した計画を立案する

STEP2 情報の収集：必要な情報を取り出したり、収集したりする

・目的に応じて臨機応変に適切な手段を選択し、情報を収集する
・必要な情報を広い範囲から迅速かつ効果的に収集し、多角的、実際的に分析する

STEP 3 整理・分析:収集し、取り出した情報を整理、分析する
・複雑な問題状況における事実や関係を構造的に把握し、自分の考えを形成する
・視点を定めて多様な情報から帰納的、演えき的に考察する
・事実や事実間の関係を比較したり、複数の因果関係を推理したりして考える

STEP 4 まとめ・表現:気付きや発見、自分の考えなどをまとめ、判断し、表現する
・相手や目的、意図に応じて手際よく論理的に表現する
・学習の仕方や進め方を内省し、現在及び将来の学習や生活に生かす

▼ 4つのSTEPの具体的な例

　今回は、CNNニュースデジタル版（朝日出版社）の教材からの事例を紹介する。

STEP 1

①一番興味をひかれたSDGsに関連したニュースを一つ選ぼう。（課題意識）

> 例）**Global Water Crisis** （タイトル）

②そのニュースの中で、特に何に興味をひかれたのか理由をひとつ考えよう。英語と日本語でそれぞれ書いてみよう。（課題設定）

> 例）More people have mobile phones than toilets.
> 　　生きていくためには携帯電話よりもトイレのほうが必要なのに、携帯電話を持っている人の方が多いのが不思議だと思った。
> 　　I thought it was strange that more people have cell phones than toilets, even though they need toilets more than cell phones to survive.

③ その興味をもったことについて、どうしてそうなっているのを考えて
みよう。(何も調べないでまず自分の考えを書いてみよう)(仮説設
定)

例)「基本的な衛生設備を持たない国では、トイレの値段よりも携帯電
話のほうが安いので、携帯電話の数のほうが多くなる」
In countries without basic sanitation, the number
of cell phones is higher than the number of toilets
because cell phones are cheaper than toilets.

STEP 2

① その考えをもっと深めるために、どんなことを調べたらいいか考えて
みよう。

●リサーチクエスチョン

例)世界の携帯電話とトイレの数を調べてみる。

② 自分のリサーチクエスチョンまたは仮説を確かめるためにどうやって
調べるか
質問項目を箇条書きにしてみよう。(情報収集・参考リスト)
(インターネット、新聞、本(百科事典)・雑誌、アンケート、インタ
ビュー、実験、論文、講演会など) Google Scholar, CiNii...

例) ① 各国の携帯電話の数と値段を調べる。
② 各国のトイレの数と値段を調べる。
③ 衛生設備を持たない国とはどんな国なのか調べる。
④ ③の国の中からひとつに焦点を当て、状況を調べてみる。できれば、
その国出身の人を探し、直接聞いてみる。
＊必ず、どのように調べたかをきちんとリストにしておこう。

STEP 3

① 集めた情報からどんなことがわかったか5つ以上書き出してみよう（情報整理・分析）。必要なら集めた情報やデータを効果的な図や表などにしてみよう

② 自分の考えを最終的に英語でまとめてみよう。（比較・考察・形成）
理由（根拠）をいくつか（3つ以上）出して、結論へもっていこう。

考え

根拠　①

　　　②

　　　③

STEP 4

① これまでのSTEP 1からSTEP 3を順番に書いて自分の考えを英語でまとめてみよう。(論理的思考・まとめ)かっこいいタイトルも考えよう。

② 自分の探究論文を発表・発信してみよう。（プレゼンテーション・表現・発信）
何を一番伝えたいですか？　効果的な方法・手法を考えよう。
＊模造紙・紙プレゼンテーションやプレゼンテーションソフト

☆ポスターセッションにトライしてみよう。

ポスターを作成するときに必要な項目例

注意するポイント
1. 構成とレイアウトを考える
2. 見やすさを重視する

ポスターの内容

1. テーマ
2. 研究目的・意義
3. 仮説・先行研究
4. 本文　序論・結論
5. 調査・実験内容
6. 参考文献・引用

発表内容にリフレクションを入れてもよい。

・**努力したポイント**

・**もう少し工夫が必要だったポイントなど**

まとめ

教員の役割と「教え、育てる」から「学び、育つ」へ

　STEAM教育は、「自分」の力で学び、理解し、さらに考える力を育む教育である。学校現場で子どもの探究心を刺激するような教育（授業）を行うには、教育（授業）体制の改革が必要になる。

　特に教科・領域固有の知識や考え方を統合的に活用することを通した問題解決的な学習を重視しているので、今回紹介させていただいた探究のプロセスがさらに大切になってくるだろう。

　また個人的には特に数学的な手法や科学的な手法などを用いて、仮説設定、検証計画の立案、観察、実験、調査等、結果の処理を行う、一連の探究過程の遂行や、探究過程を整理し、成果などを適切に表現することがより重視されると考える。

　教員としてももちろんすべての教科に精通しているわけではないので、うまくいろいろな教科や外部の様々なステークホルダーと連携していくことが必要になるだろう。そして学校全体として各教科等での学習を実社会での問題発見・解決に生かしていくための教科等横断的な学習を推進していきたい。そのためにも探究の学びができるようなESDな仕組みを作りあげることが必要になってくるだろう。

参考資料1　未来の教室

https://www.learning-innovation.go.jp/

　経済産業省は、子どもたち一人ひとりが未来を創る当事者として育つために、令和の教育改革として「未来の教室」の構築が必要であるとし、2018年に「未来の教室」ビジョンを発表している。（米田もWG委員）

　取り組みの3本の柱として①学びのSTEAM化、②学びの自立化・個別最適化、③新しい学習基盤づくりを提言し、「STEAMライブラリー」の取り組みを①学びのSTEAM化の具現化に向けた取り組みとしている。

　学びのSTEAM化の実現のために、企業・研究機関が参画のもと始まったのがSTEAM ライブラリー事業である。STEAMライブラリーは、「知る」と「創る」の循環的な学びを実現するための教材コンテンツや指導案などが1カ所に集約されたプラットフォームだ。

　小〜高を対象に「主教材（動画等）＋補助教材」で構成し、学習指導要領との紐づけや指導計画・指導案の掲載など、学校等の授業内で使いやすく工夫することで、「学びのSTEAM化」の拡大、普及、発展に努めている。さらに、AIやエネルギー、モビリティ、防災など社会と接続されたテーマとしており、SDGsにも関連づけられた教材とし、民間事業者や高校、大学、研究機関などが連携し、コンテンツ開発を行う。また、先生方が学校現場で活用していただくことはもちろんのこと、子どもたち自身がいつでも視聴・活用可能な形で学べる教材として、オンライン上に掲載、配信する。

　「未来の教室」ホームページでは、「1人1台」でどのような授業が可能か、どのようなEdTechが利用できるのか、など様々な情報を掲載してい流ので、ぜひ合わせて見ていただきたい。

参考資料２ （SDGsの視点からの）**評価項目及び指標**

「変容を捉え、変容につながる評価のカタチ
―SDGs時代を生きる学校教員の知恵―」

　「公益財団法人ユネスコ・アジア文化センター」（ACCU）より『変容を捉え、変容につながる評価のカタチ―SDGs時代を生きる学校教員の知恵―』が発行された。（米田も著者のひとり）

　多種多様な学校教員が集まり、ESDの実践を通して見られる子どもたちや教員、学校の変容を「評価する」ことについてまとめたもの。児童生徒への評価８事例、学校/教員への評価６事例を取り上げ、評価の在り方へ一石を投じる内容となっている。

　教員が日々の教育活動の中で疑問に思う「ESDの評価ってどうすればいいのだろう？」「変容はどのように評価すればいいのだろう？」という問いかけに学校と教員への評価と指標をまとめている。

■ 学校への評価項目および指標

本質を理解する力
・ 目標/目的が学校全体で共有されている
・ 校内の課題（現状）を理解することができる
・ 持続可能な開発のための教育（ESD）の意味を考える場がある
・ カリキュラムと学校運営の両方にESDの意味を位置づけている

つながる力
・ 学校外の人と信頼関係を構築することができる
・ 学校内の取組を社会に広げて考える
・ ラーニングコモンズをつくる（学校を地域の学びの中心に据える）

学び続け改善する力
・ 教員の学ぶ時間が確保されている
・ 子どもと共に学ぶことができる
・ ライフワークバランスを整えることができる
・ 教育課程をESDの視点で捉えなおすことができる

実践する力

・ 誰でも挑戦できる環境がある

■ 教員への評価および指標

本質を理解する力

・ 子どもの成長を捉えようとしている
・ 校内研究のゴールイメージを持っている
・ ESDやSDGsのもつ持続可能性の概念について知っている
・ 公正性、多様性への意識をもち、人権意識を常に高めよう（見直そう）としながら教育活動を行っている
・ カリキュラムにESDを位置づけている
・ ESD、STEAM、探究学習などの実践がSDGsの推進になることを理解している
・ 学校の課題（現状）を捉え理解している

つながる力

・ 学校関係者（保護者、地域）へ情報発信し、信頼関係を構築している
・ 学校内の取組みを社会および世界に広げ、企業やNPOなどの校外組織と連携している
・ 同僚を大切にし、教員間でケアリングができている
・ 児童生徒へエンパワメントしている
・ 他校との交流活動に取り組んでいる
・ 「対話」を取り入れることでつながり方を見つけ、次のアクションを起こせる

学び続け改善する力

・ 子どもと共に学ぼうとしている
・ 今日的な教育環境を批判的に分析（省察）し、変革的な教育環境を創造しようとしている
・ 社会の状況に敏感であり、学校外に学び（刺激）の場がある
・ 指導内容や指導方法をESDの視点で捉えなおすことができる
・ 児童、生徒に振り返りをさせるとともに、教員自身も専門職として指導を振り返っている
・ 教員同士が学びあう場に参加している
・ 自分の授業（カリキュラム）を自分でデザインすることができる

実践する力

- 自分をアップデートし、児童・生徒に合わせた取組みを具体化できている
- ユニバーサルデザインの要素のある学級作りをしている
- 児童・生徒間の双方向の（インタラクティブな）学び合いを促進し、主体性を高めるための環境作りをしている
- 授業／取組みにおいて、校外組織や国内外の学校とつながるためのツールを開発している
- 授業／取組みにおいて、児童・生徒が自分事として捉えられる展開をしている
- 校内外でだれでも挑戦できる環境がある
- 体験と思考や協働が繰り返すよう、探究的に実践している
- カリキュラムマネジメントで、総合的な学習/探究の時間と教科を横断させている
- 委員会活動などの特別活動も活用している
- ESD/SDGsを学んだ子ども自身が、学び探究し続ける人になるよう、ファシリテートしている
- ESD/SDGsを子ども視点でどうなのかを捉え、評価をデザインしている
- 社会情勢に柔軟に対応しながら学習を提供している
- 課題解決型、問題解決型学習およびプロジェクトを実施できる環境を整えている
- 積極的なアプローチなどの行動（アクション）をおこしている

SDGsを自分事化するための ＜MAP＞の観点

藤井数馬　●長岡技術科学大学

長岡技術科学大学基盤共通教育系准教授。専門は多読の効果研究、応用認知言語学。近著に『英語の多聴多読最前線』（コスモピア）、『英語のしくみと教え方』（くろしお出版）、『SDGs Fun Learning Book』（丸善雄松堂）、いずれも共著。

要旨

　SDGsは世界規模の目標のため、日本に暮らす生徒たちには「どこか遠くの問題」として映り、「自分事」として捉えるのが難しいものが多い。SDGsを授業で採り入れるとしても、自分とのつながりを感じられなければ本気になって考えたり、共感したり、行動したりすることにはつながらない。本稿では、SDGsを教育で採り入れ、自分事と考えさせるための観点として＜MAP: 生徒にとってSDGsをMeaningfulなものに、Authenticなものに、Personalなものにする＞を援用する意義を論じ、大学3年生を対象に行った授業実践とその影響を報告する。

キーワード：SDGs、自分事、MAP

1. SDGs を自分事に

　蟹江（2020）は、SDGsを、国連の歴史上はじめて踏み込んだ目標ベースによるガバナンスと評している。国際的な取り決めや国連におけるガバナンスは、通常、ルールの集合体で成り立っているのに対し（ルールベースのガバナンス）、SDGsには法的な拘束力はなく、経済、社会、環境を包括的に捉えた、地球規模での持続可能な開発に向けて目標とターゲットを据えている（目標ベースのガバナンス）ところに大きな特徴があることを指摘している。

　このことは、SDGs達成のために私たちが取るべき道筋や方策は多様に存在し、その多様性が尊重されることを示唆している。SDGs達成のための道筋が多様であることは、SDGsを教育に採り入れること（以下、「SDGs教育」）の観点から考えても意義深い。**ひとつの解を求めるアプローチとは異なり、生徒一人ひとりの意見が尊重されることを保証する**からである。そして、多様な意見がSDGs達成に向けた資源となり、その多様な資源の組み合わせが創発を生む可能性もあるからである。こういった性質を内包するSDGs教育は、「**生徒一人ひとりのSDGs社会論**」を展開する意義と直結するものである。

　この教育的意義の一方で、SDGsの中には日本で暮らしていると実感を持ちにくいゴールがあるかもしれない。また、世界規模で掲げられているゴールの大きさや複雑さを前にすると、個人の無力を感じてしまうかもしれない。あるいは、そもそもゴールやターゲットが多くて理解が容易でないと感じる生徒もいるかもしれない。しかし、**SDGsは先進国もともに取り組む世界的開発目標であり、私たちは決して無関係ではない**。生徒が、SDGsを「**どこか、遠くの、誰かの問題**」とせず、「**今、ここで、私と関わりのある問題**」と自分事として考え、その解決に向けて行動する源泉とするためには、私たち教師はどのような支援ができるのだろうか。

　SDGsを自分事とするために、事象を自身との関係に基づいて理解させる指導を行うことは、直接的な支援として有効だろう。ただ本稿では、生徒が**自分の心の奥深くでSDGsを自分事として考えられる**ように、もう一歩支援を深めるために参照できる有用な観点を提案する。それは、SDGs教育の中で、使用する教材や活動がSDGsの自分事化につながるかどうかをチェックできる観点でもある。

　本稿の結論を先に述べれば、**生徒がSDGsを意義あるもの（meaningful）として理解でき、SDGsで掲げられている課題をリアリティーがあるもの（authentic）として捉えられるような支援ができ**

れば、自分事（personal）としてより深く考えることができるのではないか、というものだ。この3つの観点は田中（2022）によって、＜meaningful＞＜authentic＞＜personal＞の頭文字をとって＜MAP＞として、英語教育の質を高めるための枠組みとして提唱されている枠組みである。

　本稿では、「自分事化」を、「『今、ここで、私と関わりのある問題』と自分事として考え、その解決に向けて行動する源泉とすること」と定義した上で、生徒ひとりひとりが自分事としてSDGsに向き合う方法として、＜MAP＞の枠組みをSDGs教育に応用する意義を、筆者の実践例も踏まえながら論考する（図1）。

　なお、本稿での実践は工学系の大学生を対象にした英語の授業で1学期間（15週間）行ったものであり、**大学生や高専生を主な対象として想定した論考と報告**である。

図1　SDGs教育に＜MAP＞の視点を採り入れる

2. ＜MAP＞という枠組み

　田中（2022）は、英語教育の質を決める要諦は、生徒にとって、教育コンテンツがmeaningfulで、authenticで、personalであるかどうかにあると述べている。すなわち、生徒にとって理解可能で、意義を感じられ（meaningful）、リアリティーや真正性が感じられ（authentic）、自分との関わりを感じられる（personal）教材や活動を組み込むことの重要性を説いたものである。これら3つの観点は相補関係にあることも述べられている。つまり、authenticでpersonalなものであればmeaningfulなものとなり、personalでmeaningfulなものであれ

ば authenticなものとなり、meaningfulでauthenticなものであれば personalなものとなるという関係性である（図2）。

図2　＜MAP＞の枠組み

　これは、英語教育の質を高め、省察する際の参照すべき枠組みとして以前より提示されてきたが、**SDGs教育にも応用可能**だと筆者は考えている。英語教育もSDGs教育も、教育という点で共通する営みである以上、教育の質を見つめるという大きな枠組みにおいて共通性があると考えるからである。

　SDGsを自分事化させたい場合に、この＜MAP＞の相補的な関係は支援の羅針盤として機能する。つまり、SDGsと自分との関わりを考えさせるという＜personal＞に働きかける直接的な支援にとどまらず、SDGsの課題を深く理解させたり、SDGsに取り組むことの意義を実感させたりするような＜meaningful＞に働きかける支援や、社会問題の現実を映し出したり、現在問題に直面して苦しんでいる人や助けを求めている人の声を届けたりするような＜authentic＞に働きかける支援が、生徒にとってSDGsをより深いレベルで＜personal＞なものとすることを教示するからである（図3）。

図3　SDGsを自分事化させる支援の性質

以下では、＜MAP＞の観点を参照しながら、SDGsを自分事とするための具体的な支援例や支援のポイントを、筆者の教育実践を基にして紹介する。

3. SDGs を生徒にとって meaningful なものに

SDGs達成に向けて、学校、会社、地域社会など、さまざまな場での取り組みが広がり、日々生活を送る中でもSDGs関連の情報を見聞することが増えてきた。筆者は、**生徒がSDGsを心の奥底からその意義を感じられるようにするために、いくつかのポイントを考え、実践している。**

3-1 生徒の関心を入口にする

まず、**SDGsのすべてのゴールを理解させようとするのではなく、生徒にとって関心がある目標に絞り、そこを探究の中心とすることを重視して**いる。SDGsのすべてを時間に限りのある学校教育で理解させようとすると、どうしても各ゴールに対して割ける時間は少なくなってしまう。SDGsの全体像を理解することを教育の目標とするならば全体を扱う必要があるが、**限られた時間の中でSDGsの自分事化を目標とするならば、全体をカバーすることよりも関心があるゴールやターゲットを見つけさせ、深く探究させることに注力するようにしている。**なぜなら、SDGsの全体像の把握をすることよりも、関心がある課題に対して深く多角的に理解することが、生徒がSDGsを本気になって考え、その後の行動変容のための源泉とすることにつながると考えるからである。

具体的には、最初にSDGsの全体をカバーすることを目的とするのではなく、関心のあるゴールを入口にして多角的に理解を深めていく中で他のゴールとのつながりに気づいていくプロセスを重視して実践している。他のSDGs教育実践で見られるように（小松他, 2020; 斉田・堀田, 2022）、**小さな関心から始めて、関連する別の関心や問題を巻き込みながら、大きく広げていくことを目指した**ものである。自分の

関心がある領域だからこそSDGsと真剣に向き合い、問題を深く理解しようと探究することが可能になる。これが、SDGsをmeaningfulにすると考えている。

　関心のあるゴールは、生徒の地域や学校や年齢によって、かなり違いがあると考えられる。例えば、漁業が盛んな地域と、林業が盛んな地域と、大都市圏の子どもたちの関心は異なる可能性が高いし、文学を専攻する大学生と工学を専攻する大学生では関心は大きく異なるだろう。**生徒一人ひとりの関心や問題意識に基づきSDGsに向き合うことで、SDGsを学ぶのではなく、SDGsで学ぶことが可能**になり、広がりのある学びが期待できる。

　図4は、本稿で報告する授業を実践した工学を専攻する大学学部3年生31名を対象に、授業開始時点（2021年9月）で、SDGsの17の目標のうち、どのゴールに関心があるかについて、3つ以内で回答してもらったアンケート結果を示している。この結果からも、関心にはかなり偏りがあり、ゴール9（産業と技術革新の基盤をつくろう）、ゴール7（エネルギーをみんなに そしてクリーンに）、ゴール12（つくる責任 つかう責任）に高い関心があることがわかる。同じアンケートを文学部の学生を対象に行えば、全体的な分布は異なるだろう。**各学校の特徴などを踏まえながら、生徒一人ひとりの関心を探究の入口とする**ようにしている。

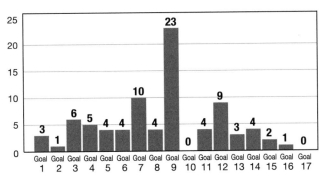

図4　SDGsの中で関心のある目標（工学系大学3年生を対象）

3-2　自分の関心を見つけられるように支援する

　自分の関心を探究の入口とするためには、生徒が自分の関心がある**ゴールや社会問題に気づけるような支援**も重要だろう。自分の専門がある高専生や大学生や大学院生、あるいは社会的役割がある大人であれば、自らの関心や問題意識がどこにあるのか自分で気づくことは比較的容易だろう。一方、小学生や中学生が対象であれば、自分の関心がどこにあるのかに気づけるような支援が必要かもしれない。

　そのために、例えば、学校や地域や家庭の問題をできるだけたくさん付箋に書き出してグループで共有してその問題の中で一番解決してみたいものを話し合いながら考えてみる、最近気になったニュースをグループで共有してその問題の中でもっと詳しく知りたいものを考えてみる、地球の未来や自分の将来に対して期待していることや不安に感じていることを書き出して今からできることは何かを考えてみるといった活動などは、自分の考えに気づき、整理するために有効だろう。これらの活動は、ひとりで考えた後、ペアやグループで話し合い、クラスで共有する (think – pair – share) と、さまざまな意見にふれて自分の関心や考えに気づきやすくなるだろう。教師側からは、生徒の状況に応じて、問いの投げかけや論点の整理などを通して議論のファシリテーションを行いたい。また、話し合いの際には人の意見を否定せず最後まで聞くこと、建設的な意見を言うことといった約束事をクラスで決めて伝えておき、ゴール達成のためには多様な意見が尊重されること、誰も取り残さないことというSDGsの本来のビジョンを忘れないようにしたい。

3-3　問題を多角的に眺め、その本質を理解する。そのために探究する

　生徒がSDGsをmeaningfulなものとして捉えられるように関心を入り口にすることを述べたが、その**関心を持つ問題に対して事実を多角的に眺め、本質を理解できるように支援**している。社会問題の意義や重要性を感じるためには、その問題を深く知ることから始まると考えている

からである。日々の生活で受動的に入ってくるレベルでの情報から知るというのではなく、もっとさまざまな立場や観点から自ら調べ、信頼できるデータや事実を通して理解することが重要だと考えている。

　世界の問題は、さまざまな要因や、さまざまな立場の人間が複雑に絡み合っている。そこには、ひとつの問題に対してさまざまな観点や立場が存在している。そういった複雑さから目を背けず、**事実やデータを通してさまざまな角度から問題をありのまま見つめることが、SDGsの本質の理解につながり、その意義を心の奥底から感じ、自分サイズの問題を見つけられることにつながる**と考えている。そして、複雑な諸相の中で、問題の要因となっている何かひとつの小さな綾でいい。**自分にとって意義があり、行動する意味があると感じるその綾を、丁寧に解きほぐすような自分サイズの道筋を見つけられれば、SDGsは自分事となり、日々の行動にもつながる**というのが筆者の考えである。

　一例として、古着をアフリカ諸国に送るという行為をさまざまな角度から見てみたい。原（2021）によれば、先進国で集められた大量の古着は、その多くがアフリカに送られている。2016年の国連データによれば、アメリカから75万トン、日本からも24万トンもの古着が海外に送られている。半袖Tシャツ1枚200グラムとすると、日本からだけでもTシャツ12億着程度の古着が毎年海外に送られている量である。先進国の善意に基づく行為であり、アフリカの人たちは安価もしくは無料で衣服が手に入る慈善事業であり、SDG 12の達成につながる素晴らしい行為であることは確かである。しかし、たんにそれだけの理解で終わってしまえば、それは**私たち先進国側から見た、事実の一部の把握に留まってしまう**かもしれない。

　アフリカが直面している主要な経済・開発課題に関する最新情報を提供する国連の部局であるAfrica Renewalの中のKuwonu（2017-2018）による記事では、この**古着を送るという行為によって、アフリカの地元繊維産業が成長することや、衣服製造のための技術の発展が妨げられて**

いるという側面を指摘している。つまり、いくらアフリカで衣服を作っても、先進国から丈夫で、デザイン性の高い、安価な古着が入ってくれば、消費者のニーズをつかむことは難しく、いつまでも先進国の援助に依存させられてしまうという構造的な問題は解決しないかもしれない。するとこの事業は、何を目的にいつまで続ければいいことになるのだろうか。

また、別の深刻な問題として、アフリカに必要以上の衣服が送られ、中には一度も現地の人に使用されることなく埋立地に送られているという事実もある。ガーナの首都・アクラにある商業地帯・水源地帯にあるコーレラグーンの埋立地は、その**60%が古着で占められている**ことが、Besser（2021）によるABC Newsの「Dead white man's clothes」という記事として、写真とともに取り上げられている。「困っているアフリカの人に着てもらおう」――そんな思いで大切な服を思い切って送った結果、**現地の人の袖を通ることなく埋立地に行ってしまったとすれば、送る側、送られる側双方にとって現状のままでいいはずがない。**さらに、先進国の古着の輸出産業が拡大の一途を辿っているという事実（Kuwonu, 2017-2018）を知ると、背景にビジネスも巻き込んだ複雑な問題であることもわかる。

古着をアフリカ諸国に送ることは、確かにSDG 12の達成に貢献する行為である。しかし、この行為に対して単眼的な理解に留まれば、開発途上国側の産業発展が遅れたり、ゴミ問題に発展したりしている事実を見逃してしまうかもしれない。受動的に入ってくる情報のみに頼ってしまっては、問題の一部を切り取った側面しか目に映らない。能動的にさまざまな観点や立場から事実とデータを通して丁寧に社会問題を見ていく姿勢を持つことで、その本質を理解でき、現状の古着支援が本当にSDG 12の達成に対して、長期的、構造的に貢献するのか批判的に検討できるようになる。

そして、この批判的、複眼的な目を持つことによって、例えば、

日本では年間10億着以上の新品の衣服が捨てられている事実（原，2021）を知れば、服の過剰生産という問題意識を持つ生徒が出てくるかもしれない。また、「製造にかかるエネルギー使用量やライフサイクルの短さなどから環境負荷が非常に大きい」（環境省，n.d.）ファッション産業の構造に対して問題意識を持つ生徒が現れるかもしれない。すなわち、**多角的に眺めることで、問題の本質を深く理解でき、私たちの行動変容につながる可能性がある。**

　私たちは、とかく身の回りの問題にしか目がいかないものである。そのことを自認した上で、多角的に問題を見つめようとする姿勢を持つことで、アフリカで起こっている社会問題は、自分の衣服購入という行動の先にあることに気づき、自分事となる。そして、多角的に考えさせるために、探究活動を採り入れ、探究に値する問いを投げるように心がけている。

3-4　3節のまとめ

　本節では、SDGsが生徒にとってmeaningfulなものとなるように、自分に関心のある問題を自分で選び探究の入口とすること、自分の関心を見つけられるように支援すること、問題を多角的に眺めて本質を理解できるように探究活動を行うことを提案した（図5）。換言すれば、「SDGsを学ぶ」のではなく、「**SDGsで学ぶ**」というスタンスであり、SDGsに関する探究を通して物事の見方や考え方や生き方への変容にもつながる向き合い方である。

図5　SDGsを meaningful に

4. SDGs を生徒にとって authentic なものに

　震災を経験された方から、そのときの思いをどんなに説明しようと
しても言葉では伝えきれないということをしばしば耳にすることがあ
る。ただ、被災した方に寄り添うことができないかといえば、決して
そうではないと信じている。実際に被災者の声を真剣に聞き、被災地
の状況を見て感じて、他人事ではなく自分にも関係のある問題とし
て知る努力をすることによって、温かい気持ちで寄り添ったり、支
援の手を差し伸べたりすることは決して不可能ではないと信じてい
る。これは、震災という事象に対して、人の声や視聴覚資料といった
authentic な資料を使いながら自分と関わりやつながりのある問題と
して考えるという行為である。

　SDGs に対しても同様のアプローチが可能だと考えられる。すなわち、
可能であれば問題が起こっている現地を自分の目で見たり、現地の人と
話したりすることは、問題を authentic なものとして捉えるのに非常に
有効だろう。しかし、現地に赴くことができなくても、また自分が経験
していない問題や、想像しにくい問題であっても、その**問題を扱った動
画や画像や音声に代表される authentic な資料**を使うことで、自分事と
して捉えられるよう支援することができるだろう。

　authentic な資料を使うことの最大の利点は、インパクトの大きさで
ある。問題に直面している人、支援を求めている人の声の強さや表情や
息づかい、問題の実態を映し出す景色などは、テキストベースで表現す
るには限界がある。また、当事者ではない教師が言葉で語るのとは迫力
も大きく異なる。authentic な映像や音声を目の当たりにしたときの生
徒の真剣な眼差しは、多くの教師が経験していることではないだろうか。
それは、それまで「どこか、遠くの、誰かの問題」であったものが、動
画や画像という媒体を通すことによって、「今、ここで、私に関わりの
ある問題」として届くからだろう。

本節では、SDGsを生徒にとってauthenticなものにするために有用な、無料で使える動画や画像コンテンツとともに、社会問題を自分との関わりやつながりを感じさせるために筆者が行っている支援のポイントを紹介する。

4-1 動画コンテンツと画像コンテンツを活用する

筆者がSDGs教育を実践する上でしばしば利用するのが、**国連広報センター (2016)** が提供している動画である。この動画は、世界各地の人々が、直面しているさまざまな課題について、自らの言葉で切実に訴えるものである*。言葉を発するときの表情や息づかいを含め、人が発する言葉の力や可能性を再認識させてくれる動画である。

海外の大学講義を学べるオンライン講座を無料で提供しているNPO法人Asuka AcademyによるSDGsに関する動画コンテンツも、SDGs教育で非常に有用である**。SDGsの動画コンテンツの中には、ゴミの中から売れるものを見つけて生計を立てているマダガスカルの人たち、紛争が長く続いた中央アフリカ共和国で住民に夢や希望をもってもらうよう続けられている移動式映画館の活動、プラスチックを削減する運動を進めるイギリスのスーパーの取り組み、雨漏りが続くカンボジアの学校設備問題、かつて敵対していた白人と黒人が協働して国の農業部門を立て直すジンバブエの活動など、世界各地で行われている興味深い取り組みがあり、17のゴールごとにタグ付けされている。動画を視聴することで、さまざまな課題や取り組みを知るだけでなく、現地の風景や様子もうかがうことができ、知識と視野を広げてくれる。さらに、これら動画コンテンツには、英語の字幕と日本語の字幕をクリックひとつで表示できるようになっているので、**英語リスニング演習としても利用可能な優れたコンテンツである。**

* https://www.youtube.com/watch?v=yEQJzdrYlcM

** https://www.asuka-academy.com/#gsc.tab=0

画像コンテンツとしては、Anna Rosling Rönnlund氏によって作られたDollar Streetは、世界各地の収入の多寡に応じた暮らしの実態を把握するのに参考になる*。このサイトでは、国や地域、収入に応じた生活実態を、写真を通して垣間見ることができる。例えば、家や、ベッドや、トイレや、ペットなど、トピックごとに画像が世界中から集められていて、各画像がどの国や地域のものか、どの程度の収入を得ている人のものかを知ることができる。関心のあるテーマについて探究するときや、貧困や格差をテーマにした学びを深めるときなどに有用である。

　また、ニュースサイトにも豊富な画像や動画資料がアップされている。前節で紹介したガーナのコーレラグーンの埋立地も、ABC NewsのBesser（2021）の記事にアクセスして画像も示すと、先進国から送られた衣服がそのまま埋立地に捨てられているという事実に対して、リアリティーとインパクトが高まることだろう。

　事実として知っていたことであっても、動画や画像を通すことで、実感を持って理解する、現地の人に共感しながら寄り添うことへの支援につながると考えられる。このことは、生徒がSDGsをauthenticなものとして捉える支援となることを意味している。

4-2　大きな数字を身近な数字で提示する

　SDGsに対してリアリティーを高めることに関してもうひとつ筆者が気をつけていることは、大きい数字の提示の仕方である。データや事実を調べたり、提示したりすることは重要だが、世界的な問題や日本全体の問題を扱う場合、その規模は巨大なものとなり実感を得にくいときがある。例えば、日本における食品ロスが年間で612万トンと表記するだけでなく、「東京ドーム約5個分の量」や、「1人毎日お茶碗1杯分の量」なども添えるようにしている。2020年のマラリアによる世界での死者数も、627,000人（World Health Organization, 2021）と示すだけでなく、マラリアによって1分に1人以上が亡くなっ

---

*https://www.gapminder.org/
dollar-street/

ている、日本からの古着がアフリカ諸国に年間24万トン送られているというだけでなく、Tシャツでは12億着程度に相当すると提示するようにしている。**大きな数字も、個人レベルで想像できる数字に変えて提示することで、その問題に対するリアリティーを高めることができる**と考えた支援である。

4-3 4節のまとめ

　本節では、生徒が SDGs を authentic なものと捉えられるように、筆者が心がけている視点をいくつか提案してきた。動画や画像を有効に活用し、問題の規模を生徒に理解しやすい数字で提示することで、どこか遠くの誰かの問題だったものを、リアリティーのあるものとして提示することができると信じている。**ひとりの力は微力だが、決して無力ではない。**社会問題に対してリアリティーを持たせることで生徒の心を揺さぶり、自らの行動の変容につながるよう支援している。

図6　SDGsを authentic に

5. SDGs を生徒にとって personal なものに

＜MAP＞の枠組みは、SDGs を自分事にさせるために、生徒にとってSDGs が meaningful で authentic なものになるようにするという間接的な支援の視点を提供してくれる。もちろん、SDGs を personal なものにするという自分事化のための直接的な支援も欠かせない。

5-1 社会問題と日常生活を結ぶ。そのために探究する

日本で生まれ育った私たちが、遠い地の社会問題を自分事として理解することは決して容易なことではない。しかし、**世界的な問題は複雑に絡み合い、遠くに見えた問題も私たちの日常生活と無関係ではないことも少なくない**。遠くに見えていた社会問題が私たちの日常生活とつながっていることに気づいたとき、その問題は身近なものとなるだろう。

SDGs を生徒にとって personal なものにするために、社会問題と日常生活を結ぶための問いかけをして探究活動に入らせるようにしている。一例として、「子ども兵士の問題は私たちの生活とどのようにつながっているか」という問いを考えてみたい。UNICEF（2021）によると、2005年から2020年の間に少なくとも 93,000 人の子どもが兵士としてリクルートされ、紛争地域で戦闘に参加したと報告されている。これは、確認されている子ども兵士の数で、実態はこれよりも遥かに多いと考えられている。

鬼丸・小川（2005）によれば、子どもたちは軍によって強制的に連行、誘拐されるか、家族の貧困を救うために自発的に軍に入ることで兵士になる。ひとたび軍に入ると、恐怖と暴力で大人から支配、搾取され、紛争地域の最前線に立つことになる。その結果、毎年多くの子どもが戦地で体の一部を失ったり、犠牲になったりしている。運よく家に戻ることができたとしても、家族とは再会できず、村から殺害者として受け入れてもらえない子どももたくさんいる。兵士として従軍した期

間の教育は抜け落ち、その後の社会復帰を一層難しくしている。戦地での悲惨な経験は、子ども心に深く刻まれ、精神的な後遺症はその後の人生に影を落とす。これだけ見ただけでも、SDGs1、4、5、16、17などに関連する子ども兵士の問題を、**現状のまま放置しておいていいはずはない**。

この問題の重要性は理解しながらも、多くの日本で暮らす生徒にとっては、**どこか遠くの問題**と感じてしまうことだろう。日本では子ども兵になった人が身近にいないため、自分との関わりを感じられないからである。ここで生徒たちに投げかけたいのは、「**そもそもなぜ子ども兵士が必要なのだろう**」、そして「**なぜ子どもが兵士として活動できるのだろう**」という問いであり、**取り組ませたいのはこの問いに対する探究活動**である。

この問いを探究することで、子どもでも扱える、**軽くて、小さく、操作の簡単な小型武器**の存在に気づくことができる。大人が長年訓練した後で使えるような武器しかないのであれば、子どもが戦場に駆り出される必要性はないかもしれない。子ども兵士の問題を考える際、**子ども兵士の数は小型武器の登場とともに増えてきた**という報告（鬼丸・小川, 2005）にもあるように、小型武器の問題も考える必要がある。そしてこれら小型武器を調べれば、アメリカ、イタリア、ブラジル、ドイツといった国が製造、輸出をしていることがわかる（Picard et al., 2019）。すなわち、**子ども兵士を使った紛争が続いている地域で使用されている武器は、その地域で製造された武器ではなく先進国などから持ち込まれている武器**であり、紛争地域だけの問題ではなく、先進国を中心とした武器ビジネスとも関連した**世界的な問題**であることがわかる。

さらに、子ども兵士が駆り出されている紛争地域の多くが貴重な天然資源の産地である（鬼丸・小川, 2005）ことまで探究すれば、生徒の日常生活までつながってくる。例えば、金やダイヤモンド、石油、銅、スズ、コバルト、タンタルなど豊富な天然資源を誇るコンゴ民主共和国では、政治的な混乱もあり、その貴重な資源と利権を求めて子ども兵を含む多くの人が犠牲になってきた（小川, 2012）。その多くの犠牲のもとで手にした貴重資源は、主に先進国の製品に使われている。例えば、金やダイヤモンドであれば宝石類に、タンタルはノートパソコン、スマートフォン、液晶テレビ、デジタルカメラなどに使用され、先進国の人の手に渡っている。ここまで探究すれば、私たち日本人の生活との関連性まで辿り着くことができる。

　「日頃使っているスマートフォンの中に、もし多くの犠牲を払って手に入った貴重資源が使われているとしたら——。その貴重資源を得るために多くの子どもの人生が台無しになっているとすれば ——。」遠くに見えていた子ども兵の問題が、生徒の身近でリアリティーのある問題へとつながる瞬間である。最近では、紛争鉱物を使用しないエシカルパソコンも見かけるようになってきたが、こういった製品を購入する生徒もきっと現れるだろう。頻繁にスマートフォンを買い替える行為を控える生徒も現れるかもしれない。

　このような社会問題と生徒の日常生活を結ぶために、問いかけをして、探究活動させることを、SDGsをpersonalなものにするために行っている。

図7 学生によるプレゼン
テーション

5-2 プレゼンテーション

SDGsをpersonalなものにする支援として、筆者の授業では、**SDGs
と自分たちの日常生活や専門研究とのつながりを考えさせ、SDGs達
成のためには何ができるのかについてプレゼンテーションをさせている**
（図7）。具体的には、関心があるSDGsのゴールを1～2個選び、そのゴー
ル達成のために自分の日常生活でできること、あるいは自分の専門を通
して貢献できることを英語でプレゼンさせている。複雑な問題の諸相の
中で自分の生活との関わりを探し出し、自分がSDGs達成のためにでき
ることを自らの言葉で話すことを目的としたものである。

　また、問題解決のために行動につなげるという視点で考える機会を設
けることで、他者との関わりを意識する契機となる。学校や、家庭、地
域社会、自治体といった多様なステークホルダーとの連携がゴール達成
のために重要であることが実感としてわかるからである。プレゼンの準
備、発表を通し、**一人ひとりの関心や問題意識から小さく始めたSDGs
教育が、人や社会との関わりの中で大きなうねりとなって広がる可能性
を期待したい**。最初からSDGsと自分との関わりを見つけさせるといっ
た直接的な支援を行うよりも、これまで述べてきた**SDGsを生徒にとっ
てmeaningfulなもの、authenticなものとするための支援を行いなが**

ら、自分の言葉として話す機会を設けることで、より深いレベルで自分
事として向き合えるようになると考えている。

　SDGsを生徒にとって、meaningfulで、authenticで、personalな
ものになるように支援する。この<MAP>の観点を、SDGsを「どこか、
遠くの、誰かの問題」ではなく、「今、ここで、自分と関わりのある問題」
とするための枠組みとして提案する。

6. 実践による学生の意識変化

　筆者が行った授業実践は、笹島他（2021）のテキストを使いながら、
SDGsを自分事とすることを目標のひとつとして、上述した<MAP>
の観点を参照しながら行ったものである。工学を専攻とする大学学部3
年生31名を対象に、2021年9月から12月にかけての全部で15回の授
業を行い、最後には関心があるSDGsのゴールを1〜2個選ばせ、日常
生活あるいは研究を通してゴール達成に向けてできることをテーマに、
2〜3人のグループでプレゼンテーションを行わせた。

　この授業の開始時、終了時の2回、同じアンケートを行い、本授業実
践を通してSDGsに対する意識がどのように変化するのかを調査した。
本稿では、このアンケートのうち、以下の4つの質問に対する結果を示す。
なお、アンケートは5件法で行った。また、Q2のハブ大学というのは、
筆者の勤務校が国連アカデミック・インパクトのSDG 9のハブ大学と
して任命されていることを受けての質問である。

> **Q1:** SDGs達成は地球全体にとって重要なことだと感じますか。
>
> **Q2:** SDGsハブ大学の学生であることが、SDGsに対する意識を高めて
> いると思いますか。
>
> **Q3:** SDGs達成のために、あなた自身が日々の生活の中で貢献できること
> はあると思いますか。
>
> **Q4:** SDGs達成のために、あなたの専門分野が貢献できると思いますか。

　本稿では、アンケート結果の統計分析は行わず、学生の SDGs に対する全体的な意識の変化を示すことに留める（図8〜図15）。

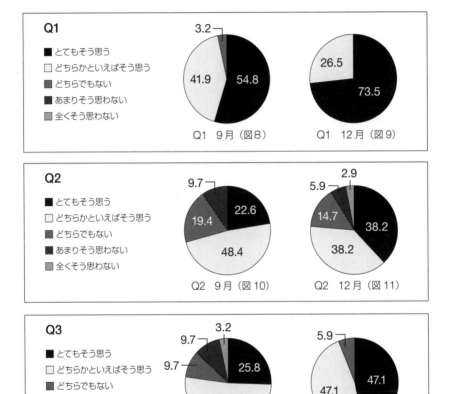

Q1

- ■ とてもそう思う
- □ どちらかといえばそう思う
- ■ どちらでもない
- ■ あまりそう思わない
- ▨ 全くそう思わない

3.2
41.9　54.8
Q1　9月（図8）

26.5
73.5
Q1　12月（図9）

Q2

- ■ とてもそう思う
- □ どちらかといえばそう思う
- ■ どちらでもない
- ■ あまりそう思わない
- ▨ 全くそう思わない

9.7
19.4　22.6
48.4
Q2　9月（図10）

2.9
5.9
14.7　38.2
38.2
Q2　12月（図11）

Q3

- ■ とてもそう思う
- □ どちらかといえばそう思う
- ■ どちらでもない
- ■ あまりそう思わない
- ▨ 全くそう思わない

3.2
9.7
9.7　25.8
51.6
Q3　9月（図12）

5.9
47.1
47.1
Q3　12月（図13）

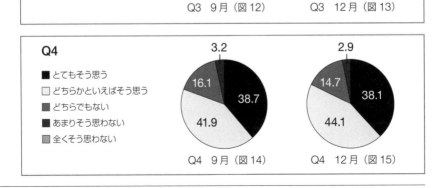

Q4

- ■ とてもそう思う
- □ どちらかといえばそう思う
- ■ どちらでもない
- ■ あまりそう思わない
- ▨ 全くそう思わない

3.2
16.1　38.7
41.9
Q4　9月（図14）

2.9
14.7　38.1
44.1
Q4　12月（図15）

Q1の結果から、この授業を通して学生のSDGsに対する重要性の認識が96.7%から100%へとさらに高まったことがわかる。特に、重要だと強く感じる学生割合が、54.8%から73.5%へと大きく広がった（図8、図9）。

　またQ2の結果から、この授業を通してSDGsのゴール9のハブ大学であることによるSDGsへの意識高揚の効果を感じる学生割合が、71.0%から76.4%へと5.4%上昇した（図10、図11）。特に、意識高揚の効果を強く感じる学生割合は、22.6%から38.2%へと15.6%上昇した。勤務先の大学ではハブ大学としてSDGsを学んだりゴール達成のために行動したりする企画が以前より頻繁に開催されていたが、**この授業を通してSDGsの重要性への意識が高まったことによって、SDGs関連企画があることに意識が向いて気づいたり、参加したりする学生が増えた可能性を考察することができる。**

　Q3とQ4は変化の仕方が異なる結果となった。授業を通してSDGs達成のために日常生活でできることがあると感じる学生の割合は、77.4%から94.2%へ16.8%上昇したのに対し（図12、図13）、SDGs達成のために研究を通して貢献できると感じる学生の割合は、80.6%から82.3%と1.7%の上昇に留まった（図14、図15）。この結果は、**すでに一定の知識を持ち、精緻に考える機会が多く、狭い範囲を扱う研究分野よりも、身近で、活動範囲を広く含む日常生活の中で、SDGsというフィルターを通して見つめることでSDGs達成のためにできることを見つけられた学生が多い可能性を示唆している。**

　総じていえば、本稿で述べてきた実践を行うことで、**SDGsへの重要性や意識が高まり、ゴール達成のための日常生活での行動変容につながる可能性を示唆した結果といえる。**他の学校や大学で実践すれば、また異なる結果となるだろう。今後、多くの事例が共有される中で、よりよいSDGs教育がかたちづくられていくものと信じている。

7. まとめ

　未来を担う生徒たちには、SDGsの中で何かひとつでもいい、心の奥深くから自分事として問題を感じ、どんな小さな行動でいい、自らの意思に基づき、行動を起こしてほしいと願う教師は多いのではないだろうか。私たちがSDGs達成に向けてどれだけ考え、行動できたかによって起こる影響は、私たち大人世代よりも、先の長い今の子どもたちへの影響の方が遥かに大きい。その意味で、SDGsを自分事として捉えやすいのは子どもたちなのかもしれない。

　SDGsが一人ひとりの心の奥に根づけば、束縛の少ない生徒たちの口からは、自由で面白いさまざまな提案が飛び出し、その提案のいくつかが実際の行動につながるのではないだろうか。そのインパクトは、長期的に非常に大きなものとなる。SDGs教育の魅力のひとつは、ひとりの大人として、さまざまな正解がある未来の問いに対して、子どもたちと一緒に考え、学ぶことができることにある。人は微力な存在だが、決して無力ではない。未来を担う子どもたちの大きな可能性を信じて、一人ひとりがSDGsを自分事として捉え、より良い日本や世界に向かう——その一端を担う教育実践が共有され、発展していくことを期待したい。

参考文献

Besser, N. (2021, October 22). *Dead white man's clothes*. ABC News. https://www.abc.net.au/news/2021-08-12/fast-fashion-turning-parts-ghana-into-toxic-landfill/100358702, (参照 2023-03-01)

原貫太 (2021). 『あなたとSDGsをつなぐ「世界を正しく見る」習慣』KADOKAWA.

蟹江憲史 (2020). 『SDGs（持続可能な開発目標）』中央公論新社.

環境省 (n.d.). 「SUSTAINABLE FASHION: これからのファッションを持続可能に」https://www.env.go.jp/policy/sustainable_fashion/, (参照 2023-03-01)

小松裕幸・金子美香・濱泰一・湊秋作 (2020). 「グループディスカッションを取り入れた企業のSDGs教育の実践とその効果」『環境教育』30(2), 22-29. doi.org/10.5647/jsoee.30.2_22

Kuwonu, F. (2017, December – 2018, March). *Protectionist ban on imported used clothing: US threatens East Africa with AGOA expulsion*. Africa Renewal. https://www.un.org/africarenewal/magazine/december-2017-march-2018/protectionist-ban-imported-used-clothing, (参照 2023-03-01)

小川真吾 (2012). 『ぼくらのアフリカに戦争がなくならないのはなぜ？』合同出版.

鬼丸昌也・小川真吾 (2005). 『ぼくは13歳 職業、兵士。 あなたが戦争のある村で生まれたら』合同出版.

Picard, M., Holtom, P., & Mangan, F. (2019). *Trade update 2019: Transfers, transparency, and South-east Asia spotlight*. Small Arms Survey.

斉田俊平・堀田博史 (2022). 「「SDGs の自分事化」を目指した学校間交流学習における児童の意識の変容」『日本教育工学会研究報告集』pp. 151-158. doi.org/10.15077/jsetstudy.2022.1_151

笹島茂・小島さつき・安部由紀子・佐藤元樹・カバナー, バリー・工藤泰三 (2021). 『CLIL 英語で考えるSDGs―持続可能な開発目標』三修社.

田中茂範 (2022). 「多読多聴とコミュニケーション活動」『英語の多聴多読最前線』pp. 154-163. コスモピア.

UNICEF (2021, December 22). *Children recruited by armed forces or armed groups: Thousands of boys and girls are used as soldiers, cooks, spies and more in armed conflicts around the world*. https://www.unicef.org/protection/children-recruited-by-armed-forces, (参照 2023-03-01)

World Health Organization (2021, December 6). *More malaria cases and deaths in 2020 linked to COVID-19 disruptions*. https://www.who.int/news/item/06-12-2021-more-malaria-cases-and-deaths-in-2020-linked-to-covid-19-disruptions, (参照 2023-03-01)

国内でクルド人支援を続ける

＜飯塚ゆりか氏＞

明治大学卒業後、埼玉の県立高校で3年間英語教師として勤務。その後ユリーカ学院を主宰し、30年教育に従事している。

　ユリーカ学院（川口市）の塾長、飯塚ゆりか氏は、6年前からクルド人の生徒の受け入れを続けている。トルコ出身のクルド人を20年近く支援している小室敬子氏から声をかけられ、支援をはじめた際には、迷いも不安もなかったそうだ。飯塚氏には、クルド人だから手を差し伸べたのではなく、母子家庭や、経済的に困窮している状況の人々の助けになれたらという思いがあった。

　サポートは勉強にとどまらず、生活面にも及んだ。出会ったからにはできるだけのことをしたいと思ったが、決して無理はせずに、自分自身の子育て、介護などとのバランスもみながら、できる範囲で行うように心がけたゆえ継続できた。

　塾の授業では、子どもたちは日本語を聞く耳はよいけれども、書くことには苦労する。そのため、漢字の習得や単語を学んでいくサポートには根気が必要だった。手をかけてあげなければ、成績はあがらない。身近な知り合いなので、病気になった際には差し入れをしたり、と人間的なつながりも持ってきた。クルドのパンをごちそうになるなど、次第につながりは深まってきている。

　クルド人の教え子たちが、クルド人の社会の中でリーダー格になり、他のクルド人を助けてあげてくれるとよい、そんな願いを胸に日々授業をしている飯塚氏だ。

英語教室におけるSDGsの取り組み

宮下いづみ

●実践女子大学、明治大学、Eunice English Tutorial

Eunice English Tutorial主宰。明治大学兼任講師など。「ドラえもんはじめての英語図鑑」（小学館）など著書多数。「おもてなし会話術」を日本経済新聞に2011年より連載中。小学生から大人までを対象に、英語で思考できる人材育成を目指している。

1. SDGs、英語教室でのはじまり

　「トイレ」がない場所や、蛇口をひねっても飲める「水」が出てこない場所に、人は住めるのだろうか。便利な暮らしに慣れていると、トイレがあって、水が飲めるのはごくあたりまえのことに思える。そして、そういう暮らしがあたりまえではない、ということを実感できない生徒たちはたくさんいる。この青い地球で、生徒たちが大人になったときにも、今と変わらぬ生活をできているのだろうか。その答えは私たちひとりひとりに委ねられている。私たちは未来の人類のために、今この瞬間に行動しなくてはならない。とりあえず自分たちが生きているうちは、地球は何とかなるだろう、などと考えるわけにはいかないのである。地球が爆発して天体としてなくなるようなことはないにせよ、未来のためにこの瞬間から取り組む必要がある。

　英語教室では、世界の人々と自由に意見を交換し、コミュニケーションをはかり、世界全体が平和でいられるように動ける人材育成を目指している。そのためにSDGsは全員に意識してほしい課題である。そこで、英語講師としてできることを考えた。

① 生徒にSDGsを知ってもらう。

② どういう事例があるか紹介して、考えてもらう。

③ 自分のこととしてとらえてもらう。

　これらを軸に、小さな意識改革を英語で実行しようとカリキュラムの一部に組み込んだ。講師自身が背伸びをして、高い目標を定めても、それを英語で授業し理解し深めていくことはできないので、あくまで等身大でできることを目指した。ここでは、実際の授業を紹介していく。

2.　スクールでのクラスごとの取り組み方

　小学1年生から高校生までは全学年、大学生、社会人までが通うEunice English Tutorial（さいたま市）では、授業はほぼ英語のみで行っている。英語に接する時間を少しでも多くとり、英語で考えていく習慣をつけるため、なるべく日本語は使わない。グループレッスンでは、英語がネイティブの講師と日本人講師（宮下）が半分ずつ担当している。英語を聞いてわかり、自分の意見を言えて、英文を読み書きできるような英語力をつけていくのがねらいだ。読んでから会話をしたり、議論した後に書いたりと、ひとつのスキルだけにフォーカスした授業ではなく、融合して行っている。対面授業、オンライン授業、ハイブリッド授業とその時々に一番適切な授業形態をとるようにしている。生徒は週に複数回通うこともできるが、通常授業は週に1回の通塾である。

　各クラスでSDGsを授業に組み込んでいる期間の時間配分は、以下の通りである。

クラス名	授業時間	授業内多読（読み聞かせを含む）	英語のテキスト	SDGsまたは時事問題など	ライティング	その他
小学生	60分	10分	30分	1カ月に1回13分	7分	
中学生	1.5時間	30分（授業後に）	45分	35分	10分	
高校生	2時間	30分	45分	35分	10分	時間配分は変わることがある。
大学生社会人	2時間	15分	1時間	30分	15分	

SDGsに関連する授業は中3の2学期以降高校2年生までの間に、それぞれの学習目標に合わせて約半年は毎週実施する。それ以外も、頻繁に事例に接し、討議する時間を設けている。小学生から中2までのクラスでも、SDGsに関連するテーマを扱っている。

3. SDGsの授業の流れ

SDGsのレッスンの初回では、まず必要性を実感してもらうために、イメージをふくらませていく。日本語で会話するようにはいかないが、ここで内容を最優先にすると英語のレッスンにはなりえない。使える英語で行うというわりきりを持って行っている。使用言語については、教える先生方のポリシーを貫いてもられば、みなさんのとらえかた次第だと考えている。未来をイメージするために、生徒たちの年齢に応じて、ぎりぎり想像できそうな年代についてまず想像してもらう。これが、目的を意識することにつながっていく。

小学生の低学年には、孫がおじいさんおばあさんになったら、どういうふうに世界はなっているかという絵を描いてもらう。あとでキャプションを講師と一緒に英語で考える。中学年は、未来をひとつの形容詞で表してみたり、高学年は簡単な英文をまずは一文考え、少しずつ文章を足して書いていく。

中学生、高校生は以下の会話例1のように質問を投げかけ、時間を測りながらグループやペアで意見を交換させる。話し終わったら、各グループの考えを共有する。講師は会話をしている間、ぐるぐる回り、あいづちを打ちながら全グループに参加していく。ここで文法的なミスがあっても、あまり指摘していない。あくまで言葉を発することを優先している。英語で話すなんて無理という生徒がいる場合、日本語をどうしても使うなら、100円ショップで購入のミニホワイトボードに書き込んで参加してもよいことにしている。それを講師が見て、英語での言い方を伝えながら、進めていく。

▼ 目的を意識するために

[会話例1]

Talk about your opinion in a group.

Q1. How do you imagine your life will be in 2050? または
What will your life be like when you turn 50 years old?

Q2. What would your work-life balance be?

Q3. How would you like to spend your time with your family?

♪考えてみよう♪

Q1. 2050年にはあなたはどのような暮らしをしていると想像しますか？ 50歳に
なったときの暮らしはどんなふうだと思いますか。

Q2. どのようなワークバランスをとりたいですか。

Q3. 家族とはどのように過ごしたいのでしょうか。

　考えるきっかけとして、まずは講師個人の思いを少し述べてみる。例を話すときには、なるべく簡単な英語で簡単にイメージできるようなことを話している。言いたいことの中から、生徒たちがわかる範囲の英語で話すので、本当に言いたいことが日本語でないと伝えられない場合には、英語で理解できることを言うようにしている。あくまで英語のレッスンなので、日本語では解説していない。

[会話例2]

In 2050, I'll be in my 80s. Are we still able to drive on the weekend, or are we taking a ride in an air bus? Perhaps people mostly work online, or robots are in control. Am I still enjoying superb meals with my family? Hope it's not tablets to get enough nutrition.

Is this globe at war? No more wars- that's what we have longed for. Hope we'll have a peaceful planet.

[会話例3]

In 2050、I'll be in my 70s. I wonder if I will still be working. I think it might be difficult for me to retire. I also wonder what the earth will look like. I'm a little worried about serious changes to the environment. I suspect our lives will be very different from now.

　結論がひとつの問いではないが、さまざまな意見を出し合いながら、イメージしていくことが目的となる。異なる意見も認めながら、自分たちの思う未来には、SDGsも重要な点となる気づきにつながるように考えていく。

　SDGsがこの地球、私たちの暮らしを守るために必要なことを、少しでも実感できればよいスタートになる。

▼ 授業スタイル

　初回で意識したSDGsについて、2回目以降のレッスンではひとつずつまたはふたつのゴールについて学んでいく。扱うゴールの数は、授業回数に応じて調整している。17のゴールを把握するために、授業で扱った後は、家庭学習でもさらに学びを深めていく。授業ではテキストを使用し、そのほかにオンラインでの本読みや、海外の新聞、雑誌なども任意で読んでもらっている。ときには生徒たちからのおすすめのサイトをみんなで共有することもある。

　教室での使用テキストは、『VOAで聞き読み SDGs英語ニュース入門』（コスモピア株式会社）や『TAGAKI Advanced 3 SDGs:Problems & Solutions』（mpi Matsuka Phonics, Inc.）などさまざまだ。身近なネットの記事や、お気に入りのその時々の書籍、雑誌、新聞など、レベルに合ったものならば何でも活用できる。

▼ SDGs のゴールを学ぶ

　授業の流れには3つのステップがある。

1〜17のゴールを知る。1週間にひとつかふたつのテーマを扱う。
1〜6、7-11、12-15、16、17で復習を入れる。

自分が特に重要視するゴールをひとつ選ぶ。

STEP 3

2について調べて考察する。原稿を起こさず発表。互いにコメントをする。
意見を書いてまとめておく。

STEP 1

　毎週ひとつからふたつのSDGsのゴールを扱う。ゴールの確認は、
United Nationsのホームページhttps://sdgs.un.org/goalsも参照して
いる。ゴールに関するUNのホームページを
さっと読み、テキストの本文を生徒たちと音
読。日本や世界にはどのような事例があるの
か、またそれに対して自分たちはどう感じて
いるのかを話し合う。

　講師の体験談からイメージして、身近なこ
ととしてゴールをとらえられるようにする。
アジア諸国やエジプトなど自分がボランティ

ア、授業見学で訪れた経験などを会話例2のように話している。

[会話例4] Goal 9 の場合

My visit to Siep Reap, the second largest city in Cambodia,
astonished me. Our volunteer group paid a visit to a middle
school where we delivered several classes to students. One
day, when it started to rain, people started to open all the

windows. To make the room brighter, they had to open the windows. You know what, there's no light in the room and the school had only a limited number of outlets, unlike Japan. I cannot forget the faces of kids who were looking inside the classroom from the outside. They could not attend the school because of poverty.

　「カンボジアで第二の都市シェムリアップの中学校に国際交流に行ったときのことです。ボランティアで授業をしていたある日、途中で雨が降ってきました。すると、一斉にみんなが窓を開け始めました。びっくりしていると、暗いので開けているという説明に、コンセントがほとんど学校にないことや、日本のようにどの部屋にも電気があるわけではないことに気づきました。また、学校に通えない子どもたちが、廊下の窓に手をつきながら、中をじっと見ていたのも心に残っています」

　ひとつの事例が複数のゴールに関連している場合もあるので、この例の場合はゴール9のみならず、ゴール1「貧困をなくそう」やゴール4「質の高い教育をみんなに」にも関連することを、生徒に気づいてもらうことができる。なるべく一方的にこれはこうですと説明するのではなく、生徒自身が気づく方向につなげていくようにしている。

　テキストの文章を読んだら、①大切だと思う箇所に下線を引き、深めたいと思う箇所を抜き出すようにする。②生徒同士でグループになり、何か該当するゴールに関連する事例があるかを話し合う。③生徒たちに解決策や、どうしたらよいかをわかる範囲で意見も述べてもらう。④授業の最後にその日に定めたトピックについて、時間内で書ける範囲で、英語で意見をまとめる。

　家庭学習では、学んだゴールのテキストをシャドーイングしてくる。そうすることで語彙力もつき、どこかでSDGsについての会話があった際にも、記憶に残っている文章で意見を言いやすくなる。授業内で意見を書ききれなかった場合には、自宅で仕上げてもよいことになっている。

1週間学んだゴールに関するニュースがないかを意識して過ごしてもらい、次のレッスンでは、生徒側からもおすすめ記事や画像などのリンク先を流してもらって共有する。

いくつかのゴールを学んだら、復習をはさんでいく。SDGsを考えていくうえで、いろいろな切り口があるが、便宜上最初から順々に行った後でのほうが復習しやすいので、順序通りに復習を入れている。

●復習スケジュール

ゴール番号	ゴール内容
1-6	people　人間
7-11	prosperity　繁栄
12-15	planet　地球
16	peace　平和
17	partnership　パートナーシップ

17個で形成されているゴールは、それぞれ結ばれていて、ひとつの事象は複数のゴールとの関連性があることも多く、そのことにも気づいていけるようにしていく。

STEP2

17のゴールについて学び終わったら、今度は自分でひとつゴールを選んで、それについて考察していくというステップに入る。どのゴールについて述べるかを考えていくうえで、再度ゴールの復習をすることができ、自分の考え方をまとめていくことができる。その際に、何か決まったテキストがあると、そのゴールの部分を読めばよいので、とらえやすくなる。もちろんSDGsに関する記事などを読みなれてしまえば、UNのウェブサイトを見直しながら行うことも推奨している。

ここで注意しているのは、どのゴールかわからないという生徒に対し

て、決めるということに慣れてもらうことだ。決められたことだけを行うのではなく、自分から理由を考えて決めるというのは、慣れていない生徒も多い。ましてやSDGsのゴールはどれも重要なわけで、どれかひとつだけ単独で重要なのではないのに選んでもらうことになるわけだ。本当に言いたいことがない場合には、どのゴールならば話しやすいかを考えて選ぶように伝えている。人気があるのはゴール1「貧困をなくそう」、4「質の高い教育をみんなに」、5「ジェンダー平等を実現しよう」、16「平和と公正をすべての人に」などである。17「パートナーシップで目標を達成しよう」は、難しいイメージなのか生徒たちはあまり選ばない。

　どれを選ぶかというよりは、どう考えるかを重視したいので、同じゴールを重複して選んだ生徒がいても調整はしていない。ただし、学力差がある者が同じものを選んだ場合は、次のステップの発表では、順番を離すようにしている。

STEP 3

　ひとつのゴールを決めたら、各自クラス全体に向けてゴール番号を伝える。前述のように同じ番号があってもかまわない。1週間の準備期間で、原稿は用意せずに、自分の考え方をまとめてメモしてくる。ゴールについて自分の思いを、事例を交えて感想を述べ、そのことに関する解決策を考え、自分が伝わると思う順序で、クラスで発表する。発表する際には原稿を起こして覚えるのではなく、言いたいことを決めて、その場で英語で話してもらうようにしている。1週間の準備期間中、生徒の疑問点には講師が適宜対応していく。対面授業での実際のプレゼンだけでなく、Padletなどのプラットフォームを使って、一斉に発表する場合もある。生徒のスケジュールに応じて時間があればPPTを作成する者もいるが、忙しければ2分程度で話すだけでもよいことにしている。教室では一定のルールを作らずに、発表内容に関しては自由度を高くしている。

　最重要なのは、テーマについて考えるということ、そして自分の考え

をまとめて他者に伝えるということである。

　発表者の発言をよく聞くことも重視している。そのため、発表の後には、必ず反応するように伝えている。質問などは、スケジュールによって発表直後の場合もあるが、最後にまとめて実施することもある。質疑応答をはさんでしまうと、どうしても最後の方の人が色あせて、時間が不足してしまうためだ。講師は、最後に的確にコメントができるように、メモを取っておく。発表直後は、ひとことコメントだけ英語でするようにしている。

　最終段階のまとめとして、発表が終わってからクラスメートや講師のコメントをもとに、自分の意見を書いていく。400 wordsから1000 wordsの間でまとめてもらっている。

4. 10 個のアクティビティーの紹介

　授業ではゴールを学ぶときに、いろいろなアクティビティーを導入している。最初に、中学生、高校生に行うアクティビティーの一部を紹介していく。

アクティビティー1　新聞記事を読んでゴールを考える

　講師が選んだ新聞記事3つを読み、それぞれの要旨を、トピックセンテンスをひろいながら把握する。そして、それがSDGsのどのゴールに関連するかを考える。その後グループに分かれて、記事ごとの感想や、どのゴールに該当するかなど意見交換をする。最後に、各グループの考えをまとめて、互いに共有する。

[会話例5]
Read three newspaper articles and summarize one of them.
Which of the SDGs does it meet?
Work in a group and exchange your opinions.
Share your ideas after discussion.

アクティビティー2 　SDGs 日記

　1週間に2日間、SDGsにかかわる自分の行動や、他者の行動を考察し、5行以内にまとめる。

> Write a diary for two days a week about the behavior or actions of you or others which are in relation to SDGs. Write about them and add your comments.

アクティビティー3 　クイズを出題

　週に学んだゴールについて、少なくとも1題のクイズをテーマに沿って作成していく。それをカードに英文で書く。机上に裏返して並べて、順番に1枚ひいて出題する。必ずしも作問者が読むとは限らない。グループ対抗にすることも可能だ。

> Make a quiz on the goal you learned that week. Prepare questions and answers. Write down questions and answers on opposite sides of cards. Place all the cards face down. One student picks up a card and reads the question. The rest will answer.
>
> **[会話例6]**
> **Goal 1 の場合**
> **Question :** How much do people who live in extreme poverty spend each day?
> 「絶対的貧困の中で生活している人は、一日にいくら使っているのでしょうか」
>
> **Answer :** Less than $1.90.
> 「1.90ドル以下」 ＊日本語はカードには記載しない。

アクティビティー4

ゴールに合った新聞記事、ニュースを見つける

　授業内でも家庭学習でもできるアクティビティーである。学んだゴールに合う英文の記事をネットや本から見つける。ネットの記事ならば、

そのURLをクラスの生徒たちに送り、本ならばクラスメートにタイトル、著者、出版社、ISBNなどの情報を伝える。つぎに、それを全員で読む。授業内の場合は、主にネットに掲載された記事のリンクを開き、全員でまたは個々に読む。読み終わらない場合もあるので、時間制限を定める。そして、一番クラスで興味を持たれた記事を選ぶ。その記事について、再度全員で読み、どうして一番気になったか、などを述べ合う。

アクティビティー 5　オンラインのプラットフォームに発表

　SDGsのゴールについての意見をPadletというプラットフォームにあげる。ほかにもいろいろな手段があると思われるので、使いやすいものでかまわない。

　自分の意見をいくつかあげて頭の中でまとめる。つぎに、それをビデオに撮影する。撮影したものを、Padletにアップする。その後、互いの発表を見て、コメントを打ち込む。

[会話例7]
Explain your opinion on one goal on the platform "Padlet".
Summarize your idea and take a video of your short speech.
Upload the video on Padlet. Each person should watch Padlet
individually and type their comments.

アクティビティー 6　ボイスレコーダー

　意見を述べる際に、書いて提出するだけではなく音声でも提出してもらう。生徒は自分の声で意見をボイスレコーダーに録音し、それを提出する。スマホや携帯電話を所持していない生徒については、教室で収録する。

[会話例8]
Use the voice recorder to record your opinion on SDGs.
Students should send the mp4 file to the teacher.

SDGsのゴールについて、4コママンガを描いてみる。絵が得意でない場合は、会話文だけでもよいことにしている。私自身はまったく絵を描くのが得意ではないため、棒人間を描いて例を示している。絵を描くことが得意な生徒もいる。

イラスト：小笠原歩輝

1. In one Asian country, there is a school.

2. During the class, it started to rain.

3. An Asian teacher opened all the windows.

   "Why?"と日本人たちが言っている。

   "To keep the room bright."とアジアの講師が言う。

4. "There's no electricity in the room!"と日本人講師たち。

[会話例9]
Draw four comic strips regarding SDGs goals.

アクティビティー8 **＠図書館、書店**

　SDGsのゴールに合った本を図書館の検索機能を用い探して読んでみる。英語の本の蔵書がある場合は、英語の本を探すようにするが、和書がメインの図書館の場合は、日本語で読んでもらっている。次のレッスンの際に、自分のみつけた本について1分で報告をしてもらう。読んだ言語を問わず、報告は英語で実施する。いろいろな素材に気づいてもらい、考察を深めていくことが目的となる。本を買うようには指示できないため、地域や学校の図書館を主に利用している。

[会話例10]

Please go to the library (or bookstores) to find some materials related to SDG goals.

「図書館（または書店）に行き、SDGsのゴールに関連する本を探しましょう。」

　つぎは、小学生向けのアクティビティーを紹介する。英語で話すことができるように、比較的答えやすい、WhereやWhatなどに答えて進める形にしている。

アクティビティー9 **いくつ言えるかな**

　ゴミをたくさん見かけたのはどこか。グループに分かれて、見かけた場所を言っていく。

[会話例11]

Where did you see lots of garbage or trash?
At the park. (station, school, convenience store,etc)

　どうやったらそのゴミを出さずにいられるか、自分たちは何かできることがあるのかなどについて考えていく。

アクティビティー10 **絵本を読んでふせん貼り**

　環境がテーマになっている絵本を読む。その際、講師が本を持ち、タ

イトルと著者名にはじまり、裏表紙まで1冊通しで生徒と読む。つぎに、気になったページがあるかを聞く。今度は全員が名前を書いたふせんを持つ。「これはまずい！」「何とかしなければ」ということに気づいたら、そこにふせんを貼る。貼るだけでよいが、何か英語を添えながら貼ってもらうことも大歓迎である。講師はページをめくる前にふせんをはりたい生徒がいないか確認する。

　もう一度絵本を開きながら、ふせんが貼られた場所についての問題点を、みんなで話し合う。

5.　世界とSDGs

　高校1年生から3年生を対象に、SDGsの捉え方に関してのZoom講座を英語で実施した。教室内の授業だけでなく、外部の講師の枝七洋氏にオンライン授業をしてもらうことで、あらたな視点からSDGsについて考えてもらうきっかけになった。枝氏はマラウィー、ラオス、マダガスカルなどで育ったSDGsの専門家である。（インタビュー記事p.234）枝氏の話を英語で聞き、自分たちで考える道しるべにしていく取り組みだった。

　現場にいたことのあるがゆえの説得力ある説明で、生徒たちの意識は大きく変わった様子だった。感想は日本語でも英語でも好きな言語で書いてもらった。そのうちのふたつを原文のまま紹介する。

> 　「日本はヨーロッパと比較し、sustainabilityへの意識が低いと感じました。日本人はSDGsに反対する人は少ないが、具体的に何をすれば良いかわからない人が多い状況です。日本全体で簡単にできる eco-friendlyな事を徹底することで、少しずつSDGsに貢献していきたいです。」（Aito高3）
>
> 　"I'm happy to have had such a wonderful learning experience. I learned a lot of things about SDGs. Especially, I was surprised to see the picture of "Bees Wrap". I thought it was very kind to the environment.　　　　　　（原文ママ）

iPads have been introduced to my high school, however we mostly use paper.

I want to think twice about using paper after listening to your presentation.

（Yuzuru高1）　　　　　　　　　　　　　　　　　　（原文ママ）

6. これからにつなげる SDGs

　SDGsを自分事として、生徒たちがとらえられるようになっただろうか。そして、まずは講師自身が我が身のこととしてとらえられているのか、時折振り返りながら授業を進めている。日本に住んでいると、どうしてもそこまで切羽詰まって取り組まないといけないという危機感を持ちにくいかもしれない。しかし日本にも問題は存在し、100年後、200年後と考えていくならば、地球を地球に住む人類全体で大切にしていかなくてはならないことは明確だ。

　教室としては、ゴミを減らす努力に加え、ユニセフへの寄付、家庭の経済格差による子どもの教育格差を解消し、貧困の世代間連鎖を断ち切ることを目的としたChance for Childrenに登録をしている。*

　SDGsを町の教室で扱う際には、生徒たちの意識を高めていくことや、できることからはじめる心をはぐくむことを重視している。ささやかなことから、コツコツ取り組み、生徒たちと一緒に地球を守っていく行動につなげていきたいと強く願っている。

インタビュー
海外でのSDGs体験

枝　七洋（えだ　ななみ）**氏**

株式会社砺-ARATO-のサステナビリティーコンサルタント。幼稚園から高校までをマラウィー、ラオス、マダガスカルで過ごし、早稲田大学を卒業後、オランダのマーストリヒト大学の大学院にて、Sustainability Science, Policy, and Societyの学位を取得。

　ヨーロッパでは、日本ほどSDGsという言葉が頻繁には使われていません。sustainable「持続可能な」という単語が難しいためかもしれません。子どもたちは、学校の義務教育で日本の学校のようにSDGsを学ぶというよりは、各家庭で自然に教育がなされます。今ある生活、食べ物とのつき合いならば、それがこのまま続けていけるのかを各家庭で意識しているのです。家庭では保護者が、無駄にしない事、リサイクルを徹底することを常に伝えて、根本から環境に配慮する家庭教育が行き届いています。

　マラウィー、ラオス、マダガスカルでの暮らしの中で、途上国の農業や漁業というのは、インフラが整っていないため、気候変動によりと収穫量や採りかたの変化があることを痛感しました。また日本のように豊かな先進国が、国に来て森林伐採をしていくのも見てきました。なぜこんなに便利な生活をしている人たちが、途上国に来て木を切っているのだろう、と後に残念な気さえしました。

　学校生活では、community serviceがあり、地域の助けになることを課外活動として行ってきました。たとえば、本が不足している学校があったとすると、募金を集めたり、不要な本を集めたりしていました。その際に、どういう形でどのように行えばよいのかと

234

いう手順も、自分たちで考えていきました。海外の学校では個を主張することを学び、critical thinkingが重視されていました。大学ではproblem-based learning「問題解決学習」の手法が用いられ、自ら学んで疑問点を持ち込み、プロの視点でアドバイスを受け、意見交換することが有益でした。

　日本の学校には夏休みなどを利用して通ったことがありますが、型にはまったことを学ぶ機会が多く、自分から考えていくということが少なかった印象が残っています。自分で考える際には、疑うことから始めるので、考える力をこれからの子どもたちに培ってほしいです。

　現在も、いかに障がい者施設を支援できるかなど、寄付を募る方法を考え、砺-ARATO-を通して暮らしやすい生活をなるべく多くの方々にしてほしいと願いながら、世界のサステナビリティに関する情報を定期的に発信しています。今まで研究してきたサステナビリティやSDGsに関する知識をもとに、今後は社会貢献活動にも、さらに力を入れていきます。　　　　　　　　　　（インタビュー・記事　宮下いづみ）

baobab の木と

身近なSDGsを訪ねて：小中高連携実践の試み

杉本喜孝　●帝塚山学院大学

長年、京都府内の公立高校や高校附属中学校、国立大学附属高校に英語科教諭として勤務。2021年より、帝塚山学院大学リベラルアーツ学科准教授。高校教員時代から、音読・速読・多読の3活動を取り入れた授業を実践している。高校検定教科書他、著書多数。

1. はじめに

　本稿では、小学校、中学校、高等学校それぞれの課程で、身の回りのSDGsに出会うことをきっかけに『総合的な学習（探究）の時間』の取り組みの中で、各課程の連携教育へとつなぐための工夫、スパイラル型実践の必要性や継続の困難性などを、資料やサイトの紹介と組み合わせて述べてみたい。

　筆者は、公立高校・中学校に勤務した後、現在は大学で英語教員として教鞭を執っている。

　高校に勤務していた2018年、ある報道をきっかけに、食品ロスに関連したスーパーストアの取り組み（資料①）を知り、高校1年生の「英語表現（現在は論理・表現）」の授業で取り上げて、生徒一人ひとりが環境問題に意識を向けること、一企業の取り組みに対し、賛成・反対のいずれかの立場から自分の意見を述べる実践を行った。筆者の意図を当時のフィードバック（資料②）から振り返り、生徒の意見を一部紹介する（資料③）。

　今回取り上げた兵庫県のスーパーストアの取り組みからは、さまざまなことが見えてきた。右ページは、当時、私が高1の授業で話した内容である。

資料①

＜授業での話＞（杉本）

　「成長しなきゃ企業じゃないって本当？」は、一見、キレイごとと思えるかもしれません。しかしながら、授業でも少し触れたように、この取り組みに対して、ネット上では賛否両論あり、ヤマダストアーさんの他社への挑戦（批判）と受け取る向きもあったようですし、商品の欠品に対する批判も受けておられたようです。営利企業の目的は、言うまでもなく利益を上げ、従業員を養うことでしょう。それは、お金の動かし方を知っていないとできないことではありますね。企業の地域貢献というのは、その次に来るものでしょうから、そこはボランティア活動とは異なるところです。

　元ナイロビ大学教授のワンガリ・マータイさん（Wangari Muta Maathai,1940-2011）がノーベル平和賞を受賞したのが、2004年。その受賞理由が「持続可能な開発と民主主義、平和への貢献」というものでした。当時、「もったいない」が"MOTTAINAI"という世界標準（？）語になり、日本人は熱狂したものです。あれからわずか15年ほどしか経過していないにもかかわらず、もったいない行為（何人かの人が指摘してくれた、お弁当やサンドイッチの廃棄）が行われている現状に目を向ける必要があるのではないでしょうか。

　日本社会がどのような方向に向かって行くべきなのか、自分事として捉えてみませんか。批判したり賛成したりするためだけに、今回の出来事を取り上げたわけではありません。みなさんにはこれからも、次の2点を考え続けてほしいと願っているからです。

・「モノ」に対峙する「者」の精神性は、いつ頃、どこで磨かれるのか
・財あるものは、その掌に何を持つべきなのか　（資料②）

＜生徒の意見の一部＞

- I am interested in this new idea. I hope that it will be more popular among other supermarkets.

- I have been told by my parents that "Eat up everything you are served." I think that trying to reduce waste of food is very important.

- It is not bad thing that we make Ehomaki more than we can eat. We don't go to stores which have no Ehomaki.

- It is good for economy to cook much, make much, and sell good but I think that throwing away much food is not good. Life is more important than economy.

- I found that Japanese people have closed their eyes from a decline in fish catches and throwing away many things. Thanks to nature, we can live, so we must not waste them to fill greed.

- I am just a high school student and don't know the value of money but many stores can't see what they should see and take care of.

- I think it is a great problem that only working at a supermarket let you know how serious the resources from the sea have got damaged by humans.

- According to this news, I don't have to be worried because I found that there are people who always think about others and can understand them. I hope the number of those people is increasing.（資料③）　（原文ママ）

　注目すべきは、全員がこのスーパーストアの戦略に賛成しているわけではない点だ。前述のマータイ氏の例が示すように、社会にある古くからの価値観が、その根底にある思想に変化はないにも関わらず、外見がリフォームされただけで、多くが熱狂の渦に巻き込まれる事態の行く末は、人々の善意から急速に熱を奪い、輝きを失くしてしまう。学校教育で大切にしておきたいことは、卒業後も生徒自身が「考えるということ」を忘れないこと、そして、あきらめないことではないだろうか。伝統的な価値観が普遍的であるとするならば、それをどこまで守り、時代の変遷に合わせてどこから革新的なものに仕立て上げるべきなのか、その価値観を背負った立ち位置に自分自身の考えを投影してみることが、社会の成り立ちを持続的に発展させていく手段であることを、教え続けたいものである。

　筆者の実践例（2018）は、当時はSDGsを意識した取り組みではなかったが、結果的には、「SDGsウェディングケーキモデル」（出典：Stockholm Resilience Centre）＊が示すように、世界を形成する土台に環境（生物圏）があり、その上に人間の生活基盤（社会圏）や経済成長（経済圏）が成立していることを知る機会となっていた。

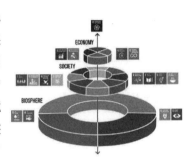

ウェディングケーキモデル

　古くは、英国発祥の「ナショナルトラスト運動」に始まり、「環境保全」、「環境配慮・循環型社会（3R・4R・5R）」、そして今では「持続可能な開発目標」と、名称や呼称が変わっても、そして時代が移り変わる中でも、それぞれの取り組みは「環境数珠つなぎ」となっているのではないだろうか。守ろうとする価値が何なのかが明確でさえあれば、たとえ小さな力の結集でも大きな推進力を生むからである。日本におけるその一例に、小さな子どもたちの募金が大きな山のような金額となった『（公財）トトロのふるさと基金＊＊』がある。「森の大切さという価値」に対する共感を得るため、トトロの森を守るという呼びかけから始まったこの活動は、昨年30周年を迎えた。

＊ https://www.stockholmresilience.org/research/research-news/2017-02-28-contributions-to-agenda-2030.html

＊＊https://www.totoro.or.jp

ひとつひとつは独立したものであっても、心に根差した環境意識を一人ひとりが持ち続けることによって、点は線となり、線の出会いが流れとなって次世代につながってほしい。本稿で筆者が「身近なSDGs」に注目したのは、自然体で取り組むことの積み重ねはsmall stepであっても、やがては世界を動かすgiant leapになってほしいとの願いからである。

　本稿ではキーワードを下記のように設定して、家族同伴でも自分たちだけでも訪れることができる施設を紹介している。そこで触れたものや感じたことを記憶に留めた児童・生徒が「探究のタネ」を手に上級課程に進んだとき、ファシリテーターとしての指導者と出会い、持続可能な社会の構成員として、次なる行動を起こす人材に成長するヒントにしてほしい。

小学校：体験（基本）→日常生活にはない「人・もの・こと」に出会う、
　　触れる＝体験
中学校：発見（応用）→体験したことが自分たちの生活に取り入れられる
　　か＝課題発見
高校：探究（発展）→発見した課題を社会に広げて探究＝より良い環境づ
　　くりに貢献

---

2. 学習指導要領との関連から

　改定後の学習指導要領から、教育課程別に総合的な学習の時間で育成することを目指す資質・能力を見てみると、次のようになっている。（以下は文科省の『学習指導要領』からの引用。文中の下線はすべて筆者）

●小学校 *

(3) 探究的な学習に主体的・協働的に取り組むとともに，互いのよさを生かしながら，積極的に<u>社会に参画</u>しようとする態度を養う。具体的には，どのように情報を集め，どのように整理・分析し，どのようにまとめ・表現を行っていくのかを考え，<u>実際に社会と関わり，行動していく姿と</u>

＊ https://www.mext.go.jp/component/a_menu/education/micro_detail/__icsFiles/afieldfile/ 2019/03/18/1387017_013_1.pdf

して表れるものと考えられる。

●中学校 **

(2) 実社会や実生活の中から問いを見いだし，自分で課題を立て，情報を集め，整理・分析して，まとめ・表現することができるようにする。

●高校***

(2) 実社会や実生活と自己との関わりから問いを見いだし，自分で課題を立て，情報を集め，整理・分析して，まとめ・表現することができるようにする。

いずれの教育課程においても，社会との関わりが求められていることがわかる。教室での学習が外部と接することで、実体験として蓄積していくと考えられているのかもしれない。そうであるならば、本稿で紹介する施設や学校、そこに携わる人たちのアイデアと熱意と創意工夫は、学ぶ者の「次なる行動へ」のヒントとなるにちがいない。

3. スパイラル型実践の必要性と継続について

筆者は公立中・高の教員として、普通科・専門学科併設校、商業科単独校、国立大学附属高校、公立高校附属中学校と、多くの校種を経験してきたが、どの学校でも授業のほかに多くの業務を抱えてきた。行事の企画・準備、報告書等の文書作成、生徒対応、家族対応、土日祝日の部活動……数えるときりがないほど、教育職としての本務である教材研究や授業以外に多くの業務をこなす日々である。教員としての年数を重ねた経験は業務効率化の一助となるが、その一方で、経験が必要とされる新たな業務を担うことが多く、業務負担が軽減される日はなかなか訪れなかった。これは筆者に限らず、多くの教員が置かれている「標準的」な職場環境である。

こうした状況に加えて、日本の現状の教育システムでは、校種間連携の実施が難しいことが、さらに教育効果を薄めてしまう一因ともいえる。

＊＊https://www.mext.go.jp/
component/a_menu/education/
micro_detail/__icsFiles/afieldfile/
2019/03/18/1387018_012.pdf

＊＊＊https://www.mext.go.jp/
content/1407196_21_1_1_2.pdf

初等教育（小学校）と中等教育前期課程（中学校）までが義務教育課程であり、中等教育後期課程（高校）は義務教育ではない。通常は教育課程ごとに教育委員会の所管課が異なるため、行政組織内でのヨコ連携は現実的ではないからである。つまり、タテの意思疎通が成功したとしても、ヨコ連携の段階で人員配置や予算配分の点でハードルは高く、壁は厚くなる。

今回の企画にあたり、当初は教育課程別に適切と思われる取材先を選定し、行政単位、学校単位での取り組みを提案する予定であった。しかしながら、前記の現状を踏まえると、タテ型組織として小中高連携モデルの構築を目指すよりも、体験そのものが児童・生徒の内面に作用することにより、持続可能な**「自分の中の小中高連携」**を目指す方向へシフトチェンジしたほうが、現実的なsmall stepsになるのではないかと考えを改めた。

複数の企業や個人を取材させていただく中で、取り組みが「自然・文化・人・モノ」に関わる幅広い実践であることから、同じ企業でも、訪問時の年齢によって興味の向かう側面が異なるはずである。そして、学ぶ内容が段階的・複層的に広がることで、自律学習が実現すると考えたからである。

身近なSDGsを訪ね、対話と経験を通した主体的で深い学びにつながることを願う。

4. ふたつの高校の実践から

『高知市立 高知商業高等学校』(文中の下線はすべて筆者)
https://www.kochinet.ed.jp/kochisho-h/club/culture/101_gibier.html

1898年に簡易商業学校として開校し、1948年に高知商業高校となった。現在は、4つのマネジメント学科（総合、社会、情報、スポーツ）で学ぶことができる。

　高知商業高校では、学校経営ビジョンの中で「めざす生徒の姿」が言語化されている。注目すべきは、めざす資質・能力の中にある「市商マネジメント力」である。これは「未知の状況にも対応できる思考力・判断力・表現力」と説明され、7つの力を統合して身につくもので、7つの力は「コミュニケーション力、課題発見・課題解決力、プレゼンテーション力、講義理解力、ICT・英語活用力、察する力（企画力・自主性）、失敗から学ぶ力」と定義されている。そして、部活動紹介ページでは、すべての部において、活動を通して市商マネジメント力のどの力が身につくのかが説明されている。

　この高校には、文化部の中に他の高校では見られない「ジビエ商品開発・販売促進部」があり、その活動内容は次のように紹介されている。*

活動目的：野生鳥獣の肉ジビエを利活用し、<u>循環型社会貢献を実現する</u>
活動目標：活動目的達成のため商品開発およびその販売を行い、<u>利益を森林保護活動に寄付する</u>
活動内容：県内イベントでの販売、ジビエ商品の開発、他校との連携、独自イベント企画運営等

　また、ジビエ部の近年の主な活動がさまざまな分野で表彰されている。

- 第25回高知県高等学校新聞コンクール特別部門最優秀賞（校内配布のジビエ通信）
- 第36回高知県地場産業大賞 高校生部門 高知県次世代賞（2年連続）
- 令和3年度高知県高等学校産業教育生徒研究発表会最優秀「入交太兵衛大賞」
- 令和3年度寄付金贈呈
  （三嶺の森をまもるみんなの会へ販売利益300,000円の寄付金贈呈）
- 高知市役所レストラン出店 令和3年7月27日（火）・30日（金）
  （販売利益は森林保護活動に寄付されます）

そして、ジビエ部で身につく市商マネジメントスキルは、次のとおりである。【生徒のみなさんに身につけてほしい3つの力】（文中の下線はすべて筆者）

- 新たなものを創造する力（行動力と発想力）
- 学んだことを実社会で応用できる主体性（既知から未知に出会う力）
- 地域の未来を考え行動を起こす力（生まれ育った地元に貢献したいと思う心）

●身につく市商マネジメント力

　人や地域、団体とつながることでコミュニケーション力、地域課題に向き合うことで課題発見・課題解決、日本語や英語でのプレゼンテーションを通して、プレゼンテーション力とICT活用力、英語活用力、自分たちで責任をもって商品開発や企画運営に携わることで失敗から学ぶ力、そして、なによりも、ジビエ部のモットーである「変わり続け、挑戦し続ける力」が身につく。

　筆者も高校に勤務してきたが、高知商業高校のように高校段階で「実社会でのマネジメント力の育成」を掲げた高校での勤務経験はない。読者の中には、実業高校ゆえに実社会を意識するのは当然と思われるかもしれない。しかし、「地元や社会を意識し、未来を考えるアタマ」や「失敗を恐れない姿勢」を育成しつつ学力を保障するというのは、容易なことではない。二兎も三兎も追わなければならないからである。教員と生徒との二人三脚に加え、家族の理解という3要素が作り上げる教育ピラミッドの基礎がよほど強固なものでないと、実現するのは難しいはずである。

　伝統という土台の上に強固なピラミッドが形作られ、教育力がアップデートされているというのは、教員・生徒（家族）が持続可能な社会づくりに関わる課題を見出し、課題解決に必要な態度を身につけるうえで、大きな役割を果たしているといえる。

　高知商業高校では、部活動だけでなく、生徒会活動も活発で、長年にわたり地道な努力が引き継がれ、国際貢献に寄与している。ホームページでは次のように紹介されている。

●生徒会 ラオス学校建設活動 *

　「高知商業高等学校は、自主自治を掲げる生徒会を主体として、1994年からラオスに学校を贈る国際協力活動を展開しています。この国際協力活動は、商業高校の特性を生かし、学校全体が参加できる仕組みになっています。現在は、国際協力や地域振興で活躍する方々との出会いを通して、国際協力だけでなく環境問題にも取り組み、ラオスの織物を使った商品プロデュースにも取り組んでいます。

●持続できる国際協力をめざして

　毎年募金を募ってラオスに学校を建設することは不可能ではありません。しかし、それでは単発的な活動で終わってしまうかもしれない。そこで持続可能なかたちで資金の集金を可能にするにはどうしたらいいのかと考えた結果、模擬株式会社の運営にいきついたのです。この株式会社の運営によって、高知商業全員で国際協力に取り組んでいるという意識が根付きました。そして現在では、世界に、高知に、貢献していくことが高知商業の伝統となっています。

●模擬株式会社の仕組（募金ではなく支援するということ）

　まずは、生徒・教職員・保護者が主体となって出資します。次に、毎年生徒代表がラオスを訪問し、伝統商品を仕入れます。その後、地元高知で文化祭やイベントにてラオス商品を販売します。そして、1年間の活動で得られた利益を出資者の皆様へ配当し、残金を学校建設資金として高知ラオス会に寄贈しています。

　高知商業高校の取り組みには、SDGsを熱狂で終わらせないヒントがある。

　ひとつは、組織全体の動きを学校という枠組みの中に矮小化せず、人

やアイデアを外の世界に求める柔軟さをもっていることである。これは内部の人間の意識を変えるうえでとても重要である。

　もうひとつは、地元に根付いた活動をベースにしていることである。そして、活動の源となる「未来の予想図」を描くために学校外の知見を取り込んでいる。コミュニケーションを広げるためのツールとして、ICT活用力や英語活用力を伸ばそうとしていることも、自分たちの活動の展開方向を無尽蔵に広げる可能性を秘めている。70年を超える伝統校が伝統を未来につなぐために国際協力に貢献している姿が、地元に留まらず、全国の小・中学生の目に留まれば、「自分の中の小中高連携」が現実のものとなり、持続していく。

『大阪府立 泉北高等学校』(文中の下線はすべて筆者)
https://semboku-h.ed.jp/

　2020年度にSGHの指定は終了したが、その後も、SDGsの目標達成のため、<u>特に11番「住み続けられるまちづくりを」に重点的に取り組んでいる。</u>「高校生が社会を動かす!」をモットーに多くの泉北生が活躍している。

●地域活性化活動
- 高校や企業と連携し、駅前にてSDGs普及のイベント
- 堺市社会福祉協議会や地域自治会と協力し、生徒が企画・運営するボランティア活動
- 成果普及のための校内外の発表会

●過去の取り組み
- 「泉北レモン」を校庭で栽培し、そのレモンを使った商品開発。＊

　泉北レモンと滋賀県高島市の特産果実「アドベリー」をコラボさせた『アドレモンジャム』を昨年夏（2021）に開発、販売し完売した。総合的な探究の授業で、国際文化科の「泉北レモン班」の5名が高島市での

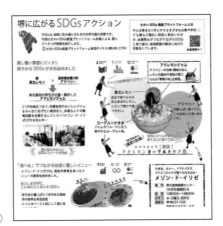

資料④

研修に参加し、パッケージのデザインを考えるなどして、堺市で開催された泉北レモンフェスタ、高島市内にある「道の駅」で販売し、いずれも完売したという取り組み。生徒のひとりは「ものづくりの大変さに触れることができ、この経験を将来にぜひ活かしたい」と感想を述べている。（2022年4月19日 朝日新聞）

　また、ふたつの地域をつないだ地産地消のジャムを社会に知ってほしい高校生と、多様な人々の職場活躍を支援する地元レストランが共同開発して『アドレモンヨーグルトかき氷』を提供するなど、大阪でも持続可能な社会の実現に向けた取り組みが行われている。　資料④『広報さかい』2022/08/01

　泉北高校がある泉北ニュータウンは、大阪府の南部に位置しており、同じく北部に位置する千里ニュータウンと同様に街開きから50年が経過し、いくつかの課題に直面している。人口減少と高齢化の傾向が強く、若年世代の地区外への転出に比例するように、老年人口の増加が顕著である。日本の多くの自治体では、1960年代後半から70年代初頭にかけて入居が始まった"ニュー"タウンでは、公的居住施設の老朽化や人口減少により、持続可能な街づくりが急務となっている。こうした状況に直面した堺市で、自治体と民間業者との連携により動き出したストック活用の事例が、5章で紹介する『space.SUEMURA』である。

教育現場では、SDGsとともに、持続可能な開発のための教育ESD（Education for Sustainable Development）に沿った実践が行えるように、学習指導要領にもその記述がある。（学習指導要領におけるESD関連記述より）＊

ESDについては、2002年のヨハネスブルグサミットで日本のNGOと政府が共同提案をし、国連で決議されたのが「ESDの10年」で、2013年の第37回ユネスコ総会においては、2015年以降のESDの枠組みである「持続可能な開発のための教育（ESD）に関するグローバル・アクション・プログラム」が採択され、現在に至る。2019年の第40回ユネスコ総会で採択されたESDの新たな国際枠組み「持続可能な開発のための教育：SDGs実現に向けて（ESD for 2030)」(2020-2030年)においても明確となっている。

国立教育政策研究所の「学校における持続可能な発展のための教育（ESD）に関する研究〔最終報告書〕」によると、ESDで目指すことの中には、(1) 持続可能な社会づくりを構成する「6つの視点」と、(2) 持続可能な社会づくりのための課題解決に必要な「7つの能力・態度」がある。

持続可能な社会づくりの構成概念には、〈1〉多様性（いろいろある）、〈2〉相互性（関わりあっている）、〈3〉有限性（限りがある）、〈4〉公平性（一人一人大切に）、〈5〉連携性（力合わせて）、〈6〉責任制（責任を持って）があり、ESDの視点に立った学習指導で重視する能力・態度には、①批判的に考える力、②未来像を予測して計画を立てる力、③多面的・総合的に考える力、④コミュニケーションを行う力、⑤他者と協力する力、⑥つながりを尊重する態度、⑦進んで参加する態度が含まれる。

このように見ると、高知商業高校や泉北高校では、6つの視点と7つの能力・態度の養成に、網羅的に取り組んでいることがわかる。今では、教科書の内容にも、SDGsやESDに関する記述が数多く見られるようになってきたが、これまでは、校内で培われる力の中でも、その中

＊https://www.mext.go.jp/unesco/004/1339973.htm

心は学力であった。もちろん各教科の学習活動の中でも、上記の〈5〉〈6〉や①③④や⑤⑥等は、教師や仲間とともに身につけることは可能であった。しかし、教育と社会の連携を抜きに持続可能な社会を創り出せるほど、現代社会の構造は単純な姿ではないのである。そういう視点で見ると、この2校の実践に学ぶことは多い。

もちろん、読者のみなさんが通う学校や勤務先でも、こうした取り組みが幅広く行われていると思われる。今後は、横の広がりをさらに横へ、縦のネットワークをさらに高く深く展開し、宇宙船地球号への切符を手にしてほしい。*

5. 身近な SDGs を訪ねて

滋賀 地産地消の "発酵文化" を訪ねて
『彦根麦酒 荒神山醸造所』

滋賀県彦根市石寺町 1853
HP: https://hikonebrewing.jp

●概要

滋賀県湖北、大阪から1時間半ほどの距離にある彦根市。江戸時代初期に井伊家の拠点として建てられ、現代では、国宝5城のひとつである彦根城と、ゆるキャラのパイオニアとも呼べる「ひこにゃん」、「鳥人間コンテスト選手権大会」の開催地として有名な、滋賀県東部の商工業の中心地である。

湖岸から1kmほどの、琵琶湖を西に望む近江盆地の一角にある荒神山の麓で、地元の集落・大学・企業が連携した「自然環境と調和した持続可能な事業プロジェクト」がスタートし、2021年に「彦根麦酒 荒神山醸造所」がオープンした。地域コミュニティを次世代につなぎ、彦根産原料100%の「ALL HIKONE BEER」を作ることに挑戦するマイクロブルワリーである。

●風土に適した建築

意匠・構造・環境の3つの分野の設計を、滋賀県立大学を中心とした設計チーム

が担ったブルワリーの建物は、一帯の風景を継承するために外壁に葦をあしらい、自然風を利用した換気システムなど環境に配慮している。この建物は「日本空間デザイン賞2021」でサステナブル空間賞を受賞している。

●地元産原料100%ビール生産に向けて

クラフトビールの製造には、麦汁に含まれる糖分を、アルコールと炭酸ガスに分解する大切な役割を担うビール酵母（微生物）が欠かせない。彦根麦酒では、この酵母の発掘から地元産にこだわっている。彦根市内に眠るビール酵母を探索するため、地元の長浜バイオ大学との連携をスタートさせ、同時に、県立河瀬中学校・高校の科学部とも連携を広げ、中高大との産学連携「彦根産酵母探索プロジェクト」が始まった。

酵母の働きや発見方法に関する講義を受け、彦根城内での花や実の採取を行った。生徒たちは、普段とは異なる視点で城内を見ることで、植生の豊かさに気づくことになる。

その後、高校の実験室を使って、彦根城内で採取した23の植物から、ビールに適した酵母の分離作業がスタートした。3日間にわたる実験を経て、分離した酵母から1種類を特定し、大学でビールに適した酵母かどうかを調査している。

このほかにも、高校の地理の授業に参加したり、総合的な学習の時間の取り組みの一環として、小学生の醸造所見学を受け入れたりしている。

生徒たちが、自然界に無数に存在する微生物から酵母を抽出するという根気のいる作業に携わる体験を通して、地元産業の壮大な社会実験に参画するという "地元プライド" を学んだことは、想像に難くない。SDGsのsmall stepである。地域包括型企業としてのプロローグは、始まったばかりである。

●アップサイクルビール

近年、持続可能なモノづくりの方法として注目されているのが、アップサイクルという手法である。これは、リサイクルとは異なり、廃棄されるようなものに新たな付加価値をつけて、元の製品より価値を高め、違う製品にすることである。近年の環境配慮意識の高まりやクラフトビール醸造所の増加もあいまって、クラフトビール業界では「アップサイクルビール」の事例が多くみられる。一例として、麦芽・ホップといった一般的なビール原材料とは別の食材を使用し、新たな風味や香りをつけ

れば、他とは差別化した商品
を製造することができる。彦
根麦酒では、これまでに、黒
豆と梨を使用した商品を販売
している。

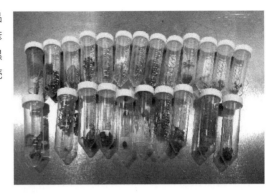

●指導へのヒント

　「非農用地」を活用するために、地元自治体・大学・企業が連携した「自然環境と調和した持続可能な事業プロジェクト」が原点となり彦根麦酒が設立された。人・モノ・資源の循環と自然環境に調和した建物から生まれる持続可能な事業を目指している。

　ブルワーの方から設立の過程や醸造に関する話を聞きながら、フィールドワークを実施する。家庭や学校でも実施可能な、一般的な堆肥づくりの仕組みを調べ、校庭の一部を利用した土壌改良実験を行う。土壌改良した場所とそれ以外の場所で植物の生育の違いを記録する。日本や世界のマイクロブルワリーや食品加工場を調べ、製造工程や工場内に見られるSDGsアクションをピックアップして発表すること等が考えられる。

●取り組み例

小学校：・醸造所の景色をヒントにビールの名前を考えたり、ラベルを描いたりしよう。
　　　　　・周辺の地理や歴史、醸造所の成り立ちを調べて、新聞の形でまとめてみよう。

中学校：・地元産の食材を活用して、ビール等のアルコール飲料に合う食事を考案し、試食を依頼した人の感想をまとめ、発表しよう。
　　　　　・改良した土壌の通気性や排水性を調べ、作物づくりやそれ以外の用途についてグループで調べて、話し合ってみよう。

高校：　・アルコール飲料の価値を分析し、Share Happinessを促すアイデアを考え、プレゼンテーションを行ってみよう。

滋賀 水の "郷" を訪ねて
『針江 生水の郷』

滋賀県高島市新旭町針江
http://harie-syozu.jp

●概要

　ーなにも無い郷ですが『きれいな湧水』、そして『人とのふれあい』がありますー
このサブタイトルで始まるホームページがある。そこは、世界的にも知られた、
滋賀県湖西に位置する高島市新旭針江地区。この地区は『平成の名水百選（環境省）』
認定を受けており、暮らしの中には、山からの水を汚さないルールが伝わっている。
2010年には「高島市針江・霜降の水辺景観」（文化庁）として国の『重要文化的景観（文
化庁）』の指定を受け、次世代の人々により良い形で地区の生活を伝えている。＊

●日本遺産

　2015年には、『日本遺産（文化庁）』にストーリー認定されている。

　日本遺産は、従来の文化財行政が「点」として個々の遺産を指定・保存していた
ものと異なり、地域に点在する遺産を「面として活用し、発信することで、地域活
性化を図る」ことを目的に創設された。その特徴は、地域の風土に根差した「食・城・
遺跡・伝統芸能・寺社仏閣」などをパッケージ化し、地域の歴史的魅力や特色を通
じて日本の文化・伝統を語る「ストーリー」として認定している点である。

　滋賀県は、「琵琶湖とその水辺景観ー祈りと暮らしの水遺産」と題してストーリー
認定を受け、県内10の自治体にまたがる水とくらしの文化、水と祈りの文化、水と
食文化の3つがストーリーの中で語られている。＊＊

　そのひとつ、「水とくらしの文化」の中で、針江地区が紹介されている。この地区
では、山に降り積もった雪や雨がいくつもの地層を通って浄化され地下水となり、
集落の家庭に自然湧出するという、日本でも珍しい水の文化が育まれてきた。針江
ではこの湧き水を「生水（しょうず）」と呼び、家ごとに形は違うが、元池、壺池、

＊ https://www.bunka.go.jp/seisaku/
bunkazai/shokai/keikan

＊＊ http://japan-heritage.
bunka.go.jp/ja/stories/
story008/

端池と2～3層に用途も区別
して、「天地の恵みである清
き水に感謝しつつ」利用して
いる。現在170戸ほどある
民家のうち、およそ110戸
が現役で利用している。この
システムは「川端（かばた）」
と呼ばれている。

日本遺産のポータルサイトで紹介されている

　本来、生活における水の存
在は計り知れない大きさなのに、日本では蛇口のタップをひねると飲用として使え
る水が当たり前のように手に入る。それこそは、水資源の豊かな国であるからこそ、
逆に水の恩恵に気づかない現代生活の落とし穴ではないだろうか。

　滋賀県は、中央に位置する琵琶湖周辺の山麓に降った雪や雨が、河川を通って周
辺地区に流れ込む水の豊かな地域であるが、そこに根付く伝統的な暮らしの中に生
きる利水の知恵が、水の文化として地域で育てられ、今日に伝わっている。日常に
存在する自然な形のサスティナビリティである。

　針江は、水と人との営みが調和した文化的景観として、世界の人を惹きつけている。

● 指導へのヒント

　びわ湖周辺の豊かな自然や水辺の暮らし、または地域の人々の生活に触れな
がら、現代の暮らしを見つめ直すきっかけを感じられる、地元ボランティアガ
イドさんによる見学ツアーへの参加。日本遺産に登録されている滋賀県内の各
地域を「水と暮らし」、「水と祈り」、「水と食」などの項目に分けて調べ、伝統
の継承との関係性を調べる。山や琵琶湖を中心に育まれた「水の文化」が、「食」、
「漁法」、「信仰」、「芸術」とどのように調和し、滋賀県独自の歴史の集積と文化
的景観を構成しているかを調べて発表すること等が考えられる。＊
（コロナウイルス感染症拡大のため、2022年8月現在、ツアーは休止中）

● 取り組み例

小学校：・水の循環について学び、自分の暮らしの中の水の使い方との違いを
　　　　　　知ろう。
　　　　　・針江地区の生活と密着した「かばた」の仕組みを調べよう。

中学校：・「平成の名水」や「昭和の名水」を調べ、ほかの地域でも水の特別

＊かばたは住居敷地内にあるため、見
学はHPより要予約。
http://harie-syozu.jp/guide

な呼び名がないか、呼び名同士に歴史的な関連はないか等を調べて
発表しよう。

・針江地区と同じように、地形によって作り出された「水と暮らしの
文化」が根付いている、国内外の地域を調べて発表しよう。

高校： ・循環型社会実現に向けたエネルギー活用システムを考案し、発表し
よう。

・針江及びその周辺地域の水の浄化システムに関わる生態系を調べて、
地域の景観との関連をレポートにまとめてみよう。

大阪 循環型の"ムラ"を訪ねて
『わたしのまちの、くらしの博物館 space.SUEMURA』

大阪府堺市南区若松台 2-5-1
https://space-suemura.jp

●概要

ホームページのメニューのaboutを開くと目に飛び込んでくるフレーズがある。

―好きなこととして生きる、ことを忘れない

「スペース.スエムラ」は、人の集いから暮らしの知恵を共有したり、丁寧な手仕
事に触れたりして、人とのつながりの中で暮らしを再発見することを願って、「村」
というコンセプトの下に、スエビト（ここに関係する人たちの意味）たちによって
開かれた複合施設である。「旧泉北すえむら資料館（地上１階・地下１階、2016年
閉館）」の収蔵棟１階部分を改築（renovation）し、2021年8月に"暮らし共有スペー
ス"に生まれ変わった（reborn）。

資料館は、建築家の槙文彦氏が、建築空間が作り出す周囲との関係性を重要視し
て設計し、この地域の《コミュニティ・ミュージアム》に発展することを期待して、
1970年に建てられた。その休眠状態の施設を壊すのではなく、古い壁を残したり
使い古されたものにスポットライトをあてたりしながら、建造物というハコと建築
家のエスプリまでも引き継いだ形で運営されている。まさに、持続可能な循環が生
まれた空間といえる。

施設内では、異なる３つのスペース（キッチン、アトリエ、茶の間）の特長を活かし、
日替わりでイベントを開催している。農薬や肥料に頼らない自然栽培を実践する農
家の野菜販売や、廃棄塗料を使ったペイントアート等、子どもから大人までさまざ

まな年代の人が「やってみたい」に挑戦しながら異なる価値観に触れることで化学反応が起き、モノや人の循環が生まれる仕掛けが、まるで目に見えない糸のように張り巡らされている。

この施設は「お金もモノも人も循環する経済成長」と、より良い社会実現のために「消費者意識を変えていくきっかけ」にするという思いが活動の出発点である。その意味では、経営形態を循環型シェアスペースとし、フェアトレード商品（一部）を扱っているのは、社会に点在するさ

まざまな人やモノを結びつけるということにつながっている。この取り組みが持続する強さと期間の長さを考えるとき、SDGs教育との親和性は高いといえる。

●地域再生

スエムラのショップで販売されているものは、環境に配慮した商品や地元作家の作品が中心にセレクトされている。また、不用品を違う形で再生利用する「アップサイクル」の研究、定期的なフリーマーケットや新品・中古品の交換の場 "butsubutsu market" を開催している。

併設のカフェでは、日替わりのプレートランチが提供されている。近隣農家のB品野菜（市場に出ない廃棄野菜）があるときには、引き取りに行った上で調理し、提供している。これは価格を抑えることが目的というより、規格外や多少の傷みがあっても本当は価値があることを伝えていくことが主眼であり、それによって消費者の意識が変わることで、結果として農家育成に繋がっている。

また、大量生産・大量消費への疑問から、フードロスゼロやゴミを極力出さないためのモノの流通（持ち帰り用袋の廃止）を意識したゼロ・ウェ

イストや、必要な分を購入できるという消費者側のメリットもあるため、これからますます増えていくことを願った量り売りも展開されている。

　高度成長期の1960年代から70年代にかけて、日本の街中の商店では、デポジット制度（価格に一定金額（預託金）を上乗せして販売し、製品や容器が使用後に返却されたときに預託金を返却することにより、製品や容器の回収を促進する制度）により、飲料の空き瓶回収は普通に行われていたし、豆腐は切り売りで、ところてんやこんにゃくは専用器具で突き出して線状にしたものが、消費者が持参する容器に入れて販売されていた。プラスチック製品が登場し社会に浸透するまでの食生活の慣習として、SDGsは日常的に行われていたのである。

　取材を通して、スエムラはその場に関わる人たちで作っていく場所であり、常に「未完成な場所」であることがわかる。したがって、訪れる人自身が年齢や経験を重ねるにつれて、そして社会情勢の変化に沿って、感じることが異なる場所であることは間違いない。小学生、中学生なりの視点、また、高校生や大学生、大人が持つ問題意識の違いによって、この空間から放たれるプリズムのような色合いが、ますます輝きを増していってほしい。

　スエビトたちが、持続可能な社会づくりに、進行形で取り組んでいる。

● 指導へのヒント

　施設のコンセプトのひとつである「みんなで育てる循環」を活用し、リサイクル、アップサイクル、地産地消などテーマを決めて心の豊かさにつながるようなワークショップを開催する。作物や商品の売買で成り立っている現代社会における生産から消費生活のサイクル（つくる→かう→つかう→すてる）が、一方通行型(Linear Economy)であることの問題点を話し合う。原材料となる動植物の生態や、生産のための技術と、消費者に商品が届くまでのサービスが一体化したサイクル（つくる→かう→つかう→もどす→つくる→…）を生み出す循環型(Circular Economy) の消費生活を確立するには、どのような知識や技術が必要になるかを話し合う等が考えられる。

● 取り組み例

小学校：・普通のお店と比較して、環境に配慮していると感じるところを探そう。
　　　　・自宅にある不要なものを持ち寄って、ゲーム大会の賞品にリサイクルしよう。
　　　　・食品や日用品で、量り売り可能な品物はどのようなものかを考えてみ

よう。

中学校：・地産地消がなぜSDGsに繋がるのかを調べ、発表してみよう。

・廃棄される食材だけを使ったレストラン・カフェメニューを考案してみよう。

・リサイクル・リユースの手法を使った夏祭りを企画してみよう。

・自宅にあるプラスチック製品やビンを回収に出すか、リサイクルショップに寄付に回すか、グループで話し合ってみよう。

高校：・身近な廃材を活用したアップサイクル商品の開発に挑戦してみよう。

・コラボ事業実現に向けて、アップサイクル商品企画を企業に提案してみよう。

・量り売り店を持続可能な活動にするには、どのような方法があるか話し合ってみよう。

・サスティナブルに関する情報を集約し、どういう形態の店舗が運営できるか話し合ってみよう。

・持続可能な活動拠点を運営するためのアイデアを話し合ってみよう。

京都 自給自足 "人" を訪ねて

『田歌舎』

京都府南丹市美山町上五波田歌 1-1
https://tautasya.jp

　田歌舎は、オーナーの藤原誉(ほまる) さんが約30年前に京都府北部の美山町に入植以来、環境への負荷をできるだけ少なくしようと、100％ではないが、「可能な限りの自給自足」を目指した生活を多くの人に知ってもらうための体験型宿泊施設である

●概要

　―自然と共に生きる知恵と技を次世代につなぐ。そう、企業理念に書かれている。そして、この考えを3つの行動指針が説明する。

・自然と共に（Feel Nature）：自然を活かす持続可能な実践者
・等身大であれ（Be Yourself）：すべての事象を過大・過小評価しない
・前に進もう（Keep on Going）：失敗から学び実践する

自給自足という表現を耳にするが、メディアに登場する実践者の暮らしぶりは、100％の自給自足を目指す究極の姿が目に焼き付く。それは、昔の日本に多く見られた里山の原風景を再現しようとする、「こだわりの強い試み」ではないだろうか。森の豊かさを利用し、自然と隣り合わせの暮らしをしていた昭和初期の日本人像にその原点がありそうだ。

　言うまでもなく、高度成長期以降の日本は、人口増の波とともに生活様式は西洋化・現代化し、便利さと快適さを手に入れるにつれ、自然との共生や自然の営みから生まれる人間の営みからは距離を置くことになった。内閣府の資料を見てみる。（下線は筆者）

新たな社会 Society 5.0*

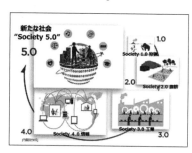

Society 1.0　（狩猟）
Society 2.0　（農耕）
Society 3.0　（工業）
Society 4.0　（情報）
Society 5.0　（新たな社会）

　農耕が始まるまでの狩猟・採取を生活基盤としていた原始社会。田畑を耕し、小麦やコメなどの作物を収穫して、現代に至る社会基盤を形成していたと言われる農耕社会。産業革命から後の工業化社会を迎え、人間の営みが農業から工業へと激変した時代。インターネットの普及がもたらした"繋がる社会と世界"。こうした発展の両輪となる、モノと技術革新が社会の発展を形成してきたことは否定できない。

　情報化社会に続く新たな社会（Society 5.0、第5期科学技術基本計画）では、"サイバー（仮想）とフィジカル（現実）が融合した"人間中心の社会、超スマート社会を未来のあるべき姿として提唱している。**

　そこで理想とされる社会では、経済発展とそれに付随する社会的課題の解決を、先端技術を産業や生活に取り入れて格差を解消することで実現するとしている。一例をあげると、農作業の自動化・最適な配送により、食料の増産とフードロスの削減が達成できるとしている。モノづくりの現場では自動生産により人手不足を解消し、持続可能な産業化を推進するという。

●持続可能なくらし

　田歌舎の企業理念に戻ってみる。「暮らしの継承」「自然を守り、活かす知恵と技術の担い手」という表現が示すのは、sustainableな社会活動をregenerativeな取り組みで実現するというメッセージである。ここに、国が掲げる産業育成と田歌舎が目指している産業の継承への道筋に大きな違いが見られる。田歌舎では、人手不足をキカイに担わせるのではなく、現場で「産業の魅力と大切さに気づく」人を育てることによって、自然と人の生活が分断されることなく、文化とともに産業が持続しているのである。

　地球環境に関しても、平均気温の上昇、水需給のひっ迫、生産年齢人口の減少と高齢化率の上昇、エネルギー及び食料自給率の低さ等、これらの中には日本だけでなく世界的な問題になっているものもあるが、田歌舎ではこうした問題のひとつひとつに答えようとする等身大の経営が続いている。

　日々の作業の中で、スタッフの動きを見て向き・不向きを大きく判断し仕事を任せるのが藤原流。筆者が訪れた日も、到着するや否や「カバン、そこらに置いといて。まずは畑に」と言われ、茄子、トマト、オクラ、トウガラシ、きゅうりの実り豊かな畑へ。ひと足踏み入れた瞬間の土の柔らかさに、プロの畑を感じた。かごとハサミを手に、植物の葉が生い茂る中を進むと、筆者の動きを見ておられたようで「先生、畑に入ったことあるな」と及第点（？）をいただいた。収穫中にいろいろな話を伺ったが、最近はもぎたての果実等、採れたてのものを口に運ぶのを嫌がる人がいると知って、日常生活と自然との距離がここまで離れているのかと、驚いた。筆者も料理本で目にしたことのある花オクラを収穫後に初めて食したが、そういうことができないというのは、採れたてすなわち「旬」の味を体験しようとする以前に、未体験ゾーンに足を踏み入れることに対して怖さを感じるのかもしれない。

　体験から得られるものは、教科書やマニュアルだけでは学ぶことのできない確かな知識となって、人の記憶に蓄積されるはずである。旬の体験は、6インチの画面からは得られない。

　学習指導要領では、社会との関わりを求めているが、社会に無数存在する「教科書のない教育の場」は、ほとんどが未体験のものであるからこそ、自ら初めの一歩を踏み出す必要があるのではないだろうか。だからこそ、その先に存在する持続可能な社会へのパイロットランプとして活躍する田歌舎の人たちの存在は、貴重である。

●エネルギー自給

　化石燃料に頼らない、エネルギー自給率100％は可能なのか。答えはNoと言わ

ざるを得ない。現時点では、内燃機関で稼働するトラクターや農機具のエンジンは、ガソリン等の化石燃料に頼らざるを得ないからである。電力については、ソーラーパネル67枚を設置した自家発電によって田歌舎での電気自給率は約50%である。近くを川が流れていることから、現在は水力とのハイブリッド発電も含めて、可能な範囲で発電能力の向上を計画している。

●施設内の食・住環境

一年中の野菜と主食のコメは100%自給自足を誇っている。野菜の自給率100%というのは、土づくりへのこだわり、気候風土に適した品種の選定など、30年にわたる試行錯誤と研究の成果といえる。コメに関しても、赤米や黒米など6種類の米を生産し、一部は市場に出しているほどの生産量を誇っている。また、コメの一部の品種は合鴨農法で育てられる。この合鴨は、冬場の食肉としても田歌舎の営みを支えている。その他の食肉（ジビエ）は、狩猟で得た獲物を敷地内の解体所で処理し、宿泊客に提供したり、出荷したりして事業収益を支えている。狩猟の目的は食用としてのみならず、敷地内の作物を狙って近づく動物から自分たちの生活圏を自衛するための手段であるとも伺った。

合鴨たち

畑仕事の後は、田歌舎の全体を案内してもらった。事務所から宿泊客用のロッジまで、敷地内の建物はすべて自前の建築物である。建築に用いる材木も敷地内で伐採し、製材まで一貫生産される。

事務所棟

また、敷地の山の斜面に湧き水を得たことから、田歌舎では施設内の水は100%山からの水で賄われている。400mほど離れた山の水源からの湧き水を、取水パイプを通して貯水タンクに溜め、高低差を利用した重力により水圧を得て水が敷地内に落ちてくる仕組みもスタッフだけで完成させた。

山からの湧水

鹿肉ピザ

●食の循環

　施設内における食循環の観点から、獣の残渣も含めてすべての活動の残渣を完全堆肥にして農地（畑）に循環させることを目的に、高度な堆肥舎を自社で建築中である。現在ほとんどが無農薬の菜園の中でも、一部少量の農薬に頼らざる得ない野菜もある。堆肥舎で生み出される上質な完全堆肥を得ることで、将来的に全作物の無農薬を実現したいという願いを込めて実行に移しているところである。

●人材育成

　藤原さんによると、田歌舎では、スタッフの募集をする必要はなく、さまざまな理由で若者が自ら集まってくるという。ある人は田歌舎にゲストとして訪問していて、暮らしと命と食物が連鎖していることに気づき、スタッフとして働き始めた人。ある人は田歌に移り住んできた人。ある人は、狩猟や獲物の解体に興味をもって田歌舎で修業を始めた人など、経歴や年齢や前職の異なる人たちが、都会の生活から距離を置き、農業や料理を学び、家畜の世話やアウトドア活動に携わっている。藤原さん自身にとっても、およそ30年前に美山に移住した頃の師匠といえば、60〜80歳代の先達たち。そうした世代の人たちから技術の原点を「盗む」ことで、今がある。

　中には、1〜2年で田歌を去り都会へ回帰する人もいるが、今では田歌で学んだことを広めようとする人が十数名で、全国に居住しているという。それ以外にも、短期研修や視察、宿泊体験を通じて、自分自身の生活を見直すきっかけにしている人は多い。「反〇〇」というアンチテーゼを掲げる方法を用いるのではなく、改善や改良、試みを重ねた暮らし方をするという姿勢が共感を得た証ではないだろうか。

　暮らしに物語のあるお店。ホームページにあるフレーズどおりの経営姿勢の中に、自然を畏れながら、そして、食の循環やエネルギー自給率向上等の課題に向き合いながら、持続可能な生活を後世に残そうとする確かな挑戦が、そこにあった。

●指導へのヒント

　田歌舎では、宿泊・レストラン・アウトドア体験が提供されている。施設で提供される食品は、化学肥料を使わず、家畜の力を借りて栽培し収穫された農作物、飲料用水は100%天然の湧き水である。こうした自給自足生活の仕組みを知り、持続可能な社会づくりのヒントを学ぶ。人だけでは作りえない地球環境そのものや自然を守り活かすことの大切さを感じる心を育てる。スタッフたちが施設内のすべての業務をこなすという「暮らしのプロ集団」から学べる、自給自足、環境保全、エコツーリズム等、さまざまなテーマ別プログラムへの

参加等が考えられる。

　こうしたプログラムに参加し、人工的ではない自然そのものがもたらすアウトドア体験を通して、自分がどう感じたかについて、校内でのグループディスカッションや、家族との話し合いを提案する。人だけでは作り得ない地球環境や、自然を守り活かすことの大切さを感じる心を育てるため、自分たちにできることを、校内にとどまらず、地域、自治体レベルでの提案に昇華させる取り組みを行う。持続可能な社会は自然を守り活かす精神が欠如しては存在し得ないという大前提を、農業や林業などの第一次産業、環境保全、エコツーリズムといったさまざまな視点から見つめ直すための問いを投げかけること等が考えられる。

● 取り組み例

小学校：・収穫した野菜をスケッチしてみよう。

　　　　・野菜の色や形について、スーパーで販売されるものとの違いを見つけよう。

　　　　・多品目栽培の菜園を訪れて20種類以上の野菜が実る姿を知ろう。

　　　　・生かじり、たき火を使ってホイル焼き等で食材を味わってみよう。

　　　　・食パンピザで好みの野菜をトッピングして、焼いて素材の味を感じよう。

中学校：・ライフジャケットに身を包み自然の川の流れに身を任せてみよう。

　　　　・アウトドア体験の中で、ガイドさんから学んだ自然の驚異について調べよう。

　　　　・アウトドア体験を通じて、自然と共存する生き物としての人間として、自分がどう感じたかを発表しよう。

　　　　・コンクリートブロックで簡単な窯を作って、調理に挑戦してみよう。

　　　　・製材を板や柱などに仕上げる製材加工する工程を見学、体験し、身の回りに溢れる木という資源のすべてを無駄なく利活用する方法を学ぼう。

高校：・命の体験：鶏の屠殺を体験し、BBQで自らいただいた命を食べてみよう。

　　　　・日々の食事のすべてが生き物であることを再確認し、生き物を食して生かされているというリアルを実感したことをレポートしてみよう。

　　　　・日々の食卓に上がるすべてのものに、多くの人の手と労働が存在していることを見直そう。

- 自然豊かで過疎問題を抱える地域で、仮想の会社設立案を考えてみよう。
- 地域と企業、人と企業、人と人が「競争」から「協働・共想・共創」の関係を築き、地域連携につながるようなアイデアコンペを企画しよう。
- 地球全体の森林資源や日本の林業が抱える課題をグループで調べ、課題解決に向けた建築の循環について、アイデアを出し合ってみよう。

コラム

藤原さんとの待ち合わせのバス停で、『美山山村留学センター』*という看板を目にした。

　訪問後しばらくしてから、偶然見ていたTV番組で、山村留学事業が今年度で25年の歴史に幕を下ろすというニュースを知った。都市在住の児童が自然への理解を深め、地元児童や住民との交流を図るという事業を通して、学校運営の振興及び地域の活性化を目的に、四半世紀にわたって続いてきた。夏休み中の8月を除く毎月発行の『四季の里センター便り』では、子ども同士や里親のみなさんとの交流から生まれる絆と、五感を鍛える活動を通じて、都会生活を離れた子どもたちの地域に馴染もうとする姿勢が伝えられている。

　都会人、地元民双方にメリットを生む、持続可能な社会実現を目指す小

さな自治体の挑戦が、人材難や財政難等によって終了せざるを得ないという皮肉な結果を迎えた。このニュースに触れてから、25期生7名を含む、延べ188名の修了生を送り出してきた事業廃止の意味を考えている。

＊ https://www.city.nantan.kyoto.jp/www/
life/112/009/000/index_71540.html

徳島 ゼロ・ウェイストは "WHY? から" を訪ねて

『上勝町ゼロ・ウェイストセンター』

徳島県勝浦郡上勝町福原下日浦 7-2
https://why-kamikatsu.jp

●概要

　徳島県の山間部に位置する上勝町では、1990年代後半まで、野外焼却（野焼き）によってごみ処理を行っていた。しかし、環境に負荷をかけ続けてきたこの行為は、県や国からも指導を受けてきた経緯があり、小型焼却炉の購入を決定した（1998年）。それも、2000年にダイオキシン類対策措置法が施行され、3年ほどで使用できなくなった。

　さらに、地方自治体を悩ませる問題のひとつに過疎化問題があり、上勝町もその例外ではなかった。国立社会保障・人口問題研究所の推計では、現在の人口（1400名あまり）が、今後も減少傾向が続き、2040（平成52）年には、884人にまで減少する見込みである。年齢別人口構成でも、65歳以上の人口割合が半数を超えている。

　こうした事態を受けて、上勝町では、自治体に課せられたごみ処理負担を減らし、教育や福祉施策を充実させるため、税金の使い道に知恵を絞ることに舵を切り、2003年に自治体初の『ゼロ・ウェイスト宣言』を出した。*

> 　未来の子どもたちにきれいな空気やおいしい水、豊かな大地を継承するため、2020年までに上勝町のごみをゼロにすることを決意し、上勝町ごみゼロ（ゼロ・ウェイスト）を宣言します。
> 1. 地球を汚さない人づくりに努めます。
> 2. ごみの再利用・再資源化を進め、2020 年までに焼却・埋め立て処分をなくす最善の努力をします。
> 3. 地球環境をよくするため世界中に多くの仲間をつくります！
>
> 　　　　　　　　　　　　　平成15年9月19日 徳島県勝浦郡上勝町

　町の活性化に向け、ゼロ・ウェイスト宣言の中の『行動宣言』には、「2020年までにごみの発生率を最小にし、回収率を最大にできる上勝町にあった、ごみの発生を抑制するための教育システム、分別回収システムの構築をめざす」ことが盛り込まれた。

---

* http://www.kamikatsu.jp/
zerowaste/sengen.html

　上勝町では、住民が野外焼却を行う場所に各自がごみを持ち寄るため、従来から行政によるごみ収集は行われていなかったが、1997年に日比ヶ谷ゴミステーションを開設し、ごみを9分別する取り組みを開始。小型焼却炉が閉鎖した2001年には35分別まで増え、2016年に現在の45分別となった。また、上勝町にはゴミステーションへ持ち込む際のガイドとして、「資源分別表ガイドブック」があり、各世帯に配付されている。＊

　さらに、町内でゼロ・ウェイストに取り組む飲食店を、8種類の基準で認証する『ゼロ・ウェイスト認証』を行うなど、住民だけでなく事業所とも一緒に取り組んでいる。ゼロ・ウェイスト宣言後の1年間でゴミステーションへの視察は大幅に増加（約100組1000名）した。その後も、シンポジウムやセミナーの開催、同様の取り組みをしている海外の自治体視察等、ごみゼロに向けて着実な取り組みを継続していた。住民のごみ分別への協力が結実し、地元商店への顧客数の増加や農産物の信頼性と商品への付加価値の向上が、エコツーリズムの全国的な広まりと一体化するように、ゼロ・ウェイスト宣言以降の取り組み自体が、コマーシャル的な要素を帯びるようになった。

　上勝町では、ごみの処理（＝ごみをゼロにする）に頭を悩ませるより、ごみそのものを排出しないことを目指したのである。生ごみはコンポストを利用した堆肥化、カン・ビンの資源ごみは自治体住民が「ゴミステーション」に持ち寄っている。宣言から20周年を目前に控え、町のリサイクル率は80％を超えている。

　こうしたことがきっかけのひとつとなり、上勝町のイメージアップ戦略に位置付けられたのが、ゴミステーションに付加価値を持たせるためのリニューアルであった。

●上勝町ゼロ・ウェイストセンター

「つくる責任」に向けた問い：WHY do you produce it? WHY do you sell it?

「つかう責任」に向けた問い：WHY do you buy it? WHY do you throw it away?

　旧日比ヶ谷ゴミステーションが2020年にリニューアルされ、宿泊棟等が併設された上勝町ゼロ・ウェイストセンターは、生産者と消費者が日々のごみから学び合い、ごみのない社会を目指したゼロ・ウェイスト活動の拠点であり、5つの施設で構成されている。

●ゼロ・ウェイストアクションホテル "HOTEL WHY"
～四国一小さな町の小さな宿で「なにもない贅沢」を味わう～

写真提供：「Transit General Office Inc. SATOSHI MATSUO」

　HOTEL WHYは、「WHYという疑問符を持って生産者と消費者が日々のごみから学び合い、ごみのない社会」を目指す活動拠点で「？」形をしたゼロ・ウェイストセンター全体の「・(写真右側の円形の建物)」に位置する体験型宿泊施設である。宿泊者は、宿泊を通じて上勝町の暮らしを実体験し、日々のごみを見つめ直すヒントを手に入れることができる。希望すれば、滞在中に出たごみが、上勝町ではどのようにリサイクルされるかを体験する「ごみ分別体験」に参加できる。「ごみを資源に変える」作業を、宿泊者自身の手で行うのである。

　ホテルにチェックインした際には、滞在中に必要な量の石鹸やウェルカムドリンクが「量り分け」で提供される。宿泊客自身にチェックアウトまでの必要な量を考えてほしいからだ。建物の窓枠やソファ、カーテンなど建物内で使用されている多くのモノは、廃材や古材をアップサイクルしたものが

目に留まる。

　ホテル以外には、訪問した人が利用できる「コインランドリー＆トイレ」、町の人たちの交流の場やリモートワークに利用できる「ラーニングセンター＆交流ホール」、オフィススペースである「コラボレーティブラボラトリー」や、小学生のアイデアから生まれた「くるくるショップ」がある。

●ラーニングセンター＆交流ホール

　上勝町内では、ゴミステーションへの持ち込みも含めて、住民の移動手段がほぼ自動車という事情がある。路上で人同士がすれ違うことがまれであることから、町民同士あるいは宿泊客や、町外の人とのコミュニケーションの場としての役割も担っている。

●くるくるショップ」

　町民が「自分にとって」不要になった"MOTTAINAI"ものを持ち寄り、再利用できるものを無料提供している。衣料品や日用品など、ショップ内の展示品は町民以外でも持ち帰ることができる。

●コラボレーティブラボラトリー

　上勝町はゼロ・ウェイスト宣言で2020年までにごみをゼロにするという目標を掲げた。しかし現在、ごみの再資源化率は80%、いまだに焼却・埋め立てせざるを得ないごみがある。残りの20%は町民の努力だけではなく、企業や研究機関と連携し、社会全体で解決していく必要がある。そのような企業や研究機関の拠点として使用することができるサテライト・オフィスがこのコラボレーティブラボラトリーである。

●STUDY WHY

　施設の管理スタッフからゼロ・ウェイストセンターの施設紹介や、上勝町が取り組んできたゼロ・ウェイスト活動の歴史を解説してもらえる。

　学習指導要領では、小学校4年生の社会で廃棄物処理について、5年生の家庭で衣食住、消費や環境について、6年生の社会では地球規模で発生している課題（環

境破壊、自然災害など）に向けた連携・協力について、家庭では環境に配慮した生活に関わり、リサイクル活動等の取り組みを調べ、地域と家との連携を学ぶことになっている。＊

　中学校の社会では、地理的分野及び歴史的分野の学習との関連を意識し、公害の防止など環境保全の意義について理解することを求めている。＊＊ 高等学校の家庭では、地球環境問題を視野に入れた、持続可能な社会や消費行動を目指したライフスタイルの見直しについて学ぶとされている。＊＊＊

　このように見ると、小学校4年生〜高校生が上勝町や町内の施設をそれぞれの年代に訪問することがあるとすれば、衣食住に関する全体のつながりと学びの方向との輪郭がはっきりするだろう。そして、社会人として経済活動を始めたときに、持続可能な社会というキーフレーズが活かせるような企画を考える人材に成長してくれることを期待したい。

●ごみの概念

　〈それがなぜごみなのかを考えること〉―ホテルを離れたとき、宿泊者がそのことに目を向ける日が訪れるのはいつだろう。そして、自宅で、学校で、職場でその実践を自分の周囲に広げられる日はいつだろう。「小さな自治体だからできるんですよね？」と括ってしまったら、そこで思考は停止してしまい、宿泊の期間だけ、あるいは訪問したときだけ「がんばってSDGsに取り組んだ！」で終わってしまう。それが、もっともSDGsを遠ざけてしまう行為であることを大人が自覚し、行動しなければ、地球にダメージを与え続けてきた世代が若者に対して、「地球の未来を考えよう」と言う資格はない。

　SGDsに限らず、何ごとにおいても、国や自治体のリーダーシップに任せるのは容易で楽である。個人がごみを出さない努力には限界もあるだろう。リサイクルやリユースの名の下に集められた古着や売れ残り衣料品は、さまざまな理由で先進国から出た「不要（良）品」－ごみかもしれない－である。そして、それらを発展途上国に押し付けている現状もある。

　ゼロ・ウェイストセンターの建物の姿（問い）が、ごみ処理をきっかけに生活の質を見つめ直し、読者のひとりひとりが個人の消費行動を考え直す機会となるための〈？〉であり続けることが、社会に持続可能な好循環をもたらすThink localの始まりではないだろうか。

● 指導へのヒント

＊https://www.mext.go.jp/component/a_menu/education/micro_detail/__icsFiles/afieldfile/2019/03/18/1387017_009.pdf

　日本国内にとどまらず、海外からも視察が絶えない上勝町のゼロ・ウェイストの活動に触れ、ごみの分別化と資源化における先進的な取り組みを学び、学校の中でもできる、ごみのリサイクルコンテストを実施する。ひと目でわかる校内、地域リサイクルマークを考案する。

　施設のひとつである「くるくるショップ」は、上勝町内の小学生のアイデアが形になった場所であることから、自分たちが暮らしている地域の特長や学校周辺の環境を調査し、自分たちの町でも開設可能なショップづくりを立案して、地元自治体や小学校同士の連携、中学校や高校で行われる行事や文化祭における連携を提案する等が考えられる。

● 取り組み例

小学校：・ゼロ・ウェイストセンターを見学し、くるくるショップの仕組みを学ぼう。
・なぜ今、ごみを分別しなければいけないのか、友だちと話し合ってみよう。
・日本と世界のごみの分別方法やリサイクル方法の違いを調べてみよう。

中学校：・自分の町のごみ処理の仕組みを調べ、上勝町との違いを比較してみよう。
・自分自身の「オリジナル ゼロ・ウェイスト宣言」を考え、発表しよう。
・地球資源を守ることと、ごみ処理問題の関連を調べてみよう。
・不要になった衣服を裁断したり、繊維化したりして、衣服としての再製品化や、衣服以外の物に利活用できないか、話し合ってみよう。

高校：・ゼロ・ウェイスト宣言をしている自治体を調べ、人口規模や歴史・文化から活動に違いがあるか、宣言の背景には何があるかを調べ、発表しよう。
・リデュースやリユースに使えるものを持ち寄り、仮想リサイクルショップを開いてみよう。
・衣服の再製品化には、どれくらいのエネルギー資源が必要になるかを調べよう。
・ごみの資源化につながる研究について学ぶことができる、国内外の高等教育機関を調べ、自分（たち）のキャリアパスを考えてみよう。

埼玉 Paris, Chichibu "絹の魅力" を訪ねて
『REINA IBUKA』

埼玉県秩父市久那 1219
http://www.mariareina-paris.com

●概要

　埼玉県西部に位置する秩父市。自然に囲まれたアトリエから作品を生み出しているファッションデザイナーの井深麗奈さんは、フランスのレースに魅せられ、1997年に渡仏。2000年に自身のブランド『maria-reina paris』、08年には『Reina I. paris』を立ち上げ、14年にフランスから帰国した。帰国と同時に中断していた作品制作を再開し、19年に新ブランド『REINA IBUKA』をスタートさせ、21年に故郷秩父に、山の見えるアトリエを構えた。

　帰国後、それまで存在を知らなかった秩父に伝わる伝統的絹織物「秩父太織（ちちぶふとり）」に出会った。近くの養蚕農家で育てられた繭から工房で一貫して手作業で時間をかけて生産されていることを知り、モノづくりへの思いが再燃し、織物を通して日本の文化を秩父から世界へ発信しようと考え、現在のブランドから作品を発表し始めた。（秩父の桑をエサにして、養蚕から生地作り、服作りに至るまで、すべて秩父で丁寧に行われている）

●ブランドコンセプト

　REINA IBUKAのブランドコンセプトには、SDGsにつながる考えが随所に見られる。地元に伝わる伝統技術の継承や風土の保全、環境への負荷を抑えた素材の選択というのは、作る側と買う側との関係が、支える人（産地）との関係性の中で初めて成立することを教えている。今を生きる私たちが美を共有することで感動する心が生まれ、それが未来へつながるパスポートであることにも気づかされる。

〜故郷と地球を考える〜

　100%地元産繭からできている生地や、伝統工芸織物を使用することにより、地元の伝統技術、風土を残すことに少しでも携わる。地球環境を考えた素材セレクトを心がける。

〜美しいものの豊かさ〜

　美しいものは人生を豊かにする。自身の心の中にある過去、現在の美しいもの。世界のさまざまな風景、文化（音、匂い、空気）。感動し魅了される。それらからインスピレーションを受け、美しい未来を考えたもの作りをする。

～生物多様性の維持～

この地球上にはさまざまな生き物が暮らし、すべてがつながっていること。緑の見えるアトリエと、小さなメディカルハーブガーデン「VERTS（ヴェール）」（仏語で"緑"の意味）で、循環の重要性をさまざまな形で表現していく。

～自然と人のつながり～

人は自然から大きな力「La joie de vivre（生きる喜び）」をもらう。物質的にも、精神的にも人は自然から大きな恩恵を受けている。自然と人の共生を考える。

●フランスへ、フランスで

井深さん自身は学生時代にレースに興味を覚え、4年間のインナーブランド勤務を経てフランスでの創作活動を始めた。父親が海外へのひとり旅で記録した8ミリ映像とともに、旅の経験を地元小学校で披露したという話を後に知ることになるが、それも海外に目を向ける素地が作られる機会だったのかもしれない。

フランスでは、蚤の市で手に入れる機会が豊富にあったため、気に入った生地を作品に仕立てることが、日本と比べると容易であった。

フランスで意欲的に活躍できたのは、周囲の存在が大きかった。型にはまるのを嫌い、自分に自信をもって生きる人が多かったことで、ためらわずに自分の感じ方や考えを外に出すことができる雰囲気を感じていた。しだいに、自分も同じような生き方をしたいと考えるようになった。デザイナーの心に灯がともった瞬間だ。

●デザイナーの未来

REINA IBUKAの取り組みは、地元だけでなく、NHKをはじめとするメディアや県外の人たちからも注目され、「秩父太織の取り組み」の発信が現在進行形で伝わっている。また、現在の状況に甘んじることなく、地域で催される行事への出席や海外コンテストへの挑戦など、デザイナー自らがさまざまな形で循環の発信を模索している。

Small but good things - 「ささやかだけれど、役に立つこと」。こうした小さな積み重ねが子どもの目に留まり、美しさという感覚が心に留まることで、大人へと成長して、社会の構成員として消費行動に踏み出すときに、一歩立ち止まってくれるのではないだろうか。

●大切なこと

ファッションデザイナーというのは、多くの職種の中でも、目立つ存在かもしれない。デザイナーとしての矜持を尋ねると、「着る人の喜び」という答えが返ってき

た。身に着けた人だけが知る作品の良さを語ってくれることで励まされるのだという。作品という有形物を通した感想という無形の感覚。それを大切にしているというのは、（どちらかと言えば）無形の仕事に携わることが多い教員と同じである。

●歴史を紡ぐ

小学校第3学年の社会では、（内容の取扱い）の(2)で「地域に見られる生産や販売の仕事について学ぶ」ことが明記されている。生産の仕事について「地域の人々の生活との密接な関係を学び」、販売の仕事について「消費者の多様な願いを踏まえ売り上げを高めるよう（下線は筆者）、工夫して行われていることを理解すること」とされている。＊

秩父太織は、養蚕から糸作り、生地作りとそれぞれの工程を結ぶ線上で生み出されていることから、地域の生産体制と人々の生活の関連を学ぶことができる。しかしながら、「売り上げを高める」ことに重点を置き過ぎると、過剰生産を招き、これまでと同様に終わりなき消費生活の繰り返しになってしまう。

「地域社会に対する誇りと愛情、地域社会の一員としての自覚を養う」という目標と、上述の内容の取扱いが体験的に行われるために、例えば、市内の各小学校3年生向けに、給食の時間に使えるコースターや社会の教科書のブックカバー等を秩父伝統の絹織物で製作・配付すれば、思考と理解がさらに進むのではないかと筆者は考える。3年生が代々引き継いで次の世代に受け渡すようにすると、擦れて穴が開いた場合でも修理に出して長く使える。修理された製品から、モノを大切に扱う心や態度を養うこと、美しいものに触れることで感受性が磨かれ、第2、第3のデザイナーや伝統産業の担い手を生み出す可能性もある。

SDGsと小中高連携の実現にもつながる、官民一体型の地場産業振興モデルになる。

「DESIGN TALKS Plus」"Design Hunting in Saitama"＊＊

NHK WORLD-JAPANの番組のひとつで、「良いデザインとは？　そして、その力は何ですか？　伝統的なものから最先端のものまで、文字通り私たちの生活を形作っている日本のデザインを探求する」番組。放送は2021年11月25日に配信され、現在はオンデマンド放送で、2024年3月31日まで視聴可能である。

秩父銘仙、秩父太織のことや、自然から力をもらいブランド再開となったこと等がインタビューで明らかにされている。インタビューは日本語で行われるが、海外向け放送のため、音声は英語で、英語字幕のON/OFFが可能となっている。自分の住む地域の放送回から視聴を始めてみて、引き続き多聴教材として活用してはどうだろう。

＊ https://www.mext.go.jp/
content/20230308-mxt_
kyoiku02-100002607_003.pdf

＊＊ https://www3.nhk.or.jp/
nhkworld/en/ondemand/
video/2046158

「Zenbird」"Apparel brand REINA IBUKA with the charms of silk from Chichibu" *

Discovering a Sustainable Future from Japanというサブタイトルをもつ、海外向けウェブマガジンで、2022年9月16日付のインタビュー記事が閲覧可能である。

ハーブガーデン横のアトリエでのインタビューは2時間に及んだ。アトリエを訪問したときに感じたのは、庭に群生するハーブ、室内のしつらえ、そして窓から見える山の稜線……そこから生み出される空気感に包まれた場所が、デザイナーの精神世界を形作っているのではないかということだ。

筆者にとって最も印象的だったのは、モノづくりを美しい未来につなぐという考え方である。モノや素材に命を吹き込むのがクリエイターの仕事であろう。そこに欠くことのできないものがひとつあるとすれば、おそらく、クリエイター自身の感動する心ではないだろうか。過去に存在した自分と今を生きる自分の間にある無数の経験が、音となり匂いとなって、精神世界を感動の風で揺さぶる瞬間のひとつひとつが、井深さんの言う"インスピレーション"なのかもしれない。

生活の質を考え直す必要があるときには、目に留まる現象の前を通り過ぎないこと、そして、一歩立ち止まって考えることが大切であることを再認識した。

秩父。小さな街で、Think local, Think globalのロールモデルに出会った。

---

* https://zenbird.media/apparel-brand-reina-ibuka-with-the-charms-of-silk-from-chichibu/

　ブランドの中心的なコンセプトである "Élégante et Cool"「身につけると心から美しく幸せな気持ちになれる」の意味を考え、「今あるもの、手に入るものを自分で工夫すれば、充実した生活を送れる」という考え方を自分たちの生活に取り入れられないかを考える。蚕やみつばちといった、人間生活と密接な関係を持つ生物の生態と気候変動問題について、調べ学習を行う。服のデザインや色に対するコンセプトが、日本とヨーロッパではどのように違うかを学ぶ。さまざまな衣服に使われている既存の素材を、リデュース、リユース、リサイクル、リペア（補修・修理）可能なものに分類し、新しい生産方式を組み込んだビジネスモデルコンペを開催する。1枚のTシャツを作るのにどの程度のエネルギーを消費しているかを調べてみる。レンタカーのように、レンタルやリース方式のファッションブランドを考案してみる等が考えられる。

● 取り組み例

小学校：・私たちの生活と密接な関係を持つ生物を観察し、成育環境について調べよう。
　　　　　・世界の民族衣装の素材について調べて、発表しよう。

中学校：・日本各地に伝わる衣装の原材料と気候との関係について調べ、発表しよう。
　　　　　・過剰生産を抑えるため、服のセミ・オーダーシステムを考案してみよう。

高校：　・生活のさまざまな場面における、絹の新たな使い方を考案し、発表しよう。
　　　　　・素材から製造、デザインに至るまで、国内生産可能な未来のサスティナブルファッションを考案してみよう。
　　　　　・第六次産業の仕組みを調べて、サスティナブルを条件とした、生産から販売までを一貫して行う、高校生が運営する模擬会社の設立案を考えて、校内でコンペを実施してみよう。

6. SDGsのその先へ

　ここまで、学校教育とSDGsについて述べてきた。国連は2001年にまとめた2015年までの国際目標である『国連ミレニアム宣言 (MDGs)』を継承し、2030年までの国際目標である『持続可能な開発目標 (SDGs)』を宣言しているが、技術革新のスピードが加速し続ける中、子どもたちの未来を、かつては可能であった「年」単位で予測することは、あまり意味を持たない。

　今後は、科学技術を使う方向性も、大切な議論の的となるだろう。科学の恩恵が利益追求に向けられた結果、過剰ともいえる競争主義を生み出し、環境に負荷をかけ続けてきたことは否定できない。これから先も、速く、ラクに、大量にモノを生産し、24時間体制のロジスティックスに乗せて消費者の手元に届けることを是とするのか、働き方改革の本丸である、労働時間短縮によるワークライフバランスの確立を推進するのか。企業の本音が見え隠れすることを指摘する声が少なくない中、専門家や行政の連携の下で市民を巻き込んだ包括的な取り組みを実現する先に、答えはあると筆者は考える。

　ある新聞の認知度調査によれば、SDGsという言葉を聞いたことがある人は80%近くに上るが、詳細な内容を知っている人はわずか9%未満だという。このままでは、環境に負荷をかけない商品を購入する「SDGsちょい乗りタイプ」が増えてしまい、地球規模の課題解決という本来の目標に向かう行動につながることは見通せない。

　拙速とうわべ繕いの取り組みは避けなければいけないが、自然・文化・人を守った形で環境保護を実現し、持続可能な社会を後世にバトンタッチするため、ここで紹介したローカルな取り組みに敬意を表したい。そして、人同士の出会いから、取り組みを少しでも応援することにつながる「次なる行動(Act local)」がさまざまな世代の読者から生まれることに期待を寄せて、本稿を締めくくりたい。

一人ひとりの生徒と向き合う：
自分事から自分たち事への気づき

佐藤裕幸　●CAP高等学院代表

鹿島山北高等学校提携通信制高校サポート校CAP高等学院代表。
増進堂・受験研究社客員研究員。福井県立金津高等学校・教員指導
力向上委員会講師。私立尚志高等学校非常勤講師

1. はじめに

　私は現在通信制高校のサポート校を運営している。オンラインとリアルな教室を駆使しながら、高校卒業資格取得のために、一人ひとりの生徒の学習に寄り添い、授業や進路相談、さらにはメンタルケアなども行なっている。

　先日、ある生徒と一緒に体育の教科書DVDを視聴しながら課題提出のサポートをしていた。学習項目は陸上競技。その学習内容でとても興味深い一言が音声で流れてきた。

　「短距離走におけるクラウチングスタートは、ゴールを見ずに地面を見ながらスタートする。それに対して、長距離走のスタンディングスタートは、前方を見てスタートするもののゴールが遠いので、ゴールが見えることはない。つまり、結果的にどちらもゴールを見ていないのだ」。

　2015年9月25日の国連総会で、持続可能な開発のための17の国際目標であるSDGsが採択された。現在地球が抱えているさまざまな問題に対する危機感を考えれば、当然とも言える。その結果、世界のさまざまな国や地域で、これらの目標を達成すべく国策としての活動がなされ、日本もまた「持続可能な開発目標推進本部」を設置し、2020年には「SDGsアクションプラン2020」を決定し、具体的対策法をまとめた。

　さらに国内企業の中には、経営面で積極的にSDGs的なものを取り入れ、主体的に取り組む姿勢を示してきている。大きな目標を設定したことにより、国内外で地球のさまざまな課題を考え、その解決に向かおうとする姿勢は賞賛されるべきものである。

　しかしながら、その一方で私はちょっとした違和感も持っている。例えば、スーツのラペルに円形のカラフルなバッジをつけた企業の人が、「私たちの企業は、SDGsに取り組んでいます」とにこやかに話しかけてくるも、実際に何について取り組んでいるのかを伺うと的外れと思えるような答えが返ってくることがある。

　また、学校の探究活動の中で、「まずはSDGsのゴールの中から興味・関心のあるものを見つけ、そこから問題を見つけてみよう」のような、抽象的であまりにも大きな17のゴールなのに、あたかもそれが具体的なゴールとして示される場面を見たときに、私は「生徒たちはその目標を"自分事"にできているのであろうか？」「その目標に対して、本当に持続的に取り組むことができるのだろうか？」など、さまざまな疑問を感じるようになっていた。

　ゴールをイメージすることはとても大事である。しかしながら、そのゴールは100m走やマラソンのように、ゴールラインがはっきりしたものではなく、状況によって絶えず変化するものであり、当初短距離走と思っていたのが、実はフルマラソンだったということも十分にあり得る。

　だからこそ、短距離走・長距離走いずれの場合とも同じようにまだ見ていない、もしくは見えていないゴールのために、現在目の前にある"自分事"に問いを投げかけ、その問いに対する答えを見つけようとしながら、"自分なり"の解決法を見出し、結果的にそれが"自分たち事"に変容し、さらには"他人事"を"他人事"のままにしない心構えができあがるのではないか？　そしてそれこそが、本当の意味での持続可能な取り組みへとつながるのではないかと考えるようになった。

そこで、これまで出会った生徒たちが、"自分事"から持続可能な課題解決に意識が向かうまでの経緯を紹介することで、今後生徒一人ひとりがSDGsに結果的に貢献できるヒントになるようなものを紹介していきたい。

2. 事例発表

薬剤師になる夢から一転、
「おじいちゃん・おばあちゃんを救う！」が目標に

●中高一貫校における個別指導例

　私がかつて勤務していた中高一貫校に通っていた現大学4年生。中学入学時は薬剤師になることをひとつの目標としていたが、現在は東京農業大学・国際食料情報学部・国際バイオビジネス学科に在籍している。彼の祖父母は農家を営んでいる。孫から見ても祖父母はとても勤勉で、生産している農作物もとても美味しい。しかしながら、祖父母の暮らしぶりがいいとはとても言えない。また、高齢になり自分たちの力ではできないことが徐々に増えてきており、週末は父母が祖父母の農作業を手伝うようになった。彼がその状況を目の当たりにしたときに、「おじいちゃん・おばあちゃんはとても真面目に働いているのに、なぜ生活が大変なのだろうか？」「おじいちゃん、おばあちゃんのしていることは社会に役立っているのだろうか？」「おじいちゃん・おばあちゃんのような真面目に農業に取り組んでいる人たちがこんなにも苦労をしていたら、農業をやる人はいずれいなくなってしまうのではないか？」「農業を持続させるにはどのようにしたらよいか？」などと漠然と考えるようになった。

　彼は当時クラス担任であった私との個人面談の中で、その思いを話してくれた。私はもう少し具体的に彼が抱いている感情を顕在化してもらうために、喜怒哀楽をベースにしながら話をしてもらった。面談の中だ

けではその思いをまとめることは難しいと考えた彼は、面談後に自分の感じたことをひとつずつ文章にまとめ、その感情を同じクラスの友人に話してみた。

　中高一貫のクラスがひとつだけだったので、友人たちとは6年間同じクラスメイトとして学んできた。その友人たちに、おじいちゃん・おばあちゃんについての思いを本気で語ったのは初めてだった。それはクラスメイトとの友人関係が希薄であったということでは決してない。単にそのような話をする場面がこれまで訪れていないに過ぎなかった。だからこそ、改めて自分の思いを語っているうちに、最も自分の気持ちを揺り動かしていることは、祖父母の優しさであり、祖父母の作った野菜のありがたさであることに気づいた。そして、祖父母のような農家の方が自分たち若い世代の体と心の成長を支えてくれていると感じ、次は自分たちのような若い世代が日本の農家を守るべきと考えるようになった。

　彼のその思いを聞いた私は、彼にフィールドワークを提案する。私は友人にふたつの企業を紹介してもらい、彼に見学に行ってもらった。ひとつ目は、福島県会津若松市にある富士通の植物工場「会津若松Akisaiやさい工場」。「先進ICTソリューションによる新たなスマート農業の開拓」・「未来の農業について考える授業を通じた次世代育成支援」などの取り組みを実際に見学することで、家族経営による農業のあり方を考える機会となった。

　ふたつ目は郡山市田村町にある一般社団法人“Cool Agri”。「agriculture」の単語の中に含まれる「culuture＝文化」を踏まえ、100年先の未来へと伝える我々が誇る福島の食を進化と継承することを目標に設立された。法人化による人材の確保や事業計画の実施、商品開発と商品広報など、農協の買取りに左右されない経営方法を知ることにより、代替わりによる後継者問題・事業引き継ぎなどの問題を見直すきっかけとなった。

　さらに彼はそこから日本の自給自足の問題にも着目し始めた。また、

食品ロスの問題、海外の貧困の問題にも目を向けるきっかけとなり、結果的にSDGsのゴールである「1 貧困をなくそう」「2 飢餓をゼロに」「8 働きがいも経済成長も」「9 産業と技術革新の基盤を作ろう」「10 人や国の不平等をなくそう」「12 つくる責任 つかう責任」などを包括的に考え、解決策を見出すために進学先を決定し、大学進学へとつながった。

大学進学後の実習先にて

日本の食料自給率はとても低い。今はここに挙げたSDGsのゴールを解決する側にいるかもしれないが、流通・輸入などが為替相場や戦争などの世界情勢に大きく左右される現在、いつ飢餓に見舞われてもおかしくないし、生きるためのみに働き、経済成長をまったく感じられない状況に追いやられるかもしれない。最初は彼にとって身近な存在であるおじいちゃん・おばあちゃんのことを考えることから始まったかもしれないが、そこから思いが深まり、日本の今後、そして世界共通の目標であるSDGsに真剣に向き合えるようになったことは非常に大きいように思われる。

「異文化に触れる」という建前の留学から、「すべての人が身体的障がいの有無に関わらず、豊かに暮らせる社会をつくりたい」という目的が生まれた

●個人指導における実践事例

　私がかつて勤務していた中高一貫校に所属している高校3年生。中学3年間同じクラスのメンバーと過ごし、かつ高校3年間も同じメンバーと学校生活を送ることに違和感が生まれる。決してクラスに馴染めていない訳ではない。しかしながら、あまりにも同質性の高すぎる状況に、

なんとも言えない不気味さを感じ、逃避したいと思うようになった。

　中学2〜3年次に数学の教科担任であった私のもとに、彼は自分の違和感を相談してきた。私は、「自分の感情はどこから生まれているか？」「自分のエネルギーは自分の喜怒哀楽の感情のどこから生まれているか？」など自分自身と向き合うためのさまざまな問いを投げかけ、自分なりの答えを考えもらうことにした。ここでは他の人から見て正しいかは問題ではなく、自分の心の本質はどこにあるかということに対する答えのようなものを探してもらうことが目的であった。その結果、その生徒は自分を客観的に見ることができる環境を作ることが重要であると気づいた。「他の国の文化に触れ、その違いを知りたい」という建前を理由にしながらも、簡単には戻ってこれない場所に行こうと留学を決意した。

　当時、私が担任をしていたクラスが修学旅行先であるカナダのバンクーバーでお世話になったエージェントの方とコンタクトを取り、彼のカナダ留学への手配をした。しかしながら、新型コロナ感染の影響でカナダへの渡航ができなくなった。ある意味仕方がないことであったが、彼はそれでもなんとか留学をしたいという気持ちを抑えることができず、自力で留学先を探し、アイルランドへ留学をすることになった。

　留学当初は、英語でコミュニケーションすることが難しく、しかも英語圏以外の高校生たちも自国の言葉で話すことができないストレスからお互いが他国の文化の違いを感じる余裕などはなかった。彼は日々の生活を送ることが精一杯であったらしい。しかし、ある日の光景が彼の将来への向き合い方を大きく変えることになる。

　それは、手指のない同級生が、健常者と一緒にラグビーをしていたのを目の当たりにしたことである。日本であれば、「危険だからやめなさい」や「注意してやりなさい」など特別視することが多いのに、友人たちも本人もそのことに気を使う様子はまったくない。「障がいを持った人への向き合い方が国によってこんなに違うのか？　日本ももっと分け隔てなく健常者と障がい者が暮らせるような社会を実現できないだろう

か？」「事故などで後天的に障がいを持ち、以前と同じような生活を送れないアスリートや一般の方々がテクノロジーなどの技術革新を利用して、これまで同様もしくはこれまで以上の生活を送れるような機会の創出を自分自身が担えるようになれないだろうか？」という思いが、その様子を見ながら脳裏をよぎった。

建前では「異文化を学ぶため」という理由にして留学したが、実際には現状からの逃避が彼の本当の理由だった。日本では陸上部に所属し、短距離の選手として大会に臨んでいたが、自分自身のアスリートとしての能力にはある程度限界のようなものを感じてもいた。しかしながら、これからもなんらかの形でスポーツと関わることを望んでいた彼は、この光景からある意味とても素敵な課題を得られることになり、留学したことに大きな意義を見い出すことができた。

留学から帰国後、これらの"問い"に向き合うために、その問いに関係するさまざまなことを調べてみることにした。また、既に前勤務校を退職していた私にも問いに対するアプローチ方法を尋ねてきた。私は、探究学習の一環として"マッスルスーツ"を開発した企業である菊池製作所が、ワークショップで前勤務校に来たことを思い出し、その旨を生徒に伝えた。

菊池製作所は「人々の『あったらいいな』という夢を実現する〜誰かが不便だと思うことをひとつでも便利にするために〜」を掲げている。菊池製作所のビジョンは彼の留学に得た"問い"に対する答えの手がかりになるのではと思い、紹介した。彼は自らアポイントをとり、工場見学に行った。見学の際にさまざまな人から話を聞くと、後天的に障がいを持ち、以前と同じような生活を送れないアスリートや一般の方々がテクノロジーなどの技術革新を利用して、これまで同様、もしくはこれまで以上の生活を送れるような機会の実現は可能であると彼は実感することができた。

次に彼はデジタルテクノロジーを理解するためのひとつの手段とし

て、プログラミング技術の取得の必要性を感じた。地元福島県の会津大学ではプログラミングの公開講座を実施していることがわかり、参加することにした。その後プログラミングを独力で学び始めるきっかけとなり、後天的に障がいを持ち、以前と同じような生活を送れるようにするためには、デジタルテクノロジーが絶対に必要であることを実感した。

さらに、デジタルテクノロジー獲得につながるワークショップにも参加した。そのワークショップはコンピュータを利用し、多様性を実現する社会に向けた視聴覚触覚技術の社会実装を感じさせてくれるものであった。身近なものを利用して、実際の生活に役立つものの製作をすることで、関心が多岐にわたるようになった。

参加したワークショップで作成した「周りの音の大きさで光の色が変わるテクノロジーツール」

またデジタルテクノロジーの重要性は別の機会でも感じることができていた。アイルランド留学中、既に中高一貫校を退職していた私とは、遠隔会議システムを利用し、オンラインで授業を受けていた。デジタルテクノロジーの利用によって、物理的・時間的制約を超え、帰国後の高校の授業で、遅れを感じずにすむことができた。

そこでまたひとつ、彼には大きな疑問が浮かんだ。「自分はたまたま恵まれて、継続的な学びを得ることができていたが、世界も同様に学びの機会は平等に得られているのであろうか?」というものである。この疑問を私にぶつけてきたので、「調べてみれば?」とだけ伝えてみた。すると、海外の小学生を相手にするオンラインインターンシップを見つけ、応募し採用された。それは仕事内容はノーコードのプログラミングをバングラディッシュの小学生にオンラインで教えるというものだった。

留学中に実施していた私とのオンライン授業、デジタルテクノロジーを知るために参加したプログラミングの公開講座への参加が、自分の新たなキャリアへとつながった。と同時に、SDGsのゴールのひとつである「4 質の高い教育をみんなに」「8 働きがいも経済成長も」「9 産業と技術革新の基盤を作ろう」「10 人や国の不平等をなくそう」につながる活動ができていたことに気づくこととなった。

前述したように、彼の留学の動機は現場からの逃避である。それをもし「くだらない」と言って、聞き入れていなかったとしたら、SDGsにつながる活動は生まれなかった。「自分事」に向き合う機会はどこにあるかわからない。

「データでプロ野球を改革する」から「性差別なく暮らせる社会の実現へ」に変容したそのわけ

●通信制高校サポート校における実践例

高校生の2年半をニュージーランドで過ごした高校3年生。中学1年生のときに学校に通う意義を見出せずに不登校になり、所属していた中学校を退学した後は、北海道で農業の体験をしながら過ごす日々が続いていた。欠席日数などもあり、地元の高校に進学が難しかったこともあったが、日本の高校に馴染めるか不安もあったので、両親とも相談の上、ニュージーランドのインターナショナルスクールに通うことにした。

その生徒が中学生のときに夢中になっていたのがプロ野球観戦。ただし、贔屓の球団を応援するというよりは、テレビ中継の際に出演している解説者の解説の内容が、あまりにも感情的でしかも予想のようなものをしてもまったく当たらないことにちょっとした嫌悪感をもち、もっと根拠のある解説が聞きたいと思っていた。そして、自分自身で予想をしてみるのはどうかと思うようにもなっていた。

そこで、自分が集められるデータの収集をしながら、パソコンを使って自分なりの分析をして、予想をしてみるようになった。その予想を友

人や両親・祖父に話してみると、「面白いねぇ」「すごいねぇ、野球の見方が変わりそうだよ」という反応が返ってきて、「もっと正確な予想ができるようになりたい」と考えるようになった。

ニュージーランドの高校に通っている間、プロ野球に関する予想をすることはなくなったが、ここで身につけたことが日常生活のさまざまな場面で、いろいろな分析をしてみたいという好奇心の源になっていた。しかしながら、具体的に分析してみたいというものにはなかなか出会えず、いつの間にか分析して考えることも少なくなっていた。

ごく当たり前の日常を送る中で、その生徒は友人との会話によって分析への好奇心を再び奮い立たせることになる。その会話は、アルバイトの話からのものであった。友人が始めるアルバイトの最低賃金は1,600円と聞き、とても驚いた。学校の帰りにたまたま見かけた大手ハンバーガーチェーン店のアルバイトの時給はそれよりも高い1,800円。その生徒の地元福島にもそのハンバーガーチェーン店があるが、そこは時給900円。同じ職種なのに日本はニュージーランドの2分の1。それどころか受けられるサービスは日本のほうがむしろ上であった。利用客としての観点で言えば、より良質のサービスを受けられるという意味では喜ばしいかもしれないが、労働者としての視点で言えば、日本の労働の価値は低いと考えざるを得なかった。

2021年現在の日本とニュージーランドのGDPを比較すると、日本は4,937,422（百万米ドル）であるのに対して、ニュージーランドは247,685（百万米ドル）で、日本はニュージーランドの約20倍にものぼる。GDPは20倍なのに、時給は半分という事実に驚愕し、同時になぜこのようなことが起こるのかとても強い関心を持った。

その生徒は、体調不良のため一時帰国し、回復を待っていたが、新型コロナウィルス感染拡大により、ニュージーランドへの再渡航が不可能になり、私が運営している通信制高校サポート校へ編入することになった。進路を考える上で、最初に話をしたのが、「自分は何に興味・関心

があるのか」ということである。その対話の中では、野球の話が中心であり、「野球のデータ分析に関する職業に就きたいので、理系でコンピュータについて学びたい」という内容のものであった。私からは「大学で学問として学ぶのと趣味として楽しむのでは何が異なるか？」のような、少しずつ深掘りしながら、本質的に学びたいことは何かということを考えてもらうきっかけを作っていった。

　「自分がどうありたいか？」「自分は何がしたいのか？」のような問いをこれまであまりされたことがなかったので、その生徒にとって最初は考えるのがとても辛かったようである。ともすれば自分のこれまでの生き方を否定されているようにも感じることもあった。

　しかしながら、何度も自分自身への問いを繰り返しているうちに、ニュージーランドの友人とのアルバイトの話が、自分の中で最も気になっていることに気づいた。さらに、自分自身が感じている素朴な疑問を、周りの人にもっと理解してもらえるようなコミュニケーションの重要性にも気づくようになった。

　そこで改めて自分の野球との向き合い方を振り返ってみたとき、さまざまなデータを分析し、そこから自分独自の解釈を伝えることが自分にとって最もしたいことであると考えるようになった。コロナ禍において、リモートワークなどの勤務体制の変化が可能であったにもかかわらず、日本は依然として女性の家事・育児の時間の占める割合が他国と比較しても非常に多いことや、男女関係なくいまだに“労働＝時間”の価値観から抜け出せない日本の現状などをデータから読み取っているうちに、さまざまな格差を生んでいる根本的な原因をもっと学んでみたいと考えるようになっていた。

　実際に奥様が専業主婦の男性や、3人のお子様を育てながら大企業でマネジャー職に就いている女性にインタビューをしてみると、働き方に関するデータをもっと多面的にみる必要性も感じられた。アルバイトの時給から出たひとつの“問い”が、いつの間にかSDGsのゴールである「5.

ジェンダー平等を実現しよう」「8. 働きがいも経済成長も」「9. 産業と技術革新の基盤を作ろう」などを考えるようになり、自分自身の生涯の課題解決として取り組みたいと考えるようになった。よりよい社会の実現に貢献したいという思いを強くするようになったのである。その生徒は、経済学部に進学することを決め、これまでの思いを総合型選抜入試で伝え、合格することができた。

3. 事例から見る身近な問題からSDGsの課題に取り組むまでの変化の手順

　通信制高校サポート校という観点から考えると、入学・編入の状況が個人によってかなり異なり生徒個人をかなり深掘りしたものであるため、クラスや学年全体としての取り組みにするのはもしかして難しいと考える一方、グループディスカッションなどを繰り返すことによって、幅広い視点を持てる可能性もある。したがって、私が生徒たちとどのように向き合うことで、SDGsを自分事にし、さらに"自分たち事"に変化していったか、その共通点のようなものを記載しておきたい。

① 「これまで生きてきた中で最も嬉しかったこと」や「最も怒りが湧いたこと」など生徒それぞれの喜怒哀楽を、テーマを限定せずに話してもらう。それは社会に対して考えることでなくてもよい。特定の個人に対してのものも問題ないとしてみる。また、ひとつの感情についてだけではなく、喜怒哀楽すべてについて考えてもらう。

② ①で出てきた感情をひとつずつ話してもらう。クラスの中であれば、いくつかのグループに分けて話してもらうのもよいかもしれない。出てきた感情については、評価をするのではなく、すべてを受け止めたうえ上で、「なぜそう感じたのか?」「その後どのような行動につながっていったのか」など問いを重ねることで、自分の行動の原動力・源になっているものに気づくことを目的とする。

③ ②で気づいた感情の中で最も原動力になるものを通して、何をした
　いのかを考えてみる。その際に、実際の社会で同様のことが起こっ
　ていないか、その解決のために論文などが発表されていないか、な
　どを調べてみることで、普段自分が思っている感情と実社会とのつ
　ながりを実感することが可能となる。

④ 自分の感情が何をすることでもっと良くなることができるのか、仮
　説を立ててみる。「もっとハッピーになるためには？」「自分の悲し
　みが最小になるためには？」と常に自分の感情に向き合うようにす
　るのが、まずは"自分事"として問題を考えることができる最大の
　ポイントと思われる。さらにその仮説を別な側面で見たときに矛盾
　点がないか、考えてみるのもよい。

⑤ 立てた仮説をもとにフィールドワークをしてみる。フィールドワー
　クについて最も有効と思われるのがインタビュー。クラスの中であ
　れば、同じようなことを考えている人とグループを組み、インタ
　ビューの内容を共有してみると、同じ質問に対しても多様な観点が
　生まれ、"自分事"から"自分たち事"への変容が見える場合もある。

⑥ インタビューをもとにして、自分自身が感じていた課題と共通の部
　分と異なる部分を整理したうえで、自分が気になることについて不
　特定多数の人に向けたアンケートを作成し、実施する。ここで注意
　したいのは、自分が得たい結論や問題解決方法に誘導するような質
　問にならないように意識することが重要。

⑦ アンケートを回収し、自分が立てた仮説と検証結果が一致している
　かを判断したうえで、自分が解決したいことと、自分を含めた数多
　くの人々が解決したいことが何かを改めて検証し、解決方法を導い
　ていく。その際に、SDGsの目標と照らし合わせて、一致している
　ものがあれば、SDGsと結びつけて一層深めてもよい。

4. 最後に

「初めにSDGsのゴールありき」のような取り組みにはずっと違和感があった。世界はたくさんの課題に溢れ、早急に解決しなくてはいけないものも多い。

しかしながら、生徒・学生をその課題で縛ってしまうと、本当に自分がしたいことは何かを考える必要がなくなり、与えられた課題・"みんなが"考えているような課題にしか目がいかなくなってしまうのではないかと心配もしている。

本来、課題も多様だし、解決したいと思うことも多様であっていいはず。さらに言えば、一見役に立ちそうもないと思う研究が、没頭し続けることで思わぬところで社会課題と結びつき、結果的に社会貢献度が高くなるようなことがあってもいいし、あってほしいと思っている。

課題解決という側面だけをみると、生徒・学生はテーマも見つけやすいし、取り組むための事例も数多く存在する。ただ、そこに取り組む側の本心が込めれられないと、結果的に総合型選抜合格などの一時期だけの取り組みとなってしまい、"持続可能な"取り組みにならないのではないかと危惧している。

だからこそ、一人ひとりの感情の本質に根ざした取り組みであってほしいし、そこにたどり着けるための方法のようなものはないかと思い、執筆したいと考えた。

今回の事例発表が、皆さんの感情の本質に根ざした活動へとつながることを願っている。

監修・著　**田中茂範**（たなか　しげのり）

PEN言語教育サービス代表、慶應義塾大学名誉教授。
コロンビア大学大学院博士課程修了。検定教科書「PRO-VISION
English Communication」（桐原書店）、「New Rays English
Communication」（いいずな書店）の代表編者。JICAで海外
派遣される専門家に対しての語学研修の諮問委員会座長を長年
務める。著書に『コトバの〈意味づけ論〉』—日常言語の生の営み』
（共著 / 紀伊國屋書店）、『表現英文法 [増補改訂第2版]』（コ
スモピア）などがある。現在、PEN言語教育サービスで教材開発、
中高の英語教育プログラムのプロデュースを行っている。

著　　**一井亮人** 東京都立国分寺高等学校
　　　佐藤裕幸 CAP高等学院代表
　　　杉本喜孝 帝塚山学院大学
　　　藤井数馬 長岡技術科学大学
　　　宮下いづみ 実践女子大学、明治大学、Eunice English Tutorial
　　　米田兼三 私立高等学校、日本アクティブ・ラーニング学会会長

　　　（五十音順）

生徒一人ひとりのSDGs社会論

2023年4月30日　第1版第1刷発行

監修・著：田中茂範
著：一井亮人、佐藤裕幸、杉本喜孝、藤井数馬、宮下いづみ、米田謙三（五十音順）

編集協力：熊沢敏之、田中和也、大岩根麻衣

装丁：松本田鶴子

英文校正：Sean McGee

発行人：坂本由子
発行所：コスモピア株式会社
　　　　〒151-0053　東京都渋谷区代々木4-36-4　MCビル2F
営業部：TEL: 03-5302-8378　email: mas@cosmopier.com
編集部：TEL: 03-5302-8379　email: editorial@cosmopier.com

https://www.cosmopier.com/（コスモピア公式ホームページ）
https://e-st.cosmopier.com/（コスモピアeステーション）
https://ebc.cosmopier.com/（子ども英語ブッククラブ）
印刷：シナノ印刷株式会社

本書へのご意見・ご感想をお聞かせください。

本書をお買い上げいただき、誠にありがとうございます。

今後の出版の参考にさせていただきたいので、ぜひ、ご意見・ご感想をお聞かせください。（PC またはスマートフォンで下記のアンケートフォームよりお願いいたします）

アンケートにご協力いただいた方の中から抽選で毎月 10 名の方に、コスモピア・オンラインショップ（https://www.cosmopier.net/）でお使いいただける 500 円のクーポンを差し上げます。（当選メールをもって発表にかえさせていただきます）

https://forms.gle/kzAkni4rJiuCcToP7

COSMOPIER e STATION
https://e-st.cosmopier.com

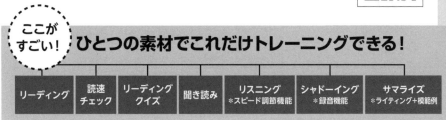

ここがすごい！ ひとつの素材でこれだけトレーニングできる！

| リーディング | 読速チェック | リーディングクイズ | 聞き読み | リスニング ※スピード調節機能 | シャドーイング ※録音機能 | サマライズ ※ライティング+模範例 |

SDGsがゴールごとに検索できる！

SDGs について関連がある本を、17 のゴール別に検索できます。ゴールのテーマによって数冊から 20 冊以上までとタイトルの数には差がありますが、興味あるテーマから読むことができます。YLO のレベルからあるので、幅広い年齢に対応しています。

SDGsがジャンルごとに検索できる！

「聞き放題コース」も「読み放題コース」と同様、SDGsをゴール別に検索し学習できます。「地球温暖化問題」、「エネルギー問題」、「ジェンダー問題」、「フードロス問題」など、17ゴール別にホットな話題が満載です。

eステ学校版利用者限定：
書籍電子版を無料でご利用いただけます。

eステ・マイページよりアクセス可能です。

SDGsの17項目を英語で知るための入門書
本書はSDGsをテーマに英語を学びたい方を対象に、SDGsの解説および関連ニュース記事を掲載しています。

● 17項目それぞれの解説と、理解を深めるためのキーワード付き
● 学習素材にはVOA Learning Englishを使用し、英語を聞き慣れていない人の　リスニング練習にも最適